C000140196

Gesamtes Recht der Unternehmen und Finanzen

Herausgegeben von

Prof. Dr. Roland Broemel
Prof. Dr. Georg Hermes
Prof. Dr. Matthias Jahn
Prof. Dr. Katja Langenbucher

Begründet von Prof. Dr. Brigitte Haar

Band 1–4 erschienen in
„Recht der Unternehmen und Finanzen"

Band 7

Jacob Bonavita

Die juristische Konstruktion von Finanzinstrumenten als Herausforderung für die Rechtsökonomie

Nomos

Onlineversion
Nomos eLibrary

Die Deutsche Nationalbibliothek verzeichnet diese Publikation in
der Deutschen Nationalbibliografie; detaillierte bibliografische
Daten sind im Internet über http://dnb.d-nb.de abrufbar.

Zugl.: Frankfurt am Main, Univ., Diss., 2019

ISBN 978-3-8487-6729-8 (Print)
ISBN 978-3-7489-0852-4a (ePDF)

1. Auflage 2020
© Nomos Verlagsgesellschaft, Baden-Baden 2020. Gesamtverantwortung für Druck
und Herstellung bei der Nomos Verlagsgesellschaft mbH & Co. KG. Alle Rechte, auch
die des Nachdrucks von Auszügen, der fotomechanischen Wiedergabe und der Über-
setzung, vorbehalten. Gedruckt auf alterungsbeständigem Papier.

Vorwort

Die vorliegende Arbeit wurde im November 2019 vom Prüfungsausschuss des Fachbereichs Rechtswissenschaft der Johann Wolfgang Goethe-Universität Frankfurt am Main als Dissertation angenommen. Eine Vielzahl von Personen und Institutionen haben mich während der Erstellung dieser Arbeit unterstützt und gefördert. Einigen davon gilt mein ganz besonderer Dank.

Prof. Dr. Brigitte Haar hat mich seit dem ersten Tag meines Promotionsvorhabens betreut und gefördert. Als Leiterin des Graduiertenkollegs *Law and Economics of Money and Finance*, welches durch die Stiftung Geld und Währung finanziert wurde, kreierte sie ein einzigartiges Umfeld, in dem die Doktoranden an ihren Projekten arbeiten konnten. Die zahlreichen von ihr organisierten Lehrveranstaltungen, Seminare sowie Konferenzen vermittelten mir einen Eindruck über das gesamte Spektrum rechtsökonomischer Forschung. In persönlichen Gesprächen über meine Arbeit ermutigte mich Professor Haar stets dazu kreative Ansätze weiterzuverfolgen, auch wenn ich diese oftmals nur sehr vage skizzieren konnte. Das mir entgegengebrachte Vertrauen motivierte mich insbesondere während der sehr mühsamen Anfangsphase meines Vorhabens. Leider konnte Prof. Dr. Haar mich nicht bis zur Fertigstellung meiner Arbeit betreuen, da sie im März 2019 verstarb. Ohne ihre Unterstützung wäre diese Arbeit in dieser Form nie zustande gekommen.

Prof. Dr. Katharina Pistor hat mich ebenfalls während meines Promotionsvorhabens in ganz erheblichem Maße unterstützt. Als Docotral Fellow der *Global Finance and Law Initiative*, die durch die Max-Planck-Gesellschaft und das Institute for New Economic Thinking finanziert wurde, konnte ich unter anderem im Rahmen eines mehrmonatigen Forschungsaufenthalts an der Columbia Law School einen unmittelbaren Eindruck von der US-amerikanischen Wissenschaftswelt erlangen. Professor Pistor verstand es stets Kritik an meiner Arbeit derart zu formulieren, dass die Möglichkeiten einer positiven Weiterentwicklung in den Vordergrund gestellt wurden. Dadurch hat sich mein Blick auf die Möglichkeiten eines wissenschaftlichen Austauschs grundlegend verändert. Nachdem Professor Haar nicht mehr in der Lage war meine Arbeit zu begutachten, erklärte sich Professor Pistor bereit die Rolle der Erstgutachterin zu übernehmen, so dass ich mein Vorhaben erfolgreich beenden konnte.

Bei Prof. Dr. Tobias Tröger möchte ich mich ganz herzlich für die zügige Bewertung meiner Arbeit als Zweitgutachter bedanken. Prof. Dr. Isabel Feichtner hat mich über ihre Funktion als Lehrbeauftragte des Graduiertenkollegs hinaus mit Ratschlägen und Hilfestellungen unterstützt. Bei ihr möchte ich mich ebenfalls bedanken.

Ohne die Unterstützung meiner Familie hätte ich dieses Buch nicht schreiben können. Meine Frau Anastasia hat mir während der Schlussphase meines Vorhabens mit Kraft, Ruhe und Geduld zur Seite gestanden, so dass es mir neben dem beruflichen Alltag noch möglich war die Arbeit fertigzustellen. Meine Eltern, Dr. Giacomo und Petra Bonavita, haben mich während meiner gesamten schulischen und akademischen Ausbildung stets bedingungslos unterstützt und mir das notwendige Vertrauen geschenkt, ohne das ich dieses langwierige Projekt niemals gemeistert hätte. Ihnen möchte ich diese Arbeit widmen.

Inhaltsverzeichnis

„Dem Wanderer, der durch die Straßen der Friedrichsstadt in Berlin aufmerksamen Blicks seine Schritte lenkt, wird eine Reihe mächtiger, ganze Viertel einnehmender Gebäude in die Augen fallen, die dort zumal in den letzten Jahrzehnten großen Festungen gleich emporgewachsen sind. Auf riesigen Quadern ruht der gewaltige Bau, zu dem breite Sandsteintreppen hinaufführen. Die Hallen glänzen in buntem Marmor und goldenen Verzierungen. Ganze Fluchten von Kontors füllen die Stockwerke, in deren Mitte elegante Sitzungssäle und vornehm ausgestaltete Empfangsräume die Auserwählten aufnehmen. Auf den Korridoren begegnen sich die höchsten Würdenträger des Staates; aber sie haben in diesen Räumen nichts zu befehlen, in denen Könige antichambrieren, um sich den Entscheid über Leben oder Sterben zu holen. Das sind die neuen Mittelpunkte der Welt: Neu=Sanscouci, Neu=Versailles."

Werner Sombart, Die deutsche Volkswirtschaft im neunzehnten und im Anfang des 20. Jahrhunderts, 6. Auflage, 1923, S. 171.

Einleitung: Die Finanzkrise als Theoriekrise?

Die globale Finanzkrise, deren Ausbruch sich im Sommer 2007 andeutete und sich ein Jahr später mit der Insolvenz der Investmentbank *Lehman Brothers* manifestierte, versetzte viele Beobachter in ein ähnliches Staunen wie den von *Werner Sombart* beschriebenen Wanderer. Durch den Zusammenbruch des sogenannten Geldmarktes kamen nicht nur Zweifel an der Allokationsfähigkeit des Marktmechanismus auf. Auch aus institutioneller Sicht zeichnete sich eine neue Struktur des Finanzsystems ab, bei der zuvor nur wenig beachtete Akteure schlagartig Bedeutsamkeit erlangten.

In den Jahren 2007 und 2008 bedurfte das gesamte Finanzwesen staatlicher Hilfsmaßnahmen, um vor einem vollständigen Zusammenbruch bewahrt zu werden. Zentralbanken übernahmen einen Großteil der Aufgaben, welche zuvor dezentral über den sogenannten Geldmarkt erledigt worden waren. Die Neuordnung der Finanzmärkte wurde von verschiedenen Gesetzesvorhaben begleitet. Seitens der Politik und der Rechtswissenschaft wurde der staatliche Eingriff in das Marktgeschehen kritisch gewürdigt.

Im Bereich der Wirtschaftswissenschaften vermehrte sich nach Ausbruch der Finanzkrise die Kritik an theoretischen Modellierungen, deren Ausgangspunkt vollkommene Märkte waren, auf denen Güter reibungslos ausgetauscht werden konnten. Diesen Stimmen sollte allein deswegen schon größere Aufmerksamkeit geschenkt werden, da der Ausbruch der Finanzkrise nicht nur die Marktteilnehmer und die Politik überraschte, sondern auch von vielen Wissenschaftlern, die sich eingehend mit dem Finanzsystem auseinandersetzten, nicht vorhergesehen wurde. Neben einer Vielzahl spezifischer Themen, welche wissenschaftlich analysiert und hinterfragt werden müssen, drängte sich eine grundsätzlichere Frage auf: Hat die globale Finanzkrise eine Theoriekrise aufgedeckt?

Das interdisziplinäre Forschungsprojekt *The Global Finance and Law Initiative: Retheorizing the Relationship Between Law and Markets*, welches im Jahr 2011 federführend von *Katharina Pistor* an der Columbia Law School gestartet wurde und mittlerweile in das *Global Law in Finance Network* übergegangen ist, hat sich dieser Grundsatzfrage gewidmet. Das erste Ergebnis dieses Forschungsvorhabens, welches seinerseits eine neue Perspektive auf das Verständnis bezüglich des Zusammenwirkens von rechtlichen Institutionen und wirtschaftlichen Austauschformen schärfte, wurde 2013 in der Legal Theory of Finance[1] festgehalten, die den Ausgangspunkt für weitere Untersuchungen bilden sollte.

Die vorliegende Bearbeitung versucht mit Hilfe der Legal Theory of Finance (LTF) die rechtliche Konstruktion verschiedener Finanzinstrumente zu untersuchen. Der Fokus der Theorie liegt dabei auf den verwendeten privatrechtlichen Rechtsformen und deren Bedeutung für die Marktfähigkeit eines Finanzinstruments. Insofern unterscheidet sich das Vorhaben von den bisher üblichen rechtsökonomischen Ansätzen im deutschsprachigen Raum, die sich dem Gesellschafts- und Kapitalmarktrecht widmen. Diese orientieren sich zum Großteil an dem ökonomischen Konzept der Neuen Institutionenökonomik und verwenden die in diesem Forschungsfeld entwickelten Theorien als ökonomische Grundlage ihrer Untersuchungen. Der Vorteil neoinstitutionalistischer Ansätze ist, dass sie aufgrund der Annahme von Marktunvollkommenheiten der Rechtsordnung eine effizienzfördernde Rolle zugestehen. Im Bereich des Gesellschaftsrechts zeigt sich dies dergestalt, dass Unternehmen nicht nur als homogene Marktakteure betrachtet werden, sondern die jeweilige Unternehmensverfassung eine Alternative zum Marktmechanismus darstellt. Mit Hilfe gesellschaftsrechtlicher Regelungen lassen sich somit Allokationsdefizite, die aufgrund positiver Transaktionskosten existieren, kompensieren. Ebenso wurde in einigen empirischen Studien versucht, die Parameter für die Effizienz unterschiedlicher Rechtsordnungen im Kapitalmarktrecht zu bestimmen.[2]

Die vorliegende Arbeit hinterfragt die konzeptionelle Ausrichtung dieser Herangehensweise. Im nachfolgenden Kapitel soll skizziert werden, dass die Heranziehung transaktionskostenökonomischer Forschungsansätze die Rechtsordnung in seiner Bedeutung und Komplexität zu eindimensional betrachtet. Einzige Funktion des Rechts sei demnach, die Hürden wirtschaftlichen Austauschs zu reduzieren. Das Recht dient insoweit lediglich der Implementierung marktalternativer Austauschformen. Dass die Rechtsordnung darüber hinaus Finanzinstrumenten bestimmte Eigenschaften vermittelt, die für deren Marktfähigkeit konstitutiv sind, wird nicht angemessen gewürdigt.

Dieses Defizit deckt *Pistor* mit Hilfe der Legal Theory of Finance auf. Der Fokus der Untersuchung liegt nicht auf der Regulierung von Märkten oder der rechtlichen Ausgestaltung nichtmarktlicher Organisationsformen. Vielmehr befasst sich die Legal Theory of Finance mit der rechtli-

---

1 *Pistor*, J. Comp. Econ. 41 (2013), 315.
2 *La Porta et al.*, J. Pol. Econ 106 (1998), 1113, 1115.

chen Verfassung der Handelsgüter des Finanzmarktes, den Finanzinstrumenten. Der Schwerpunkt von *Pistors* Theorie liegt auf der rechtlichen Anerkennung verschiedener Finanzinstrumente in einem globalen Finanzsystem, das sich über verschiedene Jurisdiktionen hinweg vernetzt hat. Die umfassende und reibungslose Durchsetzbarkeit der Forderungen, die den jeweiligen Finanzinstrumenten zugrunde liegen, ist einerseits der Ausgangspunkt der rapiden Globalisierung des Finanzmarktes, birgt jedoch zugleich eine unberechenbare Zerstörungskraft in sich.

Für rechtsökonomische Untersuchungen bedeutet dies, dass mit Hilfe der Legal Theory of Finance der methodische Ansatz der Neuen Institutionenökonomik im Hinblick auf die Analyse des Finanzsystems um mehrere entscheidende Faktoren erweitert werden muss. Für *Pistor* ist das Recht untrennbar mit dem staatlichen Durchsetzungsmechanismus verknüpft.[3] Sowohl marktlicher Austausch als auch marktalternative Organisationsformen sind somit keine spontanen Ordnungsmuster und können nicht unreflektiert als bloßes Resultat eines Evolutionsprozesses betrachtet werden. Es handelt sich vielmehr um unterschiedliche institutionelle Arrangements, deren Nutzen kritisch hinterfragt werden muss. *Pistor* schafft es demnach, vom Primat des Marktmechanismus, der der Transaktionskostenökonomie zugrunde liegt, abzuweichen, ohne dabei in eine Fundamentalkritik kapitalistischer Systeme umzuschwenken. Mit Hilfe der Legal Theory of Finance ist es somit gleichzeitig möglich, die transaktionskostenökonomische Programmierung rechtsökonomischer Untersuchungen zu erweitern und deren Prämissen kritisch zu hinterfragen.

Die vorliegende Arbeit möchte an diesem neu aufgeworfenen Forschungsansatz anknüpfen, indem im ersten Teil zunächst die theoretischen Unterschiede zwischen klassischen rechtsökonomischen Forschungsansätzen und der Legal Theory of Finance beleuchtet werden. Die sich an der theoretischen Konzeption anschließenden Kapitel versuchen aufzuzeigen, wie sich die Erkenntnisse der Legal Theory of Finance in das transaktionskostenökonomische Gebilde einfügen lassen. Im zweiten Teil der Arbeit sollen einzelne zentrale Aspekte des Finanzwesens, insbesondere Wertpapiere, der bargeldlose Zahlungsverkehr sowie Kreditverbriefungen mit Hilfe der Legal Theory of Finance untersucht werden.

Darüber hinaus basiert die vorliegende Arbeit auf der Prämisse, dass das Finanzsystem hierarchisch strukturiert ist. Dieser Ansatz, dessen sich auch die Legal Theory of Finance zu eigen macht, orientiert sich an dem von

---

3 *Hodgson,* J. Comp. Econ. 41 (2013), 331, 332.

Perry Mehrling konzipierten Money View of Finance.[4] Insofern eröffnet die Legal Theory of Finance das Forschungsfeld rechtsökonomischer Untersuchungen um eine weitere Dimension. Indem LTF die Bedeutung geldpolitischer Maßnahmen für die Funktionsfähigkeit eines Finanzsystems in einen rechtsökonomischen Kontext beleuchtet, wird der traditionell makroökonomische Forschungsbereich des Geldwesens mit dem mikroökonomisch orientierten Programm der Rechtsökonomie zusammengefügt. Die sich dadurch ergebenden neuen Erkenntnisquellen sollen im letzten Teil der Arbeit beleuchtet werden.

A. Die rechtliche Konstruktion von sogenannten Asset Backed Commercial Papers

I. Geld und geldähnliche Finanzinstrumente

Die vorliegende Arbeit untersucht unter anderem die rechtliche Konstruktion sogenannter Asset Backed Commercial Papers. Diese Wertpapiere mit kurzer Laufzeit stellen ein Finanzinstrument dar, das am Geldmarkt gehandelt wird. Der Begriff Geldmarkt kann für Juristen irreführend sein, da die am Geldmarkt gehandelten Finanzinstrumente nicht Geld im juristischen Sinn sind, sondern Wertpapiere. Daher soll für den Fortgang der weiteren Untersuchung zunächst die Verwendung des Begriffs Geld genauer abgegrenzt werden. In der vorliegenden Arbeit wird „Geld" definiert als all jene Rechtsformen, die staatlich anerkannte Zahlungsmittel darstellen: Das Bargeld und das Giralgeld.[5]

Davon zu unterscheiden sind sog. geldähnliche Titel (engl. „money-like assets"),[6] die ebenfalls als Geldmarkinstrumente beschrieben werden. Bei diesen handelt es sich um Wertpapiere, welche eine Vielzahl von Geldeigenschaften aufweisen, jedoch keine staatlich anerkannten Zahlungsmittel sind. Sofern in der vorliegenden Arbeit demnach vom Geldmarkt gesprochen wird, ist nicht der Austausch von Bargeld bzw. der bargeldlose Überweisungsverkehr gemeint, sondern der Handel mit Geldmarktinstrumenten.

Diese Abgrenzung zwischen Geld und geldähnlichen Titeln erscheint aufgrund der primär juristischen Ausrichtung der Bearbeitung sachge-

---

4 *Mehrling*, New Lombard Street, S. 2–6.
5 So auch Staudinger-*Schmidt* Vorbem. zu §§ 244–248, Rn. A30.
6 S. zur Begriffsbildung auch *Hellwig*, Bargeld.

recht. Wie jedoch insbesondere im vierten Teil der Untersuchung darge-stellt werden soll, ist eine Unterscheidung neben der juristischen Eigen-schaft der Zahlungsmitteleigenschaft nur sehr schwer möglich. Dass sich eine Vielzahl von Attributen, welche Geld im juristischen Sinne zugespro-chen werden, durch privatrechtliche Konstruktionen nachahmen lassen, stellt eine der zentralen Thesen dieser Arbeit dar. Es wird also demnach versucht, ein besseres Verständnis zentraler juristischer Eigenschaften die-ser am Geldmarkt gehandelten Finanzinstrumente zu entwickeln. An dem Fallbeispiel der Asset Backed Commercial Papers sollen Parallelen in der rechtlichen Konstruktion geldähnlicher Finanzinstrumente im Vergleich zu den gesetzlich anerkannten Zahlungsmitteln aufgezeigt werden.

II. Der Geldmarkt im Vergleich zum Aktienmarkt

Dem sogenannten Geldmarkt ist in rechtswissenschaftlichen Untersuchun-gen bis zum Ausbruch der Finanzmarktkrise nur wenig Beachtung ge-schenkt worden. Dies überrascht, da sich Geldmarktinstrumente in we-sentlichen Aspekten von den sonstigen Finanzinstrumenten, insbesondere Aktien, unterscheiden.

Geldmarktinstrumente sind Finanzinstrumente mit kurzer Laufzeit, die keinen oder nur sehr geringen Kreditausfallrisiken und Wertveränderun-gen ausgesetzt sind.[7] Daher sollte nach Ansicht von *Holmstrom* die Logik über das Funktionieren von Kapitalmärkten nicht analog auf Geldmärkte angewendet werden. Die Hauptfunktion von Kapitalmärkten liege darin, das Risiko einer Unternehmung an verschiedene Investoren zu verteilen, um somit eine effiziente Kapitalallokation zu gewährleisten.[8] Die für eine Investitionsentscheidung notwendigen Informationen ließen sich über den Preismechanismus bestimmen, so dass Transparenz das Hauptaugen-merk kapitalmarktrechtlicher Regulierungsansätze darstelle.[9]

Der Handel mit Geldmarktinstrumenten wird dementgegen durch an-dere Faktoren bestimmt. Im Gegensatz zu Aktienmärkten werden Geld-marktpapiere nicht an einer Börse gehandelt, sondern durch bilaterale Austauschverträge. Das Hauptaugenmerk der Investoren liege demnach nicht darin, Informationen über den mit einer Transaktion zusammenhän-genden Fundamentalwert zu erlangen, sondern durch ein ausreichendes

---

7 Vgl. *Pozsar*, Money View, S. 16 f.
8 *Holmstrom*, Debt in the Financial System, S. 6.
9 *Holmstrom*, Debt in the Financial System, S. 2.

Maß an Kreditsicherheiten Informationsbeschaffung über das Insolvenzrisiko der Gegenpartei obsolet werden zu lassen. Dies sei in Anbetracht der sehr kurzen Terminierung von Geldmarkttransaktionen auch notwendig. Im Gegensatz zum Aktienhandel sollen mit dem Handel von Geldmarktinstrumenten keine Profite generiert werden. Vielmehr lassen sich die jeweiligen am Geldmarkt handelnden Akteure in zwei Gruppen unterteilen: in einerseits Handelsteilnehmer, die über einen Überschuss an Zahlungsmitteln verfügen und nach einer sicheren Anlage suchen, und anderseits diejenigen, welche sich kurzfristig mit Zahlungsmitteln eindecken müssen, um fällig gewordene Verpflichtungen zu erfüllen. Der Handel am Geldmarkt diene demnach nicht der Verteilung von Risiken, sondern der Verteilung liquider Mittel.[10] Diese fundamentalen Unterschiede zwischen dem Handel von Geldmarktinstrumenten und Kapitalmarktinstrumenten manifestiert sich ebenfalls in deren rechtlichen Konstruktionsformen. Diese sollen in den folgenden Kapiteln genauer untersucht werden.

B. Theorienvergleich

Die neuen Einblicke, welche die Legal Theory of Finance für die rechtsökonomische Analyse des Kapitalmarktes liefert, sollen im Rahmen der vorliegenden Arbeit durch eine Gegenüberstellung mit den Modellierungen der Neuen Institutionenökonomik, insbesondere der Transaktionskostenökonomie, illustriert werden.

Sowohl die Transaktionskostenökonomie als auch die Neue Institutionenökonomik beschäftigen sich in erster Linie mit der Organisation realwirtschaftlicher Austauschprozesse. Eine Anwendung auf Finanzmarkttransaktion ist demzufolge nicht selbsterklärend. Die Heranziehung der Neuen Institutionenökonomik als theoretischen Gegenpart zur Legal Theory of Finance ist jedoch trotz dieser unterschiedlichen Prämissen bedeutsam. Dies liegt vor allem daran, dass sich rechtsökonomische Forschungsarbeiten zum Kapitalmarktrecht vor Ausbruch der Finanzkrise, insbesondere im deutschsprachigen Raum, zu großen Teilen theoretischer Ansätze bedient haben, welche der Neuen Institutionenökonomik zuzurechnen sind.[11] Oftmals erfolgt keine Differenzierung zwischen dem Han-

---

10 *Holmstrom*, Debt in the Financial System, S. 3.
11 *Köndgen*, in: Effizienz als Regelungsziel, S. 100, 105–107.

del mit Finanzinstrumenten und dem Handel mit realen Gütern,[12] was seinerseits die kapitalmarktrechtlichen Regulierungsvorhaben beeinflusst hat. Das Hauptaugenmerk dieser Untersuchungen liegt auf Informationsasymmetrien, welche aufgrund positiver Transaktionskosten Austauschprozesse beeinflussten, und den Möglichkeiten, diese abzubauen, um die Integrität des Kapitalmarktes zu stärken.[13] Diese analytische Ausrichtung lässt sich wiederum insbesondere im ersten Erwägungsgrund europäischen Transparenzrichtlinie[14] wiedererkennen, in der es heißt:

„Effiziente, transparente und integrierte Wertpapiermärkte tragen zu einem echten Binnenmarkt in der Gemeinschaft bei, ermöglichen eine bessere Kapitalallokation und eine Senkung der Kosten und begünstigen so das Wachstum und die Schaffung von Arbeitsplätzen. Die rechtzeitige Bekanntgabe zuverlässiger und umfassender Informationen über Wertpapieremittenten stärkt das Vertrauen der Anleger nachhaltig und ermöglicht eine fundierte Beurteilung ihres Geschäftsergebnisses und ihrer Vermögenslage. Dies erhöht sowohl den Anlegerschutz als auch die Markteffizienz.“

Die auf der Neuen Institutionenökonomik basierenden rechtsökonomischen Studien, welche sich primär mit Informationsproblemen beschäftigt haben, verkennen einige wichtige Besonderheiten von Finanzsystemen, welche im Rahmen der Gegenüberstellung mit der Legal Theory of Finance veranschaulicht werden sollen. Aus ökonomischer Sicht lässt sich zunächst konstatieren, dass die Neue Institutionenökonomik, trotz deren weit verbreiteter Anwendung in kapitalmarktrechtlichen Untersuchungen, kein Konzept des Finanz- und Geldwesens aufweist. Demgegenüber skizziert die Legal Theory of Finance Besonderheiten von Finanzmärkten, welche ein besseres Verständnis für deren Wirkungsmechanismen begründen können.

Darüber hinaus befassen sich rechtsökonomische Untersuchungen primär mit vertrags- und gesellschaftsrechtlichen Fragestellungen. Die hybride Rechtsnatur von Finanzinstrumenten zwischen Schuld- und Sachen-

---

12 *Fleischer*, Informationsasymmetrie, S. 548 in Bezug auf den Insiderhandel: „Daß die Regelungsprobleme hier und dort nicht grundlegend verschieden sind, wird augenfällig, wenn man – wie im Versicherungsrecht – von der Besonderheit des Vertragsgegenstandes abstrahiert: Aus rechtsdogmatischer und ökonomischer Sicht gibt es keinen einleuchtenden Sachgrund, *a limine* zwischen Informationsvorsprüngen über Grundstücke, Gebrauchtwagen oder Wertpapiere zu unterscheiden.“

13 S. dazu *Fleischer*, Gutachten F 64. DJT, S. 17f., 22–28.

14 Richtlinie 2004/109/EG.

recht ist hingegen noch nicht in Bezug auf dessen ökonomische Wirkung untersucht worden. Der von *Pistor* verwendete Begriff der „rechtlichen Konstruktion von Finanzmärkten" zeigt jedoch auf, dass sich anhand einer eingehenden Untersuchung der unterschiedlichen Rechtsformen, welcher sich Finanzmarktakteure bedienen, Aussagen über das Entstehen von Finanzmärkten treffen lassen. Unter Heranziehung des rechtsdogmatischen Dualismus zwischen obligatorischen und dinglichen Rechten soll daher die besondere rechtlich hybride Natur von Finanzinstrumenten beleuchtet werden.

Mehrling, dessen Beiträge innerhalb der Global Finance and Law Initiative die Entwicklung der Legal Theory of Finance maßgeblich beeinflusst haben, hat die fehlende Beachtung des Geldmarktes in der modernen Finanztheorie sowie den etablierten makroökonomischen Modellierungen als wesentliches Defizit bezeichnet, aufgrund dessen kein besseres Verständnis für die systemimmanenten Risiken des Finanzwesens entwickelt werden konnte.[15] Diesem Defizit widmet sich auch *Pistor* im Rahmen der Legal Theory of Finance, indem sie feststellt, dass in Zeiten eines wirtschaftlichen Aufschwungs eine Vielzahl von Finanzinstrumenten als gleichwertiger Ersatz zu Geld anerkannt wird, was sich jedoch im Falle einer Liquiditätskrise schlagartig ändern kann.[16]

Der Frage, wann ein Finanzinstrument als gleichwertiger Ersatz für Geld in Betracht kommen kann, widmet sich die vorliegende Arbeit. Zunächst sollen jedoch im Wege einer vergleichenden Darstellung der Neuen Institutionenökonomik und der Legal Theory of Finance einzelne Unterschiede zwischen beiden Modellierungen herausgearbeitet werden.

---

15 *Mehrling*, New Lombard Street, S. 4; *ders.*, J. Portfolio Mgmt. (2000), 81; *ders.*, Financial Economics.
16 *Pistor*, J. Comp. Econ. 41 (2013), 315, 319.

Erster Teil: Vergleichende Darstellung neuer Untersuchungsansätze im Forschungsbereich Law and Finance

Der Ausbruch der Finanzkrise hat bei den Anhängern der Neuen Institutionenökonomik nicht automatisch zu einer Abkehr oder zu einem Hinterfragen der markzentrierten Betrachtungsweise geführt. Teilweise waren Anhänger der Neuen Institutionenökonomik (NIÖ) gar der Ansicht, dass die Missachtung positiver Transaktionskosten, unvollkommene Voraussicht und eingeschränkte Rationalität Ursachen der Finanzkrise gewesen seien.[17]

Bei der Legal Theory of Finance handelt es sich hingegen nicht um die Adaption eines etablierten theoretischen Modells, sondern um einen neu in Bezug auf das Wesen von Finanzsystemen konzipierten Ansatz. Trotzdem besteht ein großes Maß an Deckungsgleichheit zwischen beiden Theorien: Beide Forschungsansätze untersuchen Institutionen, welche als essentiell für das Funktionieren eines Wirtschaftssystems betrachtet werden. Auch die methodischen Ansätze ähneln sich: Sowohl die Transaktionskostentheorie als auch die LTF basieren auf einzelnen Transaktionen als Ausgangspunkt ihrer Untersuchungen. Darüber hinaus ist Unsicherheit für beide Theorien ein zentrales Element, welches die Koordinationsformen der Marktteilnehmer maßgeblich bestimmt. Diese sind gezwungen, Entscheidungen anhand einer unvollständigen Informationsgrundlage zu treffen, und verhalten sich eigennützig.

In ihren Vorhersagen über das Verhalten der Marktteilnehmer unter den soeben genannten Faktoren kommen die Transaktionskostenökonomie und die LTF zu unterschiedlichen Ergebnissen. Die Neue Institutionenökonomik geht grundsätzlich davon aus, dass sich im Wege eines evolutorischen Prozesses Institution herausbilden, die für den Eintritt ungewisser Ereignisse gewappnet sind. Die am Markt tätigen Akteure würden demnach durch vertikale Integration auf Unsicherheit reagieren. Die globale Finanzkrise der Jahre 2007/2008 wird demgegenüber von Anhängern der Neuen Institutionenökonomik als Zeichen mangelnder Berücksichtigung institutioneller Arrangements erkannt. Hätten die Finanzmarktak-

---

17 *Richter*, Kredit und Kapital 42 (2009), 473, 485.

teure die Erkenntnisse der Transaktionskostenanalyse berücksichtigt, wären sie zu der Erkenntnis gelangt, dass man durch sog. relationale Verträge[18] eine effiziente Organisationsform in Gestalt von „shock absorber" hätte entwickeln können, die einen Ausgleich zur Rigidität des Handels mit Finanzinstrumenten darstellen würde.[19] Eine solche Vertragspraxis ist jedoch auch heute, ein Jahrzehnt nach dem Ausbruch der Finanzkrise, nicht erkennbar.

Pistors Ansicht zufolge steht Unsicherheit einem marktlichen Austausch nicht entgegen. Risikoaverse Marktteilnehmer beharren auf Finanzinstrumenten, deren vertragliche Ausgestaltung keinen Ermessensspielraum oder die Möglichkeit einer Neuverhandlung zulässt. Dies führe dazu, dass das Finanzsystem als Ganzes zu einer inhärenten Instabilität neige. Grund dafür sei, dass die jeweiligen Marktteilnehmer bei der Wahl einer Austauschform die Kosten eines möglichen Totalabsturzes des Finanzsystems nicht berücksichtigen. Die von Finanzmarktakteuren entwickelten Austauschformen und Finanzinstrumente seien demnach nur im Rahmen eines allgemeinen wirtschaftlichen Aufschwungs für die Entwicklung von Finanzsystemen förderlich. Bei Eintritt unvorhergesehener Ereignisse könne es hingegen passieren, dass nur durch staatliche Intervention ein totaler Zusammenbruch des Finanzsystems verhindert werde. Das hierarchische Wesen des Finanzmarktes zeige sich demnach erst zu einem späteren Zeitpunkt, wenn durch staatliche Rettungsmaßnahmen das Finanzsystem vor einem selbst zu verantwortenden Zusammenbruch geschützt werden müsse. Im Gegensatz zur Transaktionskostenökonomie handelt es sich jedoch bei dieser „Hierarchie des Finanzwesens"[20] nicht um eine effiziente Koordinationsform, die den Präferenzen aller beteiligten Akteure entspricht. Staatliche Intervention wird durch den selbst veranlassten und verschuldeten Notfall erzwungen, so dass keine Möglichkeit besteht, die Belange aller betroffenen Personengruppen zu berücksichtigen.

Weitere Faktoren sind daher für die Analyse von Finanzsystemen bedeutsam. Eines davon ist das von bisherigen rechtsökonomischen Untersuchungen nicht beachtete Konzept der Liquidität. Ausreichende Liquidität ermöglicht trotz eines hohen Maßes an Unsicherheit marktbasierte Austauschformen. Dies widerspricht der Intuition herkömmlicher neoinstitutionalistischer Forschungsansätze. Die Notwendigkeit staatlicher Intervention zur Stabilisierung des Finanzsystems war außerdem die Reaktion auf

---

18 Vgl. *Macneil*, S. Cal. L. Rev 47 (1974), 713, 720.
19 *Richter*, Kredit und Kapital 42 (2009), 473, 482.
20 *Pistor*, J. Comp. Econ. 41 (2013), 315, 319.

die fehlende Liquidität im Interbankenmarkt. Anhand dieser Beobachtungen schafft es die Legal Theory of Finance, das Forschungsfeld der institutionenbasierten rechtsökonomischen Forschung an mehreren Stellen zu erweitern.

Um die Bedeutung, welche die Legal Theory of Finance der Rechtsordnung beimisst, zu beschreiben, bietet es sich an, diese mit der ihr verwandten Neuen Institutionenökonomik zu vergleichen.[21] Insoweit versucht die vorliegende Arbeit einen der Kritikpunkte an der Legal Theory of Finance aufzugreifen. Während LTF die Bedeutung des Rechts als konstitutives Element von Finanzsystemen prägnant herausarbeitet, fehlt es bisher an einer systematischen Eingliederung.[22] Dieser Aufgabe widmen sich die folgenden Abschnitte, in denen die einzelnen methodischen Elemente der Neuen Institutionenökonomik sowie der LTF gegenübergestellt werden sollen. Relevante Unterschiede sollen durch eine genaue Untersuchung der ursprünglichen Fragestellung, an der sich die theoretische Modellierung orientiert, sowie der jeweils relevanten Parameter herausgearbeitet werden. Dies hilft dabei zu veranschaulichen, weshalb sich mit Hilfe der Institutionenökonomik entscheidende Phänomene des Finanzsystems nur unvollständig abbilden lassen und durch welche Anpassungen ein besseres Verständnis entwickelt werden kann.

A. LTF und NIÖ als Institutionenlehre

Die Transaktionskostenökonomie versteht sich als Untersuchung verschiedener institutioneller Arrangements.[23] Der Institutionenbegriff basiert auf der Definition *Douglas Norths*, welcher Institutionen als „Spielregeln einer Gesellschaft" beschreibt bzw. als „die von Menschen erdachten Beschränkungen menschlicher Interaktion".[24] Die Transaktionskostenökonomie versucht diese Beschränkungen, denen sich die Wirtschaftsteilnehmer zum Zwecke eines effizienten Warenaustauschs unterwerfen, zu untersuchen. Insoweit befasst sich die Transaktionskostenlehre mit dem marktlichen Austausch sowie unternehmensinternen Produktionsprozessen. Weshalb

---

21 Dieser Ansatz orientiert sich an einer ähnlichen Untersuchung bezüglich des Vergleichs zwischen der Neuen Institutionenökonomik und der ökonomischen Analyse des Rechts, s. dazu *Richter*, Wash. U. J. L. & Pol'y 26 (2008), 13.
22 *Deakin*, J. Comp. Econ. 41 (2013), 338, 339.
23 *Williamson*, Institutionen des Kapitalismus, S. 324.
24 *North*, Institutionen, S. 3.

innerhalb eines Wirtschaftssystems diese beiden Austauschformen entstehen und unter welchen Bedingungen eine Austauschform der anderen vorgezogen wird, bestimmt das Forschungsprogramm der Transaktionskostenökonomie.

Die Legal Theory of Finance befasst sich ebenfalls mit institutionellen Arrangements. Die Institutionen widmen sich jedoch nicht dem Rahmen wirtschaftlicher Austauschbeziehungen, sondern untersuchen deren Ursprung.[25]

B. Untersuchungsgegenstand der NIÖ und der LTF

Sowohl die Transaktionskostenökonomie als auch die Legal Theory of Finance befassen sich mit der vertraglichen Ausgestaltung wirtschaftlicher Beziehungen. In der rechtsökonomischen Forschung stellt dies eine typische Betrachtungsweise dar, welche sich nicht nur auf den bilateralen Austauschvertrag beschränkt, sondern auch unternehmerische Organisationen mit einer Vielzahl an Mitgliedern als Vertragsgeflecht begreift.[26] Ausgangspunkt der Legal Theory of Finance sind ebenfalls vertragliche Austauschbeziehungen zwischen einzelnen Marktteilnehmern. Diese Verflechtung an vertraglichen Rechtsbeziehungen stellt den Grundbaustein für die Koordination einzelner Marktteilnehmer dar.[27] Die institutionelle Agenda der Transaktionskostenökonomie wird als Folge von Reibungsverlusten verschiedener Austauschformen verstanden, ohne jedoch zu hinterfragen, welche Institutionen für einen reibungslosen Marktaustausch notwendig sind. Die Legal Theory of Finance vertritt die These, dass Institutionen für Märkte und nichtmarktliche Organisationen in gleicher Weise bedeutend sind. „Financial markets do not exist outside rules, but are constituted by them."[28]

---

25 *Hodgson*, J. Comp. Econ. 41 (2013), 331, 336; *Deakin*, J. Comp. Econ. 41 (2013), 338, 339.

26 *Jensen/Meckling*, J. Fin. Econ. 3 (1976), 305, 311.

27 *Pistor*, J. Comp. Econ. 41 (2013), 315, 315: „legally enforceable commitments that link market participants from different countries and legal systems to one another determine the scope of the financial system".

28 *Pistor*, J. Comp. Econ. 41 (2013) 315, 321.

I. Mikroanalytischer Forschungsansatz

Die Untersuchung einzelner Austauschgeschäfte bildet den analytischen Ausgangspunkt der Neuen Institutionenökonomik und der Legal Theory of Finance. Beide Theorien versuchen Faktoren zu identifizieren, die das Handeln von Marktteilnehmern beeinflussen, und herauszufinden, welche Spielregeln entwickelt werden, um mit diesen umzugehen.

In der Transaktionskostenökonomie wird diese Vorgehensweise mit dem Begriff des mikroanalytischen Forschungsansatzes umschrieben. Im Gegensatz zu makroökonomischer Forschung befasst sich die Transaktionskostenökonomie ausschließlich mit einzelnen Austauschgeschäften. Transaktionen können sowohl innerhalb eines Unternehmens stattfinden als auch auf einem Markt. *Oliver Williamson* definiert eine Transaktion als den Vorgang, bei dem „ein Gut oder eine Leistung über eine technisch trennbare Schnittstelle hinweg übertragen wird".[29] Wie in der mikroökonomischen Forschung üblich, geht es darum, dass Güter zwischen zwei Personen übertragen werden und diejenige Person erreicht, welche den größtmöglichen Nutzen daraus zieht. Reibungsverluste beim Übertragungsvorgang können dazu führen, dass ein Gut nicht seinen größtmöglichen Nutzen entfaltet. Um solche Fehlallokationen einzudämmen, haben sich im Wirtschaftsverkehr verschiedene Organisationsstrukturen entwickelt. Der Grund dafür sei, dass sich die Wesensmerkmale des Transaktionsgegenstandes nicht verändern ließen. Somit können lediglich durch die institutionelle Ausgestaltung der Governancestruktur, also die Art und Weise, wie ein Transaktionsgegenstand übertragen wird, Transaktionskosten reduziert werden.[30] Die Unternehmensintegration von Transaktionen sei demzufolge notwendig, wenn die Kosten im Zusammenhang mit einem bilateralen Austauschvertrag dessen Nutzen überstiegen oder die Kosten unternehmensinterner Koordination im Vergleich niedriger seien.

Die Legal Theory of Finance wählt einen Blickwinkel, der dem mikroanalytischen Forschungsansatz zu großen Teilen ähnelt. Die LTF beruht auf einer Untersuchung einzelner Finanztransaktionen. *Pistor* beschreibt dieses Phänomen wie folgt: „Financial systems comprise a complex, interdependent web of contractual obligations, or IOU's that link market participants to one another."[31] Ausgangspunkt beider Ansätze ist somit die Betrachtung bilateraler Austauschbeziehungen. Für *Pistor* bilden die unter

---

29 *Williamson*, Instiutionen des Kapitalismus, S. 1.
30 *Williamson*, Intstitutions of Capitalism, S. 22.
31 *Pistor*, J. Comp. Econ. 41 (2013), 315, 317.

den Finanzmarktteilnehmern geschlossenen Verträge das Fundament des Finanzsystems. Dessen Struktur hängt davon ab, welche Vereinbarungen getroffen werden, um die Auswirkungen von Unsicherheit und Liquiditätsvolatilität auf die vertragliche Austauschbeziehung zu regeln. Für dessen Erfolg sind die Rechtsformen, welche durch die Rechtsordnung zur Verfügung gestellt werden, bedeutsam. Gleichzeitig stellen die Bedingungen dieser bilateralen Austauschbeziehungen ein systemimmanentes Risiko für das Finanzwesen als Ganzes dar. Die vertraglichen Vereinbarungen, welche einen dezentralen Austausch ermöglichen, weisen aufgrund ihrer Rigidität keinen ausreichenden Anpassungsspielraum auf, um für eine unvorhergesehene Situation Reaktionsmöglichkeiten zu eröffnen. Diesen systemimmanenten Widerspruch der rechtlichen Ausgestaltung von Handelsbeziehungen am Finanzmarkt beschreibt *Pistor* mit dem Begriff des „law-finance paradox".[32]

II. Ursprung der Neuen Institutionenökonomik: Coase und die Entdeckung von Transaktionskosten

Ronald Coase hat als einer der ersten Wissenschaftler die Bedeutung von Transaktionskosten für wirtschaftliches Handeln erkannt. Die dadurch angestoßene „Revolution der Mikroökonomik"[33] geht auf die Beobachtung zurück, dass trotz technologischen Fortschritts bestimmte Produktionsprozesse nicht im Wege von Markttransaktionen durchgeführt werden, sondern sich innerhalb eines Unternehmens konzentrieren.[34] Der Grund dafür ist nach *Coases* Ansicht, dass es sich bei Markttransaktionen und unternehmensinternen Transaktionen um Koordinationsformen handelt, welche mit Kosten verbunden sind. Diese These stellte seinerzeit die bis dahin gültige Doktrin neoklassischer Mikroökonomik in Frage, wonach der Güteraustausch auf Märkten ohne jegliche Reibungsverluste stattfinde.

Seine Kritik an der neoklassischen Sichtweise formuliert *Coase* wie folgt: „Ein Ökonom ist der Überzeugung, dass Wirtschaftssysteme durch den Preismechanismus koordiniert werden wodurch die Gesellschaft nicht eine Organisation, sondern ein Organismus ist. Das Wirtschaftssystem funktioniert ‚von sich selbst heraus'. Dies soll nicht heißen, dass einzelne Individuen nicht planen. Sie stellen Prognosen an und wählen zwischen

---

32 *Pistor*, J. Comp. Econ. 41 (2013), 315, 323.
33 *Richter/Furubotn*, Neue Institutionenökonomik, S. 54.
34 *Coase*, Economica 4 (1937), 386, 388.

verschiedenen Alternativen. Dies ist notwendig für eine Ordnung des Systems. Jedoch geht diese Theorie davon aus, dass Ressourcen unmittelbar durch den Preismechanismus zugewiesen werden."[35]

Die Transaktionskostenökonomie versucht die Dichotomie zwischen wohlfahrtsmaximierendem Marktaustausch und Monopolstellungen zu durchbrechen, indem die Effizienzbedingungen von marktalternativen Koordinationsformen untersucht werden sollen. Die Kritik an der reduktionistischen Sichtweise neoklassischer Theorien lässt sich ebenfalls aus *Coases* Aussage ableiten, dass wenn ein Ökonom Austauschformen beobachtet, welche er nicht nachvollziehen kann, die Lösung in Monopolstrukturen gesucht wird.[36]

Aufgrund des Umstandes, dass Unternehmen existieren sind die inhärenten Limitierungen des Preismechanismus aufgezeigt. Dass die unternehmensinterne Produktion mit Kosten verbunden ist, war zum Zeitpunkt der Publikation von *Coases* Arbeit auch den neoklassischen Theorien nicht fremd. Diese werden jedoch unter den Begriff der „Produktionskosten" gefasst, welcher seinerseits keinen analytischen Zugang erlaubt. Während im Wege von Markttransaktionen die Güterallokation durch den Preismechanismus vonstatten geht, geschieht dies bei unternehmensinternen Transaktionen aufgrund einer unternehmerischen Entscheidung. Transaktionskosten, die beim marktlichen Austausch zu Reibungsverlusten führen und andere Produktionsformen günstiger erscheinen lassen, wurde nunmehr eine zentrale Bedeutung beigemessen. Neu war somit nicht die Entdeckung von Unternehmen als Teile des Wirtschaftslebens, sondern der Kosten des marktlichen Austauschs, wodurch ein Unternehmen als alternative Ordnungsform in Betracht kam. Die Neuen Institutionenökonomik befasst sich daher mit den Grenzen dezentraler Austauschsysteme sowie den Bedingungen, unter denen alternative Koordinationsformen kostengünstiger als der Preismechanismus erscheinen.

Insgesamt handelt es sich jedoch bei Märkten und marktalternativen Koordinationsformen um Institutionen, deren Schaffung, Erhaltung, Nutzung und Veränderung mit Kosten verbunden sind. Diese Kosten werden mit dem Begriff der Transaktionskosten umschrieben.[37] Im Detail handele es sich dabei um Informationskosten bezüglich der gehandelten Güter

---

35 *Coase*, Economica 4 (1937), 386, 387.
36 *Coase*, in: Econ. Research, S. 59, 67.
37 *Williamson*, Institutionen des Kapitalismus, S. 331.

oder Inputfaktoren, Verhandlungskosten sowie Neuverhandlungskosten, wenn die Vertragsparteien eine langfristige Kooperation verfolgten.[38]

III. Operationalisierung durch Oliver Williamson

Eine nuancierte Betrachtung, deren Fokus im Vergleich verschiedener institutioneller Arrangements lag, erfolgte erst mehrere Jahrzehnte später. Die zentrale Figur der weiteren Operationalisierung des Konzeptes der Transaktionskosten war *Oliver Williamson,* der marktliche und nichtmarktliche Organisationsformen nicht als Gegensätze verstand, sondern als verschiedene Governancestrukturen klassifizierte, deren Effizienz in der Einsparung von Transaktionskosten begründet lag.[39] Inwieweit dies möglich sei, hänge von verschiedenen Umwelt- und Verhaltensbedingungen ab.

Unter Heranziehung positiver Transaktionskosten und in der Annahme unvollständiger Vorhersehbarkeit und begrenzter Rationalität der einzelnen Individuen untersuchte *Williamson* verschiedene Organisationsformen, die er als Governancestrukturen beschrieb, auf ihr transaktionskostenminimierendes Potential hin. *Williamson* entwickelte Parameter, anhand derer sich die jeweiligen Produktionsprozesse in der Realwirtschaft erklären ließen. Die Analyse von Governancestrukturen führte demnach zu der Charakterisierung verschiedener Eigenschaften einer Transaktion, anhand derer sich die Herausbildung einer effizienten (i.e. transaktionskostenminimierenden) Organisationsform erklären ließ.

IV. LTF: Inhärente Instabilität von Finanzsystemen

Die Legal Theory of Finance befasst sich auch mit einer Form des Marktversagens im weiteren Sinne. Im Gegensatz zur Neuen Institutionenökonomik wird unter diesem Begriff jedoch nicht das Versagen effizienter Güterallokation durch Märkte beschrieben, die daraufhin durch andere Organisationsformen ersetzt werden. Die LTF versucht vielmehr der Frage nach dem Zusammenbruch des Finanzmarktes in den Jahren 2007 und 2008 nachzugehen. Dieser funktionierte aufgrund des technologischen Fortschritts im 21. Jahrhundert weitgehend automatisiert und reibungslos, lös-

---

38 *Coase,* Economica 4 (1937), 386, 390–392.
39 Vgl. *Williamson,* Transaktionskostenökonomik, S. 11.

te jedoch paradoxerweise die größte Wirtschaftskrise seit dem großen Crash des Jahres 1929 aus.

Die globale Finanzkrise war auch aus Sicht der wirtschaftswissenschaftlichen Forschung ein unvorhergesehenes Ereignis, da Finanzmärkte sehr nah an dem waren, was in der Mikroökonomik dem Idealtypus vollkommener Märkte entsprach.[40] Mit Hilfe leistungsfähiger Computerprogramme ließen sich alle zugänglichen Informationen für eine Kaufentscheidung zusammentragen und auswerten, so dass die kognitiven Grenzen menschlicher Informationsverarbeitung kein Hindernis mehr darstellen würden. Da es sich bei Finanzinstrumenten nicht um physische Güter handelte, funktionierte deren Austausch auch ohne Verzögerung oder sonstige Reibungsverluste. Darüber hinaus ließen sich Investitionsentscheidungen jederzeit revidieren, so dass es sich bei Finanzmärkten um „spot marktes" im institutionsökonomischen Sinne handelte.

Der Zusammenbruch des Geldmarktes im Jahr 2008 führte jedoch zu erheblichen Zweifeln hinsichtlich der wohlfahrtsmaximierenden Bedeutung von Wettbewerbsmärkten. Den durch die Finanzkrise aufgeworfenen Fragen ging die Legal Theory of Finance nach, indem nicht lediglich die institutionellen Arrangements, welche den Handel an Finanzmärkten regulierten, in Frage gestellt wurden, sondern deren Entstehung ebenfalls deziert untersucht wurde. Die LTF widmet sich aufgrund dieser programmatischen Neuausrichtung des Forschungsansatzes anderen Aspekten als die Neue Institutionenökonomik.

Nach *Pistors* Ansicht kommt der Rechtsordnung eine weitaus größere Rolle zu, als ihr bisher – selbst von Anhängern der Neuen Institutionenökonomik – beigemessen wurde. Durch Standardisierung und rechtliche Vereinheitlichung der Austauschbeziehungen konnte sich ein globales Netzwerk für den Handel mit Finanzinstrumenten entwickeln. Diese Attribute waren entscheidend, um die Absatz- und Marktfähigkeit verschiedener Finanzprodukte zu gewährleisten. *Pistor* zeigt, dass beispielsweise die International Swaps and Derivatives Organization (ISDA) ein zentraler Akteur des Finanzwesens ist, der es sich zur Aufgabe gemacht hat, eine rechtliche Infrastruktur in verschiedenen Ländern zu schaffen, durch die ein weltweiter Handel mit Finanzderivaten ermöglicht wurde.[41] Die rechtliche Ausgestaltung dieser Austauschbeziehungen war demnach zugleich für das

---

40 Vgl. *Richter/Furubotn*, Neue Institutionenökonomik, S. 385: „Im Unterschied zu den Gütermärkten kommen Finanzmärkte i.e.S. – die Märkte verbriefter Schuldtitel – dem Idealbild des Wettbewerbsmarktes relativ nahe."
41 *Pistor*, J. Comp. Econ. 41 (2013), 315, 318.

Funktionieren des Finanzmarktes sowie für dessen Versagen verantwortlich. In Anbetracht dessen kommt dem Begriff des Marktversagens im Zusammenhang einer rechtsökonomischen Untersuchung eine gänzlich andere Bedeutung zu.

Darüber hinaus sind nach Ansicht *Pistors* Märkte hierarchisch verfasst, wobei im Gegensatz zur Transaktionskostenökonomie nicht dem Unternehmensinhaber die Entscheidungsmacht zukomme, sondern einem mit Staatsgewalt ausgestatteten souveränen Akteur. Diese Hierarchie zeige sich in Zeiten eines funktionierenden Marktes in Gestalt staatlicher Durchsetzung vertraglicher Ansprüche und in Krisenzeiten darin, dass dem Souverän die Entscheidung zustehe, welchen Akteuren ein ausreichendes Maß an rechtlicher Flexibilität gewährt werde, während sich andere an rigide Vorgaben der eingegangen Verpflichtungen halten müssten.[42]

Damit illustriert *Pistor*, dass institutionelle Arrangements, die seitens der Neuen Institutionenökonomik nur im Zusammenhang mit nichtmarktlichen Koordinationsformen relevant waren, auch für die Durchführung eines marktlichen Austauschs von Bedeutung sind. Eine Dichotomie von Märkten und Hierarchien[43] besteht demnach bei Finanzmärkten nicht, was eine Vielzahl an Folgefragen aufwirft. Des Weiteren wird die Betrachtung institutioneller Arrangements von *Pistor* ausgedehnt und die Rolle des Staates als Akteur mit der ultimativen Entscheidungsmacht in die Analyse mit einbezogen. *Pistors* Analyse geht über den traditionellen mikroökonomischen Fokus hinaus und widmet sich auch makroökonomischen Themen. Aufgrund der aufgezeigten Verbindungslinie zwischen einzelnen Vertragsbeziehungen und den seitens der Zentralbanken ergriffenen Maßnahmen zur Stabilisierung des Finanzmarktes bietet sich jedoch eine Unterscheidung in mikro- und makroökonomische Themen nicht an.

C. Annahmesets

Trotz der unterschiedlichen Beobachtungen kann eine Vielzahl an Ähnlichkeiten zwischen der Legal Theory of Finance und der Transaktionskostenökonomie entdeckt werden. Die Neue Institutionenökonomik und die Legal Theory of Finance ähneln sich vor allem hinsichtlich der Annahmen, die das Handeln der einzelnen Marktteilnehmer beeinflussen. Außerdem dient das Recht dazu, die Folgen einer insgesamt unsicheren Zukunft

---

42 *Pistor*, J. Comp. Econ. 41 (2013), 315, 320 f.
43 Vgl. *Williamson*, Markets and Hierarchies.

zu kompensieren, wobei die Funktion rechtlicher Institutionen von beiden Ansätzen unterschiedlich begriffen wird. Es stellt sich daher die Frage, an welchen Punkten die Legal Theory of Finance sich von der Transaktionskostenökonomie unterscheidet. Ein Vergleich der Parameter zeigt, dass sich die Neue Institutionenökonomik und die Legal Theory of Finance nur in Bezug auf einige Parameter unterscheiden. Diese führen jedoch zu einer divergierenden Deutung in Bezug auf die institutionellen Entwicklungsprozesse innerhalb des Finanzsystems. Insofern zeigt die Neue Institutionenökonomik nur ein unvollständiges Bild über die Funktionsweise von Finanzsystemen.

I. Unsicherheit

1. NIE: Ungewissheit und die Notwendigkeit elastischer institutioneller Arrangements

Aus Sicht der Neuen Institutionenökonomik lässt sich die Effizienz einer Governancestruktur daran messen, inwiefern sie die Kosten einer nachvertraglichen Störung kompensieren kann. Der Begriff Unsicherheit wird verwendet, um diese potentiellen Störungen einer vertraglichen Beziehung zu beschreiben. Dies bedeutet, dass nach Beginn einer Kooperationsbeziehung Umstände eintreten, welche bei Vertragsschluss nicht bedacht wurden und somit zu einer Reevaluierung durch die beteiligten Parteien führen. Das Vertragsrecht berücksichtigt diese Fallgruppen. Insbesondere die Lehre vom Wegfall der Geschäftsgrundlage stellt eine Institution dar, welche eine nachvertragliche Anpassung ermöglicht.[44] Trotzdem beruht das deutsche Vertragsrecht auf dem Grundsatz, dass Motivirrtümer unbeachtlich sind und keine Vertragsanpassung zulassen.[45] Für den Zweck des Vergleichs beider theoretischer Ansätze ist ein Verständnis der Art und Weise, wie eine unsichere Zukunft die vertragliche Beziehung zwischen zwei Parteien beeinflusst, von entscheidender Bedeutung.

Für *Williamson* ist ein hohes Maß an Unsicherheit ein Hindernis für marktlichen Austausch, so dass sich die Handelspartner kooperativ verhalten müssen. Während neoklassische Theorien davon ausgehen, dass die Identität der Vertragsparteien für eine Transaktion irrelevant sei und Güter

---

44 Vgl. statt aller Münchener Komm. BGB⁹-*Finkenauer*, § 313, Rn. 1.
45 *Fikentscher*, Vertragsrisiko, S. 43.

jederzeit mit Hilfe des Preismechanismus handelbar seien,[46] nehmen die neoinstitutionalistischen Theorien mehrere Modifikationen vor. Anstelle der jederzeit bestehenden Möglichkeit, Produktionsgüter zu Marktpreisen zu erwerben oder abzusetzen, erlangt die Dauer einer Vertragsbeziehung eine herausgehobene Bedeutung.

Für längerfristige Vertragsbeziehungen sei Unsicherheit ein maßgebenden Faktor, da gegebenenfalls die Bedingungen der vertraglichen Beziehung angepasst werden müssten. Kurzfristige Kooperationen seien vom Vorliegen von Unsicherheit im Gegensatz dazu eher weniger beeinträchtigt. Neben der Dauer der Vertragsbeziehung sei jedoch auch die Art der gehandelten Güter von Bedeutung. Manche Güter lassen sich sehr einfach am Markt ohne großen Verlust absetzen, sofern die vereinbarte Zusammenarbeit scheitert. Andererseits können einige Güter nur im Zusammenhang mit der anvisierten Transaktion ihren vollen Wert realisieren.

Die Möglichkeit, dass sich durch eine häufige Durchführung von Transaktionen die Kosten einer Unternehmung insgesamt senken lassen, führe darüber hinaus dazu, dass dem Verhalten und Charakter des Vertragspartners größere Bedeutung beigemessen werden müsse. In Anlehnung an *Koopmans*[47] Trennung zwischen primärer und sekundärer Unsicherheit unterscheidet *Williamson* zwischen zustandsbedingter und Verhaltensunsicherheit. Der Verhaltensunsicherheit sei seiner Ansicht nach in der Vergangenheit zu wenig Beachtung geschenkt worden.[48] Da sich die Transaktionskostenökonomie jedoch speziell mit bilateralen Austauschbeziehungen befasst, komme der Verhaltensunsicherheit besondere Bedeutung zu.

Für die Transaktionskostenlehre sei zustandsbedingte Unsicherheit eher von nachrangiger Bedeutung. Bei zustandsbedingter Unsicherheit handele es sich um Erkenntnisse in aggregierter Form („aggregate measures"), welche daraufhin als Naturzustände bezeichnet werden. Diese Art der Unsicherheit basiert auf *Arrows* Konzept verschiedener zufälliger Naturzustände, wobei man nicht wisse, welcher in Zukunft eintreten werde.[49] Angaben aufgrund aggregierter Messungen seien jedoch für die Analyse einzelner Transaktionen nicht von Bedeutung. Insbesondere im Hinblick auf das Verhalten einzelner Personen seien Aussagen auf der Grundlage aggregierter Messungen nicht von Nutzen, da nicht davon ausgegangen werden könne, dass sich ein Vertragspartner dem Durchschnitt entsprechend ver-

---

46 *Ben-Porath*, Pop. & Dev. Rev. 6 (1980), 1, 4.
47 *Koopmans*, in: Three Essays, S. 129, 162 f.
48 *Williamson*, Institutionen des Kapitalismus, S. 65.
49 *Arrow*, Limits of Organization; *ders.*, Rev. Econ. Stud. 31 (1964), 91.

halte oder sein Verhalten eine Ausnahme darstelle.[50] Governancestrukturen müssten jedoch Lösungen für alle in Betracht kommenden Verhaltensweisen parat halten. Die Unsicherheit zukünftiger Naturzustände im Sinne *Arrows* ist darüber hinaus für eine Vertragsbeziehung insoweit von Bedeutung, als dass sich dadurch die Möglichkeit für strategisches Verhalten eröffne.

Die Vertragslücken und Informationsasymmetrien, die auf mangelnder Kommunikation basieren, können Vertragsbeziehungen gefährden, wenn eine Vertragspartei diese zum Nachteil der anderen ausnutze. Da vor Vertragsschluss nicht sicher sei, ob sich Möglichkeiten für opportunistisches Verhalten ergeben und inwiefern diese von den Vertragsparteien ausgenutzt werden, kann es passieren, dass sich die Vertragsparteien für eine nichtmarktliche Kooperationsform entscheiden.

Der höhere Stellenwert, den die Transaktionskostenökonomie der Verhaltensunsicherheit beimisst, bedeutet nicht, dass zustandsbedingte Unsicherheit als bedeutungslos angesehen werden. Unvorhergesehene Ereignisse könnten den Erfolg einer vertraglichen Kooperation ebenfalls gefährden, indem diese die Möglichkeit für eine der beteiligten Vertragsparteien schaffen, durch opportunistisches Verhalten den eignen Profit zum Nachteil der gemeinschaftlichen Unternehmung zu maximieren. Für *Williamson* stellt primäre Ungewissheit demnach lediglich eine exogene Störung vertraglicher Koordination dar, welche das Verhalten des Vertragspartners ex ante unvorhersehbar mache und somit keiner spezifischen vertraglichen Vereinbarung zugänglich sei.[51] Aufgrund von zustandsbedingter Unsicherheit könnten Umstände eintreten, bei denen der Erfolg einer Transaktion aufgrund von Opportunismus ex post gefährdet sei.[52]

2. Das LTF-Konzept der „fundamental uncertainty"

Für die Legal Theory of Finance ist Unsicherheit von entscheidender Bedeutung. Sofern man bei den von *Koopmans* verwendeten Begriffsbestimmungen bleibt, kommt primärer Unsicherheit größere Bedeutung als der Unvorhersehbarkeit zukünftigen Verhaltens zu. Nach *Pistors* Ansicht spiele diese keine entscheidende Rolle, da die Vertragsgestaltung keinen Raum für opportunistisches Verhalten zulasse. *Pistors* Ansatz orientiert sich an

---

50 *Williamson*, Institutionen des Kapitalismus, S. 66 f.
51 *Williamson*, Intstitutions of Capitalism, S. 58 f.
52 *Williamson*, Institutionen des Kapitalismus, S. 67 f.

der ökonomischen Idee der Unsicherheit, welche auf *Frank Knight* und *John Maynard Keynes* zurückgeht.[53] Dies zeigt sich unter anderem in der Bezugnahme auf *Keynes'* berühmtes Zitat, dass sich der zukünftige Kupferpreis, Zinsentwicklungen oder gar zukünftige Kriege nicht vorhersehen ließen – „we simply do not know".[54] Bei primärer Unsicherheit handele es sich um mögliche zukünftige Ereignisse, deren Eintrittswahrscheinlichkeit letztendlich nicht quantifizierbar sei.[55] Dieses Verständnis von Unsicherheit im ökonomischen Sinne vertrug sich jedoch nicht mit dem wissenschaftlichen Zeitgeist der Nachkriegszeit, dessen Fokus auf der Bestimmung messbarer Vorhersagen lag. Im weiteren Verlauf der wirtschaftswissenschaftlichen Entwicklung geriet das Konzept einer insgesamt unkontrollierbaren Zukunft daher außer Mode.[56]

Primäre Ungewissheit stellt aus *Pistors* Sicht hingegen einen Hauptgrund für die inhärente Instabilität des Finanzwesens dar. Diese Art der Unbestimmbarkeit zukünftiger Umweltzustände lässt sich auch ohne Probleme mit der Untersuchung individueller Vertragsvereinbarungen, welcher analytischer Ausgangspunkt der Legal Theory of Finance ist, verbinden. Demnach sei einer der Gründe präziser Vertragsklauseln ohne Interpretationsspielraum der Umstand, dass sich eine Vertragspartei gegenüber unvorhergesehenen Ereignissen absichern möchte.[57] Die mit der Standardisierung einhergehenden Skaleneffekte machten es für die Gegenseite möglich, sich auf derartige Vertragsgestaltungen einzulassen, da der Sekundärmarkt notwendige Handlungsspielräume eröffne.

Aus Sicht einzelner Marktteilnehmer können präzise vertragliche Vereinbarungen die Kosten primärer und sekundärer Unsicherheit erheblich reduzieren. Sofern solche vertraglichen Vereinbarungen jedoch allgemeine Verwendung finden, kann darin seinerseits ein Unsicherheitsfaktor begründet liegen. Dies hänge mit den Mechanismen einer weitgehend standardisierten Vertragspraxis zusammen. Die Standardisierung vertraglicher Vereinbarungen wirke sich im Falle einer unbestimmbaren Zukunft negativ auf das gesamte Finanzwesen aus. Insofern zwinge der Eintritt unvorhergesehener Ereignisse eine große Anzahl von Marktteilnehmern zu gleichartigen Handlungen, was zu erheblichen Kursschwankungen an Finanzmärkten führen könne. Dieses Paradox, welches von *Pistor* beschrie-

---

53 *Knight*, Risk, S. 233.
54 *Keynes*, Q.J. Econ. 51 (1937), 209, 214.
55 Vgl. *Knight*, Risk, S. 233.
56 *Hodgson*, J. Comp. Econ. 41 (2013), 331, 334.
57 *Pistor*, J. Comp. Econ. 41 (2013), 315, 323.

ben wird, liege gerade darin, dass denjenigen Institutionen, durch die ein global vernetztes Finanzsystem zunächst entstehen konnte, ein ebenso großes Zerstörungspotential innewohnt.[58]

Die Annahme, dass im Zweifel Anpassungen in einem Risikoportfolio durch Zu- und Verkäufe in liquiden Finanzmärkten ohne größere Verluste möglich seien, gehe fehl. Während einer Liquiditätskrise seien diejenigen Parteien, denen spezifische, nichtverhandelbare vertragliche Vereinbarungen eingeräumt worden seien, für zukünftige unvorhersehbare Ereignisse abgesichert. Die Gegenparteien müssten jedoch sehr hohe Preisabschläge in Kauf nehmen, um kurzfristig fällige Zahlungsverpflichtungen erfüllen zu können. Das Zusammentreffen von Illiquidität und Unsicherheit stelle demnach eine Bedrohung für das Finanzsystem insgesamt dar. Dieser Umstand ist von der Transaktionskostenökonomie bisher noch nicht adressiert worden. Die tückische Spirale von Illiquidität und Preisverfall wird im Finanzwesen mit dem Begriff des „fire sale" beschrieben. Die Legal Theory of Finance ermöglicht insoweit eine Untersuchung, welche Rolle rechtliche Institutionen bei den „fire sales" der jüngsten Finanzkrise spielten.

II. Begrenzte Rationalität und Opportunismus

1. Begrenzte Rationalität

Begrenzte Rationalität und die Annahme opportunistischen Verhaltens sind weitere wesentliche Elemente neoinstitutionalistischer Modelle. Im Hinblick auf das Entscheidungsverhalten der einzelnen Wirtschaftsteilnehmer gehen diese Theorien davon aus, dass sich Individuen lediglich „begrenzt rational" verhalten. Damit werden die Fähigkeiten von Marktteilnehmern beschrieben, die versuchen, sich rational zu verhalten, jedoch nur in begrenzten Maße dazu fähig sind.[59] Insoweit unterscheidet sich das Annahmeset der Neuen Institutionenökonomik von neoklassischen Theorien, welche davon ausgehen, dass sämtliche verfügbaren Informationen kostenlos ausgewertet werden können, und somit alle Marktteilnehmer stets optimale Entscheidungen treffen. Unabhängig von dem Umstand, dass sich die Zukunft aufgrund von Unsicherheit ex ante nicht abschließend bestimmen lässt, unterliegen die einzelnen Marktteilnehmer inhä-

---

58 *Pistor*, J. Comp. Econ. 41 (2013), 315, 323.
59 *Simon*, Administrative Behavior, S. xxiv.

renten Beschränkungen bezüglich der Verarbeitungsfähigkeit vorhandener Informationen.

Auch Vertreter der Transaktionskostenökonomie sind der Ansicht, dass die Verarbeitung von Informationen mit Kosten verbunden ist. Marktteilnehmer können daher in bestimmten Situationen suboptimale Entscheidungen treffen. Eine solche Differenzierung ist wichtig, da rational handelnde Marktteilnehmer eine fehlende Vorhersehbarkeit mit Hilfe ausreichend differenzierter Vertragsgestaltung kompensieren können. Somit könnte auch unter der Annahme von Unsicherheit ein Marktaustausch stattfinden. Anhand von bedingten Verträgen wären die Marktteilnehmer in der Lage, zukünftige Informationen in den vereinbarten Leistungsaustausch aufzunehmen.[60] Nichtmarktliche Austauschformen lassen sich demnach nur erklären, wenn man von kognitiven Einschränkungen der Marktteilnehmer ausgeht, welche mit einer allgemeinen Unsicherheit zusammentreffen.

Insoweit unterscheidet sich das Menschenbild der Neuen Institutionenökonomik sowohl von dem des „alten" Institutionalismus sowie von den neueren verhaltensökonomischen Theorien. Nach der klassischen ökonomischen Institutionenlehre ist das Verhalten einzelner Marktteilnehmer von deren Gewohnheiten bestimmt.[61] Das Menschenbild der Transaktionskostentheorie liegt somit neoklassischen Theorien näher als der ursprünglichen ökonomischen Institutionenlehre. Anhänger der Verhaltensökonomie, deren Modelle zum Großteil auf Erkenntnissen aus Experimenten beruhen, sind die Entscheidungen der Marktteilnehmer von Heuristiken beeinflusst, welche es verhindern, Informationen in einer Weise zu verarbeiten wie ein rational handelnder Akteur. Die Verhaltensökonomie geht davon aus, dass Menschen weder rational noch begrenzt rational zu verstehen sind. Vielmehr führten Bias zu systematischen Fehleinschätzungen, die eine fehlerhafte Informationsauswertung begründeten. Diese Verhaltensmuster werden ihrerseits als irrational bezeichnet.[62]

Nach dem Menschenbild der Neuen Institutionenökonomik sind sich die Marktteilnehmer ihrer kognitiven Begrenzungen bewusst und verhalten sich in Anbetracht der Kosten weiterer Informationsgewinnung optimal. Aufgrund dieses Bewusstseins haben sich Governancestrukturen entwickelt, durch welche die Folgen begrenzter Rationalität kompensiert werden können. Ein Beispiel für eine transaktionskostenminimierende Institu-

---

60 *Arrow*, Rev. Econ. Stud. 31 (1964), 91.
61 *Hodgson*, J. Econ. Lit. 36 (1998), 166, 167.
62 S. dazu *Klöhn*, Kapitalmarkt, Spekulation und Behavioral Finance.

tion sind die gesetzlichen Gewährleistungsrechte, die aus ökonomischer Sicht eine nachvertragliche Kostenverteilung begründen.[63]

2. Opportunismus

Aufgrund von beschränkter Rationalität und Unsicherheit besteht bei langfristigen Vertragsbeziehungen oder Vertragsschlüssen, deren Leistungsaustausch in der Zukunft liegt, die Gefahr von Vertragsstörungen. Diese gefährden den wirtschaftlichen Erfolg der gemeinschaftlichen Unternehmung. Die Transaktionskostenökonomie geht davon aus, dass Vertragsstörungen von einer Vertragspartei ausgenutzt werden können, da sich diese opportunistisch verhält. Der Begriff des opportunistischen Verhaltens beschreibt das profitmaximierende Verhalten einer Vertragspartei, das für die andere Vertragspartei einen Nachteil begründen kann. Diese rücksichtslose Verfolgung des Eigeninteresses unterscheidet sich von den nutzenmaximierenden Verhaltensweisen, die in den neoklassischen Theorien verwendet werden.[64] Den neoklassischen Theorien ist eigennütziges Verhalten nicht fremd, spielt jedoch eine vergleichsweise unbedeutende Rolle. Mangels Informationsasymmetrien zwischen beiden Vertragsparteien lassen sich vertragliche Vereinbarungen treffen, durch welche jede Vertragspartei darauf beschränkt ist, sich ausschließlich wohlfahrtsmaximierend zu verhalten. Da die Vertragsparteien ex ante die mit einer Unternehmung verbundenen Kosten vorhersehen können, lässt sich durch die Vereinbarung sogenannter „contingent claims" das Risiko opportunistischen Verhaltens eindämmen.[65] Im Gegensatz dazu geht die Transaktionskostenökonomie davon aus, dass sich jede Vertragspartei im Zweifel durch „Lug und Trug" Profitmöglichkeiten, welche aufgrund von begrenzter Rationalität entstehen, ausnützt.[66] Es ist demzufolge das Zusammentreffen von begrenzter Rationalität und opportunistischem Verhalten, welches besondere Gestaltungsformen notwendig macht.

In der Gesamtbetrachtung entstehen durch begrenzte Rationalität und opportunistisches Verhalten Hindernisse marktlicher Koordination. Ohne die Annahme opportunistischen Verhaltens ließe sich durch vertragliche Generalklauseln kooperatives Verhalten gewährleisten. Eine vertragliche

---

63 *Fleischer*, Informationsasymmetrie, S. 126–129.
64 *Williamson*, Transaktionskostenökonomik, S. 6.
65 *Arrow*, The Limits of Organization.
66 *Williamson*, Intstitutions of Capitalism, S. 47.

Vereinbarung, dass für alle nicht vorhersehbaren Ereignisse die Parteien angehalten sind, sich in einer Art und Weise zu verhalten, welche den Nutzen der gemeinschaftlichen Unternehmung maximiert, würde demnach alle in Betracht kommenden zukünftigen Ereignisse abschließend vertraglich regeln. Da aufgrund von Informationskosten ein optimales Verhalten nicht überprüfbar ist, bestünde Raum für opportunistisches Verhalten.

3. LTF und Imperfect Knowledge Economics

Die LTF befasst sich nicht ausgiebig mit den Verhaltensannahmen der einzelnen Marktteilnehmer. Dies hat damit zu tun, dass der Fokus auf den strukturellen Eigenschaften des Finanzsystems liegt und über die reine Analyse der Wesensmerkmale einzelner Austauschbeziehungen hinausgeht. Die LTF basiert außerdem auf der Idee, dass in Zeiten ausreichender Liquidität falsche Erwartungen und unterschiedliche Präferenzen auch nicht allzu schwer ins Gewicht fallen würden.

Trotzdem lassen sich Anknüpfungspunkte hinsichtlich der Charakterisierung von Finanzmarktteilnehmern finden, welche darauf schließen lassen, dass die Transaktionskostenökonomie und die Legal Theory of Finance mit einem ähnlichen Menschenbild operieren. Während die Transaktionskostenökonomie von begrenzter Rationalität und eigennützigem Verhalten ausgeht, basiert *Pistors* Theorie auf den Erwägungen der Imperfect Knowledge Economics (IKE).[67] Die IKE versuchen, eine alternative Erklärungsweise für extreme Kursbewegungen an Finanzmärkten zu entwickeln.[68] Sie kritisieren die Annahme streng rationalen Verhaltens, wie sie der Theorie effizienter Kapitalmärkte[69] zugrunde liegt, ohne jedoch sprichwörtlich das Kind mit dem Bade auszuschütten, wie es bei der Verhaltensökonomie mit der Annahme irrationalen Verhaltens der Fall ist. Nach Ansicht der Imperfect Knowledge Economics sind sich die Marktteilnehmer bewusst, dass ihre Informationsgrundlage unvollständig ist. Um dieses Manko zu kompensieren, entwickelten Händler Strategien für kurzfristig angelegte Investitionen. Vorhandene Informationen werden für Transaktionsentscheidungen genutzt, bis neue Informationen vorhanden sind, die wiederum eine Neuausrichtung der gewählten Handelsstrategie notwen-

---

67 *Frydman/Goldberg*, Beyond Mechanical Markets.
68 Die IKE sind bei der LTF nur kurz erwähnt, werden jedoch ausgiebig bei *Pistor*, Regulating Financial Markets, S. 15–22 diskutiert.
69 *Fama*, J. Fin. 25 (1970), 383.

dig machten. Da das Auftreten neuer Informationen nicht vorhersehbar ist, können aufgrund des nicht routinemäßigen Verhaltens der Finanzmarktteilnehmer extreme Kursbewegungen eintreten.[70] Diese Annahme, wie Marktteilnehmer mit vorhandenen Informationen trotz Unsicherheit umgehen, entspricht weitgehend dem Konzept begrenzter Rationalität, welches die Grundlage der Verhaltensannahmen der Transaktionskostenökonomie darstellt.

Im Gegensatz zur Transaktionskostenökonomie kommt dem opportunistischen Verhalten im Rahmen der Legal Theory of Finance keine gleichermaßen große Bedeutung zu. Zwar geht die LTF davon aus, dass sich Marktteilnehmer eigennützig verhalten. Explizit opportunistisches Verhalten wird von *Pistor* jedoch nicht erwähnt. Es wird lediglich ein Verhalten beschrieben, das von der eigenen Gewinnmaximierung geleitet ist, selbst unter Inkaufnahme, dass andere Marktteilnehmer die Kosten einer solchen Handelsstrategie tragen müssen.[71]

Die LTF-Analyse beruht demnach nicht auf anderen Verhaltensannahmen als die der transaktionskostenökonomischen Theorien. Dass sich Marktteilnehmer unter Umständen auch irrational verhalten können, wird von der LTF nicht in Betracht gezogen. Dies liegt darin begründet, dass gerade in dem streng rationalen Verhalten der einzelnen Marktteilnehmer ein Faktor gesehen wird, auf dem die Instabilität des Finanzsystems beruht. Dass sich einzelne Marktteilnehmer somit womöglich auch irrational verhalten, wird nicht in Frage gestellt, hat jedoch für die spezifischen Thesen der LTF keine Bedeutung.

III. Spezifität von Investitionen

Nach *Williamsons* Auffassung bedingt ein hohes Maß an Faktorspezifität verschiedene nichtmarktliche Governancestrukturen.[72] Wie bereits dargestellt, kann eine Vertragsgestaltung ohne Öffnungsklausel beim Scheitern einer auf Dauer angelegten Unternehmung für eine Vertragspartei zu erheblichen Kosteneinbußen führen. Unsicherheit ist jedoch nicht der einzige Grund für das Versagen marktlichen Austauschs. Eine Vertragspartei kann drohende Vertragsstörungen nur dann zu ihrem Vorteil ausnutzen, wenn der Vertragspartner seinerseits zur Vertragserfüllung gezwungen ist.

---

70 *Frydman/Goldberg*, Beyond Mechanical Markets, S. 41.
71 *Pistor*, J. Comp. Econ. 41 (2013), 315, 323.
72 *Williamson*, Governance, S. 59.

In welchem Maß eine Partei auf die Durchführung einer Transaktion angewiesen ist, ist von der Art der getätigten Investition abhängig. Dieser Umstand wird von der Transaktionskostenökonomie mit dem Begriff der Faktorspezifität beschrieben, durch den der Abhängigkeitsgrad als Faktor in die Analyse eingeführt wird. Faktorspezifität ist als der „Grad der Wiederverwendbarkeit eines bestimmten Vermögensobjektes in alternativen Verwendungsrichtungen und bei unterschiedlichen Nutzen ohne Verlust an Produktionswert" zu verstehen.[73]

Sofern Transaktionsobjekte speziell für die Erfordernisse des verfolgten Vertragszwecks zugeschnitten sind, handelt es sich um Investitionen mit hoher Faktorspezifität. Das mit einer solchen faktorspezifischen Investition verknüpfte Risiko liegt darin, dass sich das Transaktionsobjekt bei ausbleibender Kooperation des Vertragspartners nicht oder nur mit einem erheblichen Verlust für andere Vertragszwecke einsetzen lässt. Diejenige Partei, welche eine spezifische Investition vornimmt, ist demnach der anderen Partei ausgeliefert. Aufgrund des Abhängigkeitsverhältnisses kann ein Vertragsteil die Gewinn- und Verlustverteilung in einem Maß bestimmen, welche die Kooperationswilligkeit der anderen Partei beeinträchtigt. Eine Lösung für dieses Problem bietet eine Organisationsform, welche nur bei erfolgreicher Zusammenarbeit der dominierenden Partei einen Gewinn vermittelt, so dass Anreize für ein kooperatives Zusammenwirken entstehen. Beide Parteien sind demnach in einer Weise abhängig voneinander, dass kein Raum für opportunistisches Verhalten entstehen kann. Eine solche Organisationsform ist zum Beispiel die Integration des Produktionsprozesses in ein hierarchisch strukturiertes Unternehmen, bei dem beide Vertragspartner Inhaber des Investitionsguts werden und die Profite und entstehenden Kosten untereinander aufgeteilt werden. Faktorspezifität stellt demnach den wesentlichen Faktor dar, der andere Organisationsformen als die marktliche Koordination als wohlfahrtsfördernd betrachtet.[74]

Dies bedeutet, dass ein hoher Grad an Faktorspezifität ein Grund ist, dass für das jeweilige Investitionsobjekt kein Markt entstehen kann. Die Umschichtbarkeit von Anlagegütern ist demnach entscheidend dafür, in welcher Weise sich die Vertragsparteien am effizientesten koordinieren

---

73 *Williamson*, Transaktionskostenökonomik, S. 13.
74 Vgl. *Williamson*, Institutionen des Kapitalismus, S. 35, der die verschiedenen Vertragsformen unter der Annahme von begrenzter Rationalität, Opportunismus sowie Faktorspezifität miteinander vergleicht und zu dem Ergebnis gelangt, dass, solange keine faktorspezifischen Investitionen getätigt würden, Wettbewerb die effiziente Vertragsform darstelle.

können. Während neoklassische Theorien Unternehmen lediglich als Produktionsfunktionen betrachten und technologischer Fortschritt der einzige Faktor ist, der den Wandel von unternehmensinterner Produktion hin zur Beschaffung von Produktionsgütern am Markt auslöst, können aus Sicht der Transaktionskostentheorie verschiedene Organisationsformen derart effizient gestaltet werden, dass die Wahl zwischen Kauf und Produktion nicht vom technologischen Fortschritt abhängt.[75] In umgekehrter Weise besteht jedoch auch die Möglichkeit, durch vertragliche Gestaltung Kooperationsformen zu schaffen, die technologischen Fortschritt und Innovation fördern können.[76]

Institutionen reduzieren nicht nur Transaktionskosten, sondern sind ihrerseits auch mit Kosten verbunden. Die Konzipierung und Administration von Governancestrukturen stellt einen Kostenfaktor dar, welcher bei der Beurteilung der verschiedenen Koordinationsmechanismen mit einzubeziehen ist. Wie häufig eine Transaktion durchgeführt wird, wirkt sich demzufolge ebenfalls auf die Wahl der passenden Governancestruktur aus. In diesem Sinne stellt eine speziell entwickelte Governancestruktur nur dann eine transaktionskostenreduzierende Institution dar, wenn spezifische Transaktionen mehrfach durchgeführt werden. Für einmalige Transaktionen spezifischer Art sind die Kosten einer speziell entwickelten Governancestruktur oftmals zu hoch. Die gesetzliche Normierung verschiedener Governancestrukturen kann in diesem Zusammenhang hilfreich sein, da die Vertragsparteien ohne großen Aufwand sich auf deren Geltung einigen können. Dies entspricht ebenfalls dem ökonomischen Verständnis des Gesellschaftsrechts, welches als allgemeine Vertragsbedingung betrachtet wird, auf die sich die Parteien in einem Verhandlungsprozess ohne Transaktionskosten geeinigt hätten.[77]

Wiederverwendbarkeit ist auch *Pistors* Ansicht nach ein wesentlicher Faktor für das Entstehen von Märkten. Finanzinstrumente, bei denen es sich lediglich um vertragliche Zahlungsvereinbarungen handle, müssten über bestimmte standardisierte Eigenschaften verfügen, deren rechtliche Geltung unabhängig von dem jeweiligen Inhaber Bestand haben müsse.[78] Ein wesentlicher Unterschied gegenüber der Transaktionskostenökonomie ist daher, dass die LTF davon ausgeht, dass die Eigenschaft eines Investitionsobjekts durch dessen rechtliche Ausgestaltung verändert werden kann.

---

75 *Williamson*, Intstitutions of Capitalism, S. 89.
76 Vgl. *Gilson et al.*, Colum. L. Rev. 109 (2009), 431.
77 *Easterbrook/Fischel*, Corporate Law, S. 15.
78 *Pistor*, J. Comp. Econ. 41 (2013), 315, 317 f.

Die Transaktionskostenökonomie behandelt Handelsgüter als Vermögens-
bestandteile, die von der gewählten Transaktionsform losgelöst sind und
konstant bleiben.[79] Die optimale rechtliche Ausgestaltung einer Transaktion ist demnach eine Reaktion auf die exogenen Eigenschaften eines Investitionsobjekts.

Im Gegensatz dazu fördern nach *Pistors* Ansicht die rechtlichen Eigenschaften eines Finanzinstruments dessen Absatzfähigkeit. Diese sind dementsprechend weder konstant noch losgelöst vom institutionellen Rahmen, der den Handel mit Finanzinstrumenten regelt. Welche Implikationen diese Neuausrichtung für rechtsökonomische Analyse des Finanzwesens mit sich bringt, wird im nachfolgenden Abschnitt diskutiert.

D. Schlussfolgerungen

Nachdem die einzelnen Theorieelemente sowohl der Neuen Institutionenökonomik sowie der Legal Theory of Finance dargestellt wurden, widmet
sich dieser Abschnitt der Analyse relevanter Unterschiede. Dabei zeigt sich,
dass die Neue Institutionenökonomik zu wenig auf das institutionelle Fundament marktlichen Austauschs eingeht. Dieses Defizit wiegt insbesondere
bei der Untersuchung von Handelsbeziehungen im Finanzmarkt schwer.
Da es sich bei den an Finanzmärkten gehandelten Produkten um Kreditinstrumente handelt, ist deren Übertragung und Austausch um ein Vielfa-
ches komplexer als der Handel körperlicher Gegenstände. Diese Besonderheiten werden von der Neuen Institutionenökonomik nicht ausreichend
beleuchtet, was Konsequenzen für eine präzise Analyse und die Herausar-
beitung möglicher Abhilfen mit sich bringt.

I. Marktzentrierter Ansatz transaktionskostenökonomischer Theorien

Die Qualifikation eines Unternehmens als transaktionskostenreduzierende
Institution hat dabei geholfen, den ausschließlich auf das Marktgeschehen
fokussierten Ansatz der neoklassischen Ökonomik hinter sich zu lassen.
Trotz aller Fortschritte ist die Transaktionskostenökonomie noch sehr eng
mit dem ökonomischen Idealtypus des vollkommenen Marktes verbunden. Die Annahme, dass eine Transaktion Reibungsverlusten unterliegt,
hilft bei einer nuancierten Betrachtung verschiedener Organisationsfor-

---

79 *Williamson*, Intstitutions of Capitalism, S. 22.

men. Eine grundsätzliche Neubestimmung der Institutionen, welche das Wirtschaftsleben bestimmen, erfolgt so hingegen nicht. Ein Indiz dafür, dass es sich bei der Transaktionskostentheorie lediglich um eine Modifikation neoklassischer Theorien handelt, lässt sich an *Williamsons* quasibiblischer Aussage „in the beginning there were markets"[80] festmachen.

Die Notwendigkeit institutioneller Arrangements, durch die nichtmarktliche Koordinationsformen begründet werden, folgt daher aus der Existenz von Transaktionskosten. Dies bedeutet jedoch im Umkehrschluss, dass ohne Transaktionskosten Institutionen nicht notwendig wären und sämtliche Güter an Märkten gehandelt werden würden. Demnach widmet sich die Transaktionskostenökonomie nicht den institutionellen Voraussetzungen, die einen marktlichen Austausch ermöglichen.[81]

II. Verhalten bei Unsicherheit

Neben ihrer konzeptionellen Ausrichtung unterscheiden sich die Neue Institutionenökonomik und die Legal Theory of Finance auch dahingehend, dass beide Theorien gegensätzliche Prognosen über das Verhalten von Vertragsparteien in Bezug auf eine unvorhersehbare Zukunft anstellen. Unsicherheit stellt aus Sicht der Transaktionskostenökonomie ein Hindernis für marktlichen Austausch dar, der durch nichtmarktliche Organisationsformen kompensiert werden könne. Langfristige Projekte lassen sich realisieren, indem vertragliche Vereinbarungen getroffen werden, die durch Nachverhandlungsmöglichkeiten ausreichenden Spielraum für vertragliche Anpassungen bieten. Die juristischen Instrumente, welche dabei verwendet werden, kommen gesellschaftsrechtlichen Kooperationsformen gleich.[82]

Aus *Pistors* Sicht bedeutet Unsicherheit kein Hindernis für marktbasierte Austauschbeziehungen, solange das Finanzsystem mit ausreichender Liquidität ausgestattet ist. Ein ausreichend liquider Finanzmarkt ermögliche risikoaversen Marktteilnehmern günstige Bedingungen, ihr Vermögen sicher anzulegen. Im Glauben daran, dass mit Hilfe eines diversifizierten Portfolios sämtliche Risiken kontrollierbar seien, seien risikogeneigtere Marktteilnehmer bereit, eine solche Absicherung zu gewähren. Sobald sich eine eingegangene vertragliche Verpflichtung im Nachhinein als nachtei-

---

80 *Williamson*, Markets and Hierarchies, S. 20.
81 *Hodgson*, J. Econ. Lit. 36 (1998), 166, 183 f.
82 Vgl. *Kulms*, Organisationsverträge, S. 259 f.

lig herausstelle, könne die Vertragsposition an andere Finanzteilnehmern ohne große Abschläge weitergereicht werden. Dieses Phänomen beschreibt *Pistor* wie folgt:

„Individual market participants will seek to protect themselves against the vagaries of fragile finance. They will seek to shift the burden of uncertainty to their counterparties. [...] Alternatively, market participants will enter into hedging transactions or buy insurance. That, however, does not purge uncertainty or liquidity scarcity from the system."[83]

Diese Aussage illustriert, dass Unsicherheit nicht als Hindernis für marktlichen Austausch zu verstehen sei, sondern lediglich als Zustand, der eine ständige Überprüfung der eingegangenen vertraglichen Verpflichtung sowie Anpassungsmaßnahmen notwendig mache. Zu einem gewissen Grad sei Unsicherheit somit der Grund für das Entstehen von Finanzmärkten. Ohne eine unvorhersehbare Zukunft bestünden keine Profitmöglichkeiten für Finanzmarktteilnehmer, deren Geschäftsmodell darin bestehe, die Nachfrage nach sicheren Anlageinstrumenten zu bedienen. Finanzmarktteilnehmer suchen daher in Anbetracht von Unsicherheit nicht nach Vertragspartnern, welche sich auf Nachverhandlungen einlassen, sondern Vertragspartner, die bereit sind, verbindliche Zahlungsansprüche auch für die Zukunft abzusichern.

Die aufgrund einer unbestimmbaren Zukunft notwendige Anpassungsfähigkeit wird nicht durch bilaterale Übereinkünfte geschaffen, sondern durch die Handlungsmöglichkeiten, die das Finanzsystem ihren Teilnehmern eröffnet. Die Schaffung einer Marktstruktur, in der jeder Marktteilnehmer in der Lage ist, eigegangene Verpflichtungen jederzeit weiterzureichen, um Zahlungsmittel für andere fällige Ansprüche von Vertragspartnern zu generieren, kompensiert fehlende vertragliche Nachverhandlungsklauseln. Eine solche Infrastruktur ist jedoch darauf angewiesen, dass zu jeder Zeit stets ein Marktteilnehmer bereit ist, eine eigegangene Verpflichtungsposition zu übernehmen oder fällige Verpflichtungen zu finanzieren. Diese Eigenschaft von Finanzsystemen wird mit dem Begriff Liquidität umschrieben.

III. Liquidität als Wesensmerkmal von Finanzmärkten

Dass man auf der Grundlage der Legal Theory of Finance zu anderen Schlussfolgerungen gelangt, als es bei der Neuen Institutionenökonomik

---

83 *Pistor*, J. Comp. Econ. 41 (2013), 315, 323.

der Fall ist, liegt zu großen Teilen daran, dass die LTF als zusätzliches Wesensmerkmal von Finanzmärkten die Systemliquidität benennt. Nach *Pistors* Ansicht können dezentral verfasste Finanzsysteme die Kosten einer allgemein vorhandenen Unsicherheit kompensieren, solange ein ausreichendes Maß an Liquidität gewährleistet ist. Das gleichzeitige Aufkommen von Illiquidität und Unsicherheit führe jedoch das gesamte Finanzsystem an den Rand des Totalzusammenbruchs. In diesen Momenten zeige sich die Kehrseite vertraglicher Vereinbarungen ohne Nachverhandlungsmöglichkeiten. Während risikoaverse Investoren auf die Erfüllung ihrer Ansprüche bestehen, können deren Vertragspartner keine Deckungsgeschäfte mehr tätigen.

Die Flexibilität, welche ursprünglich aufgrund liquider Finanzmärkte bestand, kann in Krisenzeiten nur noch von Akteuren gewährleistet werden, die unbegrenzte Reserven an sicheren Anlageobjekten emittieren können. In Finanzmärkten verfügen lediglich die durch einen Souverän speziell mandatierten Institute, beispielsweise eine Zentralbank, über ausreichende Reserven, um das System vor dem Zusammenbruch zu bewahren. Sobald der Handel für bestimmte Finanzinstrumente zum Erliegen kommt, zeigt sich anhand der LTF, dass Märkte keine dezentralen Austauschsysteme sind, sondern aufgrund der notwendigen Absicherung durch einen Souverän als hierarchische Konstrukte verstanden werden müssen.[84] Die Hierarchie eines bis dahin weitgehend dezentral organisierten Finanzsystems wird schlagartig sichtbar, wenn aufgrund fehlender Systemliquidität die Nachfrage nach staatlich abgesicherten Finanzinstrumenten sprunghaft ansteigt.

Der Hierarchiebegriff, der von *Pistor* verwendet wird, unterscheidet sich wesentlich von den hierarchisch organisierten Governancestrukturen, die in der Transaktionskostenökonomie beschrieben werden. Zunächst ist nicht ein privater Akteur mit der ultimativen Entscheidung über die Güterallokation betraut. Diese Rolle nimmt immer ein Souverän ein. Wichtiger ist laut *Pistor* jedoch die Art, wie sich hierarchische Strukturen im Finanzsystem herausbilden. Die Entwicklung verschiedener Governancestrukturen im Rahmen eines evolutorischen Prozesses, was dem Verständnis der Anhänger der Neuen Institutionenökonomie entspricht, ist bei Finanzsystemen nicht erkennbar. Die staatlichen Stützungsmaßnahmen zur Stabilisierung des Finanzmarktes wurden von den privaten Finanzinstituten erzwungen, welche das Finanzsystem in einem Maß haben anwachsen lassen, dass dieses nicht mehr aus sich heraus überlebensfähig ist.

---

84 *Pistor*, J. Comp. Econ. 41 (2013), 315, 322.

Wie diese Systemeigenschaften vor allem juristisch zu verstehen sind, soll im Rahmen dieser Arbeit genauer untersucht werden. Die herausragende Bedeutung der Liquidität für das Funktionieren von Finanzsystemen eröffnet für die Rechtswissenschaft einen neuen Blickwinkel. Bisher befasste sich lediglich die Finanzwissenschaft mit der Untersuchung liquider Märkte. Durch die von *Pistor* vermittelten Erkenntnisse stellt sich die Frage, über welche rechtlichen Eigenschaften ein Finanzinstrument verfügen muss, um als ausreichend liquide zu gelten. Um ein sicheres, wertbeständiges und übertragbares Finanzinstrument zu konstruieren, bedarf es verschiedener juristischer Kunstgriffe. Privatrechtlich wird dem Inhaber eines Finanzinstruments eine besonders starke Gläubigerstellung eingeräumt, welche sich gegenüber anderen Gläubigern in Vorzugsrechten manifestiert. In den folgenden Kapiteln versucht die vorliegende Arbeit diese herauszuarbeiten und zu systematisieren.

E. Die Bedeutung der Rechtsordnung

Die Transaktionskostenökonomie und die Legal Theory of Finance unterscheiden sich ebenfalls in ihrem Verständnis bezüglich der Bedeutung rechtlicher Institutionen. Unter Zugrundelegung der Transaktionskostenökonomie lassen sich mit Hilfe des Rechts Institutionen modellieren, welche die allokativen Defizite eines marktlichen Austausches kompensieren. Bei diesen Institutionen handele es sich jedoch ausschließlich um Strukturen, die den Ablauf einer Transaktion regelten. Verschiedene privatrechtliche Rechtsformen des Vertrags- und Gesellschaftsrechts sowie öffentlichrechtliche Regulierungsansätze ließen sich auf diese Weise erklären.[85] Die Effizienz eines Rechts- und Regulierungsmodells entwickelte sich zum wirtschaftsrechtlichen Prinzip, an dem sich jegliches rechtspolitisches Vorhaben messen musste.

Aufgrund der induktiven Herangehensweise der Untersuchung, welche der Legal Theory of Finance vorausging, war eine Modellierung möglich, die von den Prämissen und Annahmen vorheriger rechtsökonomischer Theorien unabhängig war. Der Legal Theory of Finance liegen Untersuchungen einzelner Marktsegmente des Finanzsystems zugrunde, wie zum Beispiel des Handels mit Staatsanleihen, Kreditderivaten oder Fremdwäh-

---

85 Vgl. *Williamson*, Institutionen des Kapitalismus, S. 340, der behauptet, dass die nachvertraglichen Anpassungsregelungen nicht nur aus Billigkeitsgründen herrührten, sondern auch Effizienzüberlegungen zugrunde lägen.

rungen.[86] Bei der Untersuchung bezüglich der Bedeutung rechtlicher Institutionen geht es daher primär darum, wie diese einen Marktaustausch ermöglichen. Insofern unterscheidet sich die LTF von der Transaktionskostenökonomie, die sich nicht mit der rechtlichen Bedeutung verschiedener Handelsgüter beschäftigt.

I. Verortung rechtlicher Institutionen in der Transaktionskostenökonomie

Die bisherigen rechtsökonomischen Studien waren darauf ausgerichtet, ein Haftungssystem für den Austausch von Gütern unter verschiedenen Bedingungen zu entwickeln. Dies wurde möglich, indem der ausschließliche Fokus vom Entscheidungsverhalten einzelner Akteure hin zu Fragen, wie sich die einzelnen Akteure untereinander koordinieren, erweitert wurde.[87] Die Koordinationsformen umfassen ein breites Spektrum wirtschaftlicher Austauschbeziehungen und reichen von einfachen bilateralen Verträgen bis hin zum Interessenausgleich zwischen Aktionären, Organen und sonstigen Angestellten einer börsennotierten Aktiengesellschaft. Dieses Haftungssystem basiert auf dem Gedanken, dass das Ergebnis einer hypothetischen Vertragsverhandlung vorweggenommen wird, um auf diese Weise Transaktionskosten zu minimieren.[88] Auch in Situationen, in denen eine vorausgegangene vertragliche Absprache faktisch nicht möglich sei – wie zum Beispiel in Fällen deliktischer Haftung –, könne die Rechtsordnung Haftungsregeln zur Verfügung stellen, die eine effiziente Güterallokation gewährleisteten und Anreize für kostensparendes Verhalten vermittelten.[89] Die Transaktionskostentheorie hat es somit geschafft, eine analytische Methode zu entwickeln, mit der sich verschiedene Vertrags- und Gesellschaftsformen untersuchen lassen.

Letztlich handelt es sich jedoch bei jeder seitens der Transaktionskostenökonomie identifizierten Institution stets um Variationen vertraglicher Austauschbeziehungen. In diesem Licht lässt sich auch die Aussage *Karl Lleewllyns* betrachten, der das Vertragsrecht dahingehend verstand, dass es den Rahmen für jede erdenkliche Organisationsform, vorübergehende

---

86 *Pistor*, J. Comp. Econ. 41 (2013), 315, 317.
87 *Williamson*, Am. Econ. Rev. 95 (2005), 1, 5.
88 *Easterbrook/Fischel*, Corporate Law, S. 15.
89 *Calabresi/Melamed*, Harv. L. Rev. 85 (1972), 1089, 1108 f.

oder dauerhafte Rechtsbeziehung liefern solle, bis hin zu Staatsformen.[90] Die Rolle des Rechts als Institution wird jedoch dadurch auf eine bloße vorformulierte Vertragsbedingung reduziert. Das Recht greife demnach nicht gestaltend in den Handel mit Gütern ein, sondern könne diesen lediglich erleichtern oder erschweren. Dies bedeutet jedoch auch, dass dort, wo lediglich niedrige Transaktionskosten entdeckt werden, von einem zuverlässigen Wirken dezentraler Ordnungskräfte ausgegangen wird. Den Markt solle man dementsprechend am besten sich selbst überlassen.[91] Dies bedeutet zugleich, dass aus Sicht der Transaktionskostentheorie rechtliche Institutionen keinen Beitrag für einen funktionierenden Marktmechanismus leisten. Auch ökonomisch interessierte Juristen schlossen sich dieser reduktionistischen Betrachtungsweise des Rechtssystems an.[92]

II. Die Bedeutung dinglicher Rechte

Die Betrachtung des Rechtssystems als bloßen Organisationsmechanismus beleuchtet einen elementaren Bestandteil des Privatrechts nicht: die Bedeutung dinglicher Rechte. Dass sich rechtsökonomische Studien mit sogenannten „property rights" befasst haben, widerlegt diese Vermutung nicht. Bei dem rechtsökonomischen Konzept der „property rights" handelt es sich nämlich nicht um einen Begriff, der dinglichen Rechten gleichsteht. Dies zeigt sich unter anderem darin, dass der Begriff „property rights" von deutschen Rechtsökonomen als „Handlungsrechte" übersetzt wird.[93] Dieses Verständnis entspricht der vertrags- und haftungsfokussierten Sichtweise rechtsökonomischer Forschung. In ihrer Studie zu „property rules" setzen *Guido Calabresi* und *A. Douglas Melamed* Eigentumsrechte mit exklusiven Handlungspositionen gleich. Bei diesen Handlungspositionen handele es sich um jegliche Form von Rechtspositionen, unabhängig vom juristischen Verständnis dinglicher und obligatorischer Rechte. „Property" bedeute lediglich, dass die vermittelte Rechtsposition einem marktlichen Austausch zugänglich gemacht werde.[94]

Die Theorie der Eigentumsrechte geht davon aus, dass vor Vertragsschluss die an einer Unternehmung beteiligten Parteien nicht über sämtli-

---

90 *Llewellyn*, Yale L. Rev. 40 (1931), 704, 736 f.
91 *Eidenmüller*, Effizienz, S. 92.
92 Vgl. *Hansmann/Kraakman*, Yale L.J. 110 (2000), 387, 391.
93 *Schäfer/Ott*, Lehrbuch, S. 549 ff.
94 *Calabresi/Melamed*, Harv. L. Rev. 85 (1972), 1089, 1092.

che entscheidungserheblichen Informationen verfügen. Des Weiteren lasse sich nach Vertragsschluss ebenfalls nicht abschließend bestimmen, zu welchen Teilen das Ergebnis eines kooperativen Zusammenwirkens auf die jeweiligen Beiträge der einzelnen Vertragsparteien zurückzuführen sei. Das Problem des „metering" führe dazu, dass Parteien gemeinschaftliche Unternehmungen durchführten und den aus der Unternehmung resultierenden Gewinn bzw. Verlust nach deren Realisierung aufteilten.[95] Eine solche Form der Unternehmungskoordinierung könne jedoch seinerseits falsche Anreize bei den jeweils beteiligten Parteien setzen.

Die Theorie der Eigentumsrechte basiert auf der Annahme, dass produktive Kooperationen scheitern können, wenn die Ergebnisse immer zu gleichen Teilen unter den Beteiligten aufgeteilt werden. Indem man einzelne Vertragsparteien zu Eigentümern der Unternehmung mache, würden ex ante Investitionsanreize hervorgerufen, welche entscheidend für die Durchführung einer Unternehmung seien.[96] Fehlende Informationen zum Zeitpunkt des Vertragsschlusses verhindern, dass die Parteien abschließende Vereinbarungen treffen können. Unsicherheit über zukünftige Ereignisse erfordere, dass Entscheidungen über den Weitergang der Unternehmung erst nach Projektbeginn getroffen werden können. Diese Hindernisse, welche unter den Sammelbegriff des unvollständigen Vertrags zusammengefasst werden, können dadurch kompensiert werden, dass den einzelnen Vertragsparteien Eigentumsrechte an der Unternehmung zugewiesen würden. Dabei handele es sich um eine zweitbeste Lösung. Da eine Aufgabenverteilung durch detaillierte vertragliche Vereinbarungen basierend auf einer vollständigen Informationsgrundlage sowie die Bestimmung der von jeder Vertragspartei erbrachten Leistungen nicht möglich sei, würden die beteiligten Parteien zu Eigentümern der Unternehmung gemacht.[97] Dadurch würden alle Beteiligten dazu veranlasst, bestmöglich am Erfolg der Unternehmung mitzuwirken, da dies zu einer höheren Gewinnbeteiligung führe. Unter strategischen Gesichtspunkten lohne sich daher eine Kooperation für alle Beteiligten. Dass der Anteilsinhaber „Eigentümer der Unternehmung" sei, beschreibt jedoch lediglich eine Organisationsform, die den als Eigentümern qualifizierten Parteien Ansprüche am Erlös der Unternehmung vermitteln. Mit dem privatrechtlichen Begriff der dinglichen Rechte hat dies jedoch nichts zu tun. Es handelt sich lediglich um gesellschaftsver-

---

95 *Alchian/Demsetz*, Am. Econ. Rev. 62 (1972), 777, 778.
96 *Hart/Moore*, J. Pol. Econ. 6 (1990), 1119, 1131.
97 *Grossmann/Hart*, J. Pol. Econ. 94 (1986), 691, 699 f.

tragliche Gestaltungsformen, die versuchen, Anreize für kooperatives Verhalten zu vermitteln.

III. Die rechtliche Konstruktion von Finanzmärkten

Indem die Legal Theory of Finance behauptet, dass Finanzmärkte nur aufgrund ihrer rechtlichen Geltung existierten,[98] beleuchtet *Pistor* einen gänzlich anderen Bereich des Rechtssystems. Bei den Transaktionen, durch die ein Finanzsystem entstehe, handele es sich zwar um Vertragskonstrukte.[99] Die Ausgestaltung dieser Verträge bestimme sich jedoch primär anhand der rechtlichen Anerkennung in verschiedenen Jurisdiktionen und der Möglichkeit ihrer Vervielfältigung mit Hilfe standardisierter Vertragsvereinbarungen. In Finanzmärkten gehe es daher nicht um die Organisation einer individuellen Unternehmung, sondern um die Schaffung handelbarer Werte. Dass diese Werte unabhängig vom Rechtssystem existieren, ist eine der Prämissen, auf denen die Transaktionskostenökonomie fußt. Für die Analyse von Finanzsystemen gilt dies jedoch nicht. Durch die Rechtsordnung werden Werte geschaffen, mit denen sodann in einem dezentralisierten System Handel betrieben wird.

Die Rechtsordnung als bestimmenden Faktor für die Handelbarkeit eines Finanzinstruments zu identifizieren bedeutet, dass die Transaktionskostenökonomie für Finanzmärkte keine präzisen Vorhersagen liefern kann. Die Heranziehung dieser theoretischen Ansätze im Rahmen kapitalmarktrechtlicher Studien vor Ausbruch der Finanzkrise[100] ist daher problematisch. Wie *Pistor* mit der Legal Theory of Finance herausgearbeitet hat, weisen Finanzmärkte einige Besonderheiten auf, welche im Rahmen einer rechtsökonomischen Untersuchung zu berücksichtigen sind.

Der Grund dafür ist, dass nach Ansicht der Transaktionskostenökonomie die Eigenschaften des Investitionsgegenstandes ein wesentlicher Faktor dafür sind, welche Governancestruktur von den Vertragsparteien gewählt wird.[101] Sofern diese Eigenschaften jedoch durch die Vertragsparteien mit Hilfe verschiedener Rechtsinstrumente manipuliert werden können, können Governancestrukturen nicht mehr als effiziente Organisationsformen verstanden werden. Nach Ansicht *Pistors* dient die Rechtsord-

---

98 *Pistor*, J. Comp. Econ. 41 (2013), 315, 321.
99 *Pistor*, J. Comp. Econ. 41 (2013), 315, 317.
100 Vgl. Teil B. der Einleitung.
101 S.o. Erster Teil C. III.

nung nicht nur dazu, ein Marktversagen mit Hilfe alternativer Austausch-formen zu kompensieren. Durch die Verwendung verschiedener Rechts-formen wird es vielmehr möglich, einen marktlichen Austausch für Rechtspositionen zu schaffen, für die zuvor keine Absatzmöglichkeiten be-standen.

Die divergierenden Betrachtungsweisen in Bezug auf das Verhältnis zwi-schen Handelsgegenstand und Organisationsform lassen sich gut anhand der Entscheidung zwischen Eigen- und Fremdkapitalfinanzierung illustrie-ren. Aus Sicht der Vertreter der Transaktionskostentheorie handele es sich dabei um eine unternehmerische Entscheidung bezüglich einer Finanzie-rungsform, welche vom Grad der Faktorspezifizität des zu finanzierenden Projekts abhänge: „[Transaction Cost Economics] regards debt and equity principally as governance structures rather than as financial instru-ments."[102] Eine marktliche Finanzierungform, in der Art, dass Kapital auf-genommen werde, welches unabhängig vom Ergebnis des zu finanzieren-den Projekts zurückgezahlt und verzinst werde (Fremdkapitalfinanzie-rung), empfehle sich nur für Investitionen mit einem geringen Grad an Faktorspezifizität. Die Kosten der Fremdkapitalfinanzierung stiegen je-doch, sobald ein marktlicher Austausch Risiken aufgrund von Unsicher-heit und opportunistischem Verhalten ausgesetzt sei.[103] Für Investitionen in nicht wiederverwertbare Güter sei daher die Eigenkapitalfinanzierung aufgrund der größeren Flexibilität dieser Finanzierungsform vurzuzie-hen.[104] Diese Unterscheidung zwischen Eigen- und Fremdkapitalfinanzie-rung basiere jedoch seinerseits auf dem sogenannten Irrelevanztheorem von *Franco Modigliani* und *Merton Miller,* nach dem die Finanzierungsform für die Kapitalkosten eines Unternehmens grundsätzlich irrelevant sei.[105]

Im Gegensatz zur unternehmerischen Betrachtungsweise der Anhänger der Transaktionskostenökonomie, versteht die Legal Theory of Finance Fremd- und Eigenkapitalfinanzierungsmaßnahmen im Hinblick auf ihre Eigenschaften als handelbare Finanzinstrumente. Der Wert dieser Finanz-instrumente hänge von ihrer jeweiligen Auszahlungsstruktur ab und da-von, ob sich die gehaltenen Instrumente jederzeit mit einem geringen Ab-schlag weiterveräußern ließen. „Every IOU entails some future commit-ment to pay, but not all require payment of a fixed amount at a future date irrespective of actual earnings. Credit instruments do, but common stock

---

102 *Williamson,* Governance, S. 183.
103 *Williamson,* Governance, S. 180.
104 *Williamson,* Governance, S. 180.
105 *Modigliani/Miller,* Am. Econ. Rev. 48 (1958), 261.

does not."[106] Kreditinstrumente, welche jederzeit in liquiden Sekundärmärkten gehandelt werden können, haben gegenüber Aktien den Vorteil, dass die Zahlungsflüsse zum Fälligkeitszeitpunkt bereits bei Vertragsschluss feststehen und vor Fälligkeit eine Veräußerung ohne Abschlag möglich ist.

Demnach bildet die Rentabilität des finanzierten Projekts nicht die alleinige Bewertungsgrundlage für Finanzinstrumente. Der Wiederverkaufswert eines Finanzinstruments bestimmt sich auch danach, wie dieses aufsichtsrechtlich zu qualifizieren ist, ob es als Kreditsicherheit verwendet werden kann und ob die Insolvenz der Gegenpartei sich auf den Zahlungsanspruch auswirkt.

Pistor geht ebenfalls davon aus, dass ein marktlicher Austausch nur für Güter mit hoher Absatzfähigkeit und Wiederverwertbarkeit möglich sei. Als Beispiel dafür nennt sie die Maßnahmen der ISDA, durch welche standardisierte Geschäftsbedingungen im Derivatehandel implementiert werden sollen.[107] Demnach stelle sich aus dem Blickwinkel der Legal Theory of Finance nicht die Frage, wie der Handel verschiedener Finanzinstrumente organisiert werden solle, sondern über welche Eigenschaften die jeweiligen Finanzinstrumente verfügen, um Marktfähigkeit zu erlangen.

Die vorliegende Arbeit versucht die rechtlichen Besonderheiten, die mit dem Handel von Finanzinstrumenten einhergehen, zu illustrieren. Dabei wird davon ausgegangen, dass ein Finanzinstrument trotz seiner formal schuldrechtlichen Ausgestaltung über besondere rechtliche Eigenschaften verfügen muss, durch welches es einen dinglichen Charakter erwirbt. Nur durch diese rechtliche Gratwanderung kann ein Finanzinstrument den Bedürfnissen der Marktteilnehmer gerecht werden. In den folgenden Kapiteln soll dargestellt werden, um welche Attribute es sich dabei im Einzelnen handelt und dass deren Implementierung von entscheidender Bedeutung für die verschiedenen Bereiche des Finanzwesens ist.

Im zweiten Teil der Arbeit soll die zuvor aufgeworfene Frage nach den wertbildenden Eigenschaften eines Finanzinstruments anhand verschiedener für das Finanzsystem bedeutsamer Rechtsinstrumente genauer beleuchtet werden. Bereits bei der Frage nach der Handelbarkeit von Wertpapieren während des 19. Jahrhunderts wurden seinerzeit erste Spannungsverhältnisse sichtbar, die auf die hybride Natur von Inhaberschuldverschreibungen zwischen bloßen Zahlungsversprechen und handelbaren

---

106 *Pistor*, J. Comp. Econ. 41 (2013), 315, 318.
107 *Pistor*, J. Comp. Econ. 41 (2013), 315, 318.

Wertgegenständen zurückzuführen waren.[108] Dieser nicht auflösbare Widerspruch lässt sich auch in weiteren Bereichen des Finanzsystems erkennen, beispielsweise bei der privatrechtlichen Ausgestaltung des bargeldlosen Zahlungsverkehrs.[109] Auch Kreditverbriefungen, die nach dem Ausbruch der Finanzkrise besonders in den Fokus der öffentlichen Diskussion gerieten, weisen rechtliche Besonderheiten auf, die für Finanzsysteme typisch zu sein scheinen.[110] Betrachtet man diese drei Fallbeispiele nebeneinander, lässt sich die Schlussfolgerung ziehen, dass ein Finanzinstrument eine hybride Rechtsform besitzt. Dies soll folgend genauer analysiert werden.

---

108 S.u. Zweiter Teil B.
109 S.u. Zweiter Teil C.
110 S.u. Dritter Teil.

Zweiter Teil: Die juristische Konstruktion von Finanzinstrumenten

Nachdem im ersten Teil die These entwickelt wurde, dass die Legal Theory of Finance für die rechtsökonomische Analyse von Finanzsystemen den sachenrechtlichen Charakter von Finanzinstrumenten als Besonderheit herausstellt, soll in diesem Teil erörtert werden, was dies für den weiteren Verlauf der Bearbeitung aus juristischer Perspektive bedeutet. Die Möglichkeit, Finanzinstrumente zu kreieren, denen eine dingliche Wirkung zukommt, steht im Widerspruch zur deutschen Privatrechtsdogmatik, die streng zwischen dinglichen und persönlichen Rechten unterscheidet.

Anhand dieser Feststellung lässt sich per se keine Kritik an der rechtlichen Praxis von Finanzinstrumenten formulieren. Einerseits zieht das deutsche Sachenrecht einen sehr engen Rahmen, der in anderen Rechtssystemen, beispielsweise dem angloamerikanischen Recht, so nicht wiederzufinden ist.[111] Andererseits beschränkt sich das deutsche Sachenrecht selbst nicht ausschließlich auf das Verhältnis einer Person zu einer Sache. In einzelnen Fällen, beispielsweise bei der mietrechtlichen Sonderregelung des § 566 Abs. 1 BGB oder der mittlerweile anerkannten Rechtsform des Anwartschaftsrechts, deren Ursprung ausschließlich in einer Vereinbarung zwischen zwei Vertragsparteien begründet liegt, werden Ausnahmen vom strikten Dualismus als zulässig erachtet.

Die Feststellung, dass Finanzinstrumenten ein dinglicher Charakter innewohnt, ist trotzdem bedeutsam. Die beiden Rechtskategorien des dinglichen und persönlichen Rechts unterliegen nämlich verschiedenen Regelungsprinzipien. Während im Vertragsrecht den Parteien aufgrund des Grundsatzes der Privatautonomie grundsätzlich eine freie Vertragsgestaltung zugestanden wird, unterliegt das Sachenrecht anderen Regelungsformen. Insbesondere sind dingliche Rechte auf bestimmte Arten begrenzt und deren Übertragung an bestimmte, gesetzlich normierte Voraussetzungen geknüpft.[112] Die Feststellung, dass Finanzinstrumente neben ihrer primär schuldrechtlichen Erscheinungsform auch dingliche Eigenschaften aufweisen, ist demnach für die Diskussion bezüglich der Regulierung des Finanzsektors bedeutsam. Ob ein hoheitliches Eingreifen in den Handel

---

111 Vgl. Staudinger-*Heinze*, Einl. Zum SachenR, Rn. 15.
112 S.u. Zweiter Teil A.

mit Finanzinstrumenten in Form gesetzlicher Sonderbestimmungen oder durch eine richterliche Inhaltskontrolle angebracht ist, hängt auch davon ab, in welchem Maß einem Finanzinstrument ein dinglicher Charakter zugesprochen werden kann.

Dass Finanzinstrumente eine Herausforderung für die deutsche Zivilrechtsdogmatik darstellen, ist bereits im Rahmen verschiedener rechtswissenschaftlicher Untersuchungen thematisiert worden.[113] Während sich diese Bearbeitungen mit der Problematik der Entwicklung des Handels an Kapitalmärkten von der Übertragung verkörperter Gegenstände in Form von Urkunden hin zu unkörperlichen Buchungsvorgängen befassen, versucht die vorliegende Arbeit ein weiteres Spannungsfeld zu beleuchten. Sowohl die Verkörperung schuldrechtlicher Zahlungsansprüche in Wertpapieren als auch die Entmaterialisierung stellt eine Bedrohung für die Stabilität des Finanzwesens dar. Diese Bedrohung ist von *Pistor* erkannt worden. Die vorliegende Arbeit versucht dieser Beobachtung nachzugehen und darzustellen, dass ein Teil dieser Bedrohung in der Schaffung von Finanzinstrumenten liegt, welche juristische Hybridformen sind. Diese Hybride verfügen einerseits über die Wirkungen dinglicher Rechte, ohne jedoch zugleich deren Beschränkungen zu unterliegen. Dies stellt sich nicht nur aus juristischer Sicht als Verstoß gegen sachenrechtliche Prinzipien dar, sondern ist auch makroökonomisch von Bedeutung, da diese Finanzinstrumente alternative Formen der Liquiditätsbeschaffung darstellen, welche sich einer direkten staatlichen Kontrolle entziehen.

A. Dualismus dinglicher und persönlicher Rechte in der Rechtsdogmatik

Im deutschen Privatrechtssystem nimmt das dritte Buch des Bürgerlichen Gesetzbuches eine eigenständige Stellung ein und beruht auf eigenen Prinzipien.[114] Die Autonomie des Sachenrechts geht auf die Idee des Dualismus persönlicher und dinglicher Rechte zurück.[115] Die Sonderstellung des Sachenrechts wird damit begründet, dass dingliche Rechte sich nicht gegen eine bestimmte Person richten, sondern die Rechtsbeziehung zwischen einer Person und einem Gegenstand der „unfreyen Natur" be-

---

113 *Lehmann*, Finanzinstrumente; *Micheler*, Wertpapierrecht; *Einsele*, Wertpapierrecht.
114 S. dazu *Füller*, Eigenständiges Sachenrecht?, S. 10.
115 *Füller*, Eigenständiges Sachenecht?, S. 8.

steht[116]. Dementsprechend ist die Willensherrschaft über Sachen vollumfänglich möglich, wohingegen nur einzelne Handlungen einer Person der fremden Willensherrschaft unterliegen können. Hierbei spricht man von Obligationen.[117]

I. Sachenrechtsprinzipien

Die eigenständige Stellung des Sachenrechts bedeutet auch, dass dieses besonderen Rechtsprinzipien unterliegt. Im Mittelpunkt des Sachenrechts steht das Eigentum als Vollrecht an einer Sache.[118] Die beschränkten dinglichen Rechte bilden demgegenüber lediglich einen Ausschnitt aus dem Vollrecht.[119] Die Ausgestaltung dinglicher Rechte, die Bestimmung des Rechtsinhabers sowie deren Übertragung unterliegen eigenen Rechtsprinzipien. Diese sind im Einzelnen das Abstraktionsprinzip, das Publizitätsprinzip, der Bestimmtheitsgrundsatz und der sachenrechtliche Typenzwang.

1. Abstraktionsprinzip

Aufgrund der eigenständigen Stellung des Sachenrechts ist das dingliche Rechtsgeschäft von dem damit zusammenhängenden schuldrechtlichen getrennt zu betrachten. Bei der rechtlichen Beurteilung eines Geschäftsvorgangs ist daher der dingliche Rechtsverkehr von den Rechtsgeschäften der anderen Teile des Privatrechtssystems gesondert zu beurteilen.[120] Der Gedanke, dass das Sachenrecht ein autonomer Bereich des Zivilrechts ist, zeigt sich vor allem in der Trennung und Abstraktion sachenrechtlicher Rechtsgeschäfte von den anderen Rechtsgeschäften des Zivilrechts. Dies entspricht auch der Auffassung des historischen Gesetzgebers, wonach sachenrechtliche Geschäfte „notwendig abstrakter Natur" seien.[121] Dies gilt für sämtliche Verfügungsgeschäfte. Entsprechend sind Begründung, Belas-

---

116 *Savigny*, System I, § 53, S. 334.
117 *Savigny*, System I, § 53, S. 339.
118 *Seiler*, in: Eckpfeiler des Zivilrechts (2008), S. 955, 956; *Herrmann*, in: Eckpfeiler des Zivilrechts (2008), S. 979, 980.
119 Soergel BGB[13]-*Stadler*, Einleitung Bd. 14, Rn. 8.
120 Mot. III, 6.
121 Mot. III, 6f.

tung, Übertragung und Aufhebung dinglicher Rechte unabhängig vom Schicksal des Verpflichtungsgeschäfts.

Von dem Trennungsgrundsatz wird nur in Ausnahmefällen abgewichen. So wird seitens der Rechtsprechung anerkannt, dass ein Verpflichtungsgeschäft, welches aufgrund eines Verstoßes gegen die guten Sitten gemäß § 138 BGB nichtig sei, auch die Nichtigkeit des Verfügungsgeschäfts begründen könne.[122] Mitunter könne die Unsittlichkeit des kausalen Grundgeschäfts die Nichtigkeit des Erfüllungsgeschäftes nach sich ziehen, so dass auch das dingliche Rechtsgeschäft als unsittlich bewertet werden müsse.[123] Ein ähnlicher Ansatz wird bei der Anfechtung des kausalen Grundgeschäfts gewählt. Eine irrtumsbedingt abgegebene Verpflichtungserklärung könne auf das wertneutrale Verfügungsgeschäft durchschlagen, sofern zwischen beiden Erklärungen eine sogenannte Fehleridentität bestehe.[124]

2. Publizitätsprinzip

Das Publizitätsprinzip dient vor allem dem Schutz des Rechtsverkehrs. Für Verfügungsgeschäfte im Zusammenhang mit beweglichen Sachen und Immobilien stellen der Besitz der Sache und das Grundbuch die Publizitätsträger dar. Das Publizitätsprinzip hängt mit der absoluten Geltung dinglicher Rechte zusammen, die grundsätzlich gegenüber jedermann durchgesetzt werden können.[125] Da der Inhaber eines dinglichen Rechts gegenüber jedermann Abwehransprüche geltend machen kann, ist es für den Rechtsverkehr notwendig zu wissen, wer Inhaber des jeweiligen Rechts ist.

Das Publizitätsprinzip gilt jedoch nicht uneingeschränkt. Vor allem bei der Übertragung beweglicher Sachen lassen sich an verschiedenen Stellen Relativierungen erkennen. Bei Verfügungsgeschäften über bewegliche Sachen besteht die Möglichkeit, sich sogenannter Übergabesurrogate (§§ 929, 930 BGB) zu bedienen. Daneben hat sich in der Rechtspraxis das Institut der Sicherungsübereignung etabliert. Die Abkehr von der Besitzübergabe als Publizitätsakt bedeutet jedoch keine Widerlegung des Publizitätsprin-

---

122 *Füller*, Eigenständiges Sachenrecht?, S. 153.
123 Staudinger-*Sack/Fischinger*, § 138, Rn. 219.
124 *Grigoleit* AcP 199 (1999), 379, 395.
125 Soergel BGB[13]-*Stadler*, Einleitung Bd. 14, Rn. 40.

zips. Es wird vielmehr an eine vergeistigte Form des Besitzes als Publizitätsträger angeknüpft.[126]

3. Typenzwang

Das sachenrechtliche Prinzip des Typenzwangs stellt einen Gegensatz zur schuldrechtlichen Gestaltungsfreiheit dar. Der Begriff des Typenzwangs beschreibt das eingeschränkte Maß, in dem dingliche Rechte ausgestaltet werden können. Bei der Begründung dinglicher Rechte sind die Rechtsunterworfenen an die durch den Gesetzgeber zur Verfügung gestellten Formen gebunden.[127] Insofern bedeutet der Typenzwang eine Abweichung von dem Grundsatz der Vertragsfreiheit, zumindest im Hinblick auf die vertragliche Gestaltungsfreiheit der Parteien.[128] Die Begrenzung der Ausgestaltung dinglicher Rechte auf die seitens des Gesetzgebers vorgegebenen Formen bedeutet notwendigerweise auch, dass die Zahl möglicher Typen abschließend bestimmt ist. Dies wird mit dem Begriff des Numerus Clausus dinglicher Rechte beschrieben.[129]

Die Veränderung der wirtschaftlichen Rahmenbedingungen und Geschäftspraktiken nach Inkrafttreten des BGB haben jedoch dazu geführt, dass der sachenrechtliche Typenzwang an verschiedenen Stellen aufgeweicht wurde. Zu nennen seien hier beispielsweise das dingliche Anwartschaftsrecht, welches vom Gesetzgeber nicht vorgesehen war und erst durch höchstrichterliche Rechtsfortbildung eingeführt wurde.[130]

Die selbständige Stellung des Sachenrechts erfordert, dass über die im dritten Buch des BGB aufgezählten Rechte hinaus keine weiteren dinglichen Rechte geschaffen werden dürfen. Der gesetzgeberischen Intention, das Sachenrecht eigenen Regelungen zu unterwerfen, welche im Gegensatz zu den persönlichen Rechten stehen, kann man nur dann gerecht werden, wenn die Entscheidung, welche Gegenstände dem Sachenrecht unterfallen, ausschließlich vom Gesetzgeber selbst getroffen wird. Vor allem die absolute Wirkung dinglicher Rechte verbietet es, dass diese von den Teilnehmern des Rechtsverkehrs durch Parteivereinbarung begründet werden.

---

126 *Kern*, Typizität, S. 238.
127 *Kern*, Typizität, S. 19.
128 Soergel BGB[13]-*Stadler*, Einleitung Bd. 14, Rn. 41, *Canaris*, in: FS Flume, S. 371, 376.
129 *Kern*, Typizität, S. 19.
130 *Füller*, Eigenständiges Sachenrecht?, S. 16.

II. Absolute der Wirkung dinglicher Rechte

Mit dem Begriff des dinglichen Rechts wird ein absolutes Herrschaftsrecht an Sachen oder Rechten bezeichnet.[131] Dingliche Rechte unterscheiden sich ebenfalls in ihrer Wirkung von den obligatorischen Rechten. Die absolute Wirkung zeigt sich nicht nur beim Handel mit dinglichen Rechten. Auch gegenüber Dritten, welche nicht zuvor in einer geschäftlichen Beziehung zum Anspruchsteller standen, entfalten dingliche Rechte eine besondere Wirkung. Die zuvor dargestellten Sachenrechtsprinzipien erfüllen daher teilweise auch eine beschränkende Funktion, die aufgrund der Wirkung dinglicher Rechte notwendig erscheint.

1. Umfassender Rechtsschutz

Die wesentliche Eigenschaft dinglicher Rechte liegt in der Unmittelbarkeit der Rechtsbeziehung. Unmittelbarkeit bedeutet, dass die Rechtsbeziehung nicht durch die Leistungspflicht eines anderen vermittelt wird, sondern sich ohne Rücksicht auf den Willen eines anderen entfaltet.[132] In seiner Ursprungsform, dem Eigentum, vermittelt das dingliche Recht ein umfassendes Herrschaftsrecht. Diese umfassende Herrschaftsbefugnis über die Sache ist in § 903 BGB normiert, welche es dem Eigentümer gestattet, in den Grenzen der Rechtsordnung mit der Sache nach Belieben zu verfahren.

Um der uneingeschränkten Sachherrschaft Geltung zu verschaffen, steht dem Inhaber dinglicher Rechte ein umfassender Rechtsschutz zur Seite. Mit dem Begriff des umfassenden Rechtsschutzes ist gemeint, dass der Rechtsinhaber sich gegen jede Form der Beeinträchtigung seiner dinglichen Rechtsposition gegenüber jedermann wehren kann. Für das Eigentum ist diese in den §§ 985, 1004 und 823 niedergelegt.[133]

Mit dem Begriff des umfassenden Rechtsschutzes ist jedoch nicht gemeint, dass die dinglichen Rechte gegenüber jedermann gleichzeitig wirken sollen. Der Wirkungsbereich absoluter Rechte ist generell gefasst. Dies bedeutet, dass dingliche Rechte einen Rechtssatz enthalten, der eine generelle Verpflichtung ausspricht.[134] Im Hinblick auf die Abwehransprüche,

---

131 *Canaris*, in: FS Flume, S. 371, 375.
132 *Eichler*, Institutionen des Sachenrechts, S. 2.
133 Soergel BGB[13]-*Stadler*, Einleitung Bd. 14, Rn. 27.
134 *Dörner*, Relativität, S. 32.

die dem Eigentümer zustehen, ist somit festzuhalten, dass mit der Norm vor dem normwidrigen Verhalten keine subjektiven Befugnisse des Eigentümers verbunden sind.[135] Im Gegensatz dazu ist bei Forderungsrechten der Kreis der in Betracht kommenden Anspruchsgegner bereits zum Zeitpunkt der Entstehung des Rechtsverhältnisses individualisiert.[136]

Die absolute Wirkung dinglicher Rechte manifestiert sich vor allem im umfassendem Klageschutz gegenüber jedem, der die Rechtsstellung des dinglich Berechtigten beeinträchtigt. Neben dem Herausgabeanspruch, welcher gegen jedermann geltend gemacht werden kann, können auch Beseitigungs- und Unterlassungsansprüche eingeklagt werden.

2. Verfügungs- und Sukzessionsschutz

Dingliche Rechte sind nicht nur gegenüber jedem möglichen Verletzer geschützt. Sie genießen auch einen sogenannten Verfügungs- und Sukzessionsschutz.[137] Dieser leitet sich aus der absoluten Natur dinglicher Rechte ab. Dies bedeutet einerseits, dass der bisherige Berechtigte nach Abschluss des Verfügungsgeschäfts nicht mehr zu Lasten des dinglichen Rechtsinhabers über die Sache verfügen kann.[138] Des Weiteren beeinträchtigt die Übertragung einer Sache nicht deren Belastungen in Gestalt beschränkt dinglicher Rechte. Exemplarisch lässt sich dafür die Hypothek oder Grundschuld anführen, die auch gegenüber dem Erwerber einer Immobilie fortbesteht.[139] Aufgrund des Publizitätsprinzips, welches sich für Liegenschaften in der Grundbuchpublizität widerspiegelt, stellt der Sukzessionsschutz keine übermäßige Beeinträchtigung für den Rechtsverkehr dar. Da sämtliche Beschränkungen im Grundbuch publik gemacht werden müssen, sind sich die Teilnehmer des Rechtsverkehrs der damit einhergehenden Risiken bewusst.

Der Verfügungs- und Sukzessionsschutz ist jedoch auch für Wertpapiere von Bedeutung. Für die Übertragung von Wertpapieren „im engeren Sinne"[140] gelten die sachenrechtlichen Vorschriften. Das in dem Wertpapier verbriefte Forderungsrecht wird somit mit der Urkunde gleichgesetzt, wo-

---

135 *Dörner*, Relativität, S. 32.
136 *Dörner*, Relativität, S. 32.
137 *Canaris*, in: FS Flume, S. 371, 373.
138 *Canaris*, in: FS Flume, S. 371, 373.
139 *Füller*, Eigenständiges Sachenrecht?, S. 54.
140 *Schmidt*, Handelsrecht, S. 822.

durch die Umlauffähigkeit der verbrieften Forderungen erhöht wird.[141] Voraussetzung dafür ist jedoch, dass die mit dem dinglichen Recht verknüpften Forderungen Sukzessionsschutz genießen.

3. Privilegierung im Vollstreckungs- und Insolvenzverfahren

Eine weitere Folge der Absolutheit der Zuordnung dinglicher Rechte ist der damit einhergehende Verfügungs- und Sukzessionsschutz.[142] Neben der Vermittlung unimittelbarer Herrschaftsrechte erfüllt das Sachenrecht insoweit eine güterzuordnende Funktion.[143] Dies erfolgt in der Weise, dass einzelne Herrschaftsbereiche und Herrschaftsarten dem Vermögen des dinglich Berechtigten zugewiesen werden.[144] Die Zuordnung eines Gegenstandes zum Vermögen des dinglich Berechtigen mit Wirkung gegen jedermann führt dazu, dass kein anderer, insbesondere der bisherige Berechtigte, nicht über die Sache verfügen kann. Dies geht so weit, dass dingliche Rechtsstellungen grundsätzlich vollstreckungs- und konkursfest sind.[145] Obligatorische Rechtsstellungen werden demgegenüber grundsätzlich von der Insolvenz der Person, gegen die ein schuldrechtlicher Anspruch besteht, beeinflusst.

Im Vollstreckungs- und Insolvenzverfahren stehen dem Inhaber dinglicher Rechte besondere Rechtsbehelfe zu, durch die sein Vermögen geschützt wird. So kann sich der Inhaber eines dinglichen Rechts beispielsweise bei Zwangsvollstreckungsmaßnahmen gegenüber dem Besitzer der Sache gegen deren Verwertung zum Zwecke der Gläubigerbefriedigung wehren. In der Einzelzwangsvollstreckung erfolgt dies durch Erhebung der Drittwiderspruchsklage (§ 771 Abs. 1 ZPO) oder durch Klage auf vorzugsweise Befriedigung (§ 805 ZPO).

Gemäß § 771 Abs. 1 ZPO kann derjenige, dem ein „die Veräußerung hinderndes Recht" zusteht, die Zwangsvollstreckung durch Erhebung der Drittwiderspruchsklage für unzulässig erklären lassen. Somit soll sichergestellt werden, dass bei der Zwangsvollstreckung ausschließlich das Vermögen des Vollstreckungsschuldners zum Zwecke der Gläubigerbefriedigung

---

141 *Lehmann*, Finanzinstrumente, S. 175; *Hueck/Canaris*, Wertpapierrecht, S. 8 f.; *Richardi*, Wertpapierrecht, S. 5 f.

142 *Canaris*, in: FS Flume, S. 371, 373; *Eichler*, Institutionen des Sachenrechts, S. 7; *Raiser*, Dingliche Anwartschaften, S. 33.

143 *Eichler*, Institutionen des Sachenrechts, S. 9.

144 *Eichler*, Institutionen des Sachenrechts, S. 10.

145 *Canaris*, in: FS Flume, S. 371, 374.

verwertet wird.[146] Ein „die Veräußerung hinderndes Recht" hat ein Dritter nach Ansicht des Bundesgerichtshofs dann, „wenn der Schuldner selbst, veräußerte er den Vollstreckungsgegenstand, widerrechtlich in den Rechtskreis des Dritten eingreifen würde und deshalb der Dritte den Schuldner hindern könnte zu veräußern".[147] Der Schutz des dinglich Berechtigten ist daher einerseits vermögenswahrend, basiert jedoch andererseits auf dem Konzept des umfassenden Rechtsschutzes des dinglichen Rechtsinhabers vor jeglicher möglichen Verletzung seiner Rechtsposition.

Für andere dinglichen Rechte, insbesondere Pfandrechte, steht dem Rechtsinhaber die Klage auf vorzugsweise Befriedigung gemäß § 805 Abs. 1 ZPO zu. Durch die Gewährung vorzugsweiser Befriedigung soll der Umfang des Vermögens gewahrt werden, was sich aus der Art des Pfand- bzw. Vorzugsrechts als beschränkt dingliches Recht erklären lässt.

Auch im Rahmen der Gesamtvollstreckung ist die privilegierte Stellung dinglich berechtigter Personen durch die ihnen gewährten prozessualen Sonderrechte erkennbar. Gemäß § 35 InsO ist das gesamte Vermögen des Insolvenzschuldners zum Zeitpunkt der Eröffnung des Insolvenzverfahrens Gegenstand der Insolvenzmasse. Ausgenommen davon sind dingliche Rechte, welche Dritten zustehen. Diese gehören gem. § 47 ZPO nicht zur Insolvenzmasse und berechtigen den Rechtsinhaber dazu, die Aussonderung der Vermögensgegenstände aus der Insolvenzmasse zu verlangen. Insofern spricht man davon, dass dingliche Rechte insolvenzfest sind. Die Insolvenzfestigkeit ist die Folge des umfassenden Rechtsschutzes, die dingliche Rechte aufgrund ihrer absoluten Wirkung genießen. Würden die Gegenstände, die einem Dritten gehören, der Insolvenzmasse zufallen, wäre der dinglich berechtigte Dritte in seiner Freiheit, über die Sache zu verfügen, eingeschränkt.

III. Das Verhältnis zwischen Prinzipien und Wirkung

Die vorangegangene Darstellung der sachenrechtlichen Regelungsprinzipien und der Wirkung dinglicher Rechte im Rechtsverkehr ermöglicht Rückschlüsse auf deren Verhältnis zueinander. Aufgrund seiner Selbständigkeit gegenüber den anderen Bereichen des Privatrechts unterscheidet sich das gesamte Ordnungssystem des Sachenrechts grundsätzlich von den obligatorischen Rechten. Die absolute Wirkung dinglicher Rechte, wel-

---

146 *Füller*, Eigenständiges Sachenrecht?, S. 59.
147 BGH NJW 1971, 799, 800.

che – funktional ausgedrückt – Drittwirkung erzeugt, wird dadurch legitimiert, dass sich diese Rechtspositionen nur innerhalb der recht engen gesetzlich vorgegebenen Gestaltungsformen begründen, übertragen und verändern lassen. Der Numerus Clausus der dinglichen Rechte sowie deren gesetzlich vorgeschriebene und teilweise hoheitlich überwachte Übertragungsformen erfüllen insofern eine Korrektivfunktion gegenüber deren absoluter Wirkung.

Durch den umfassenden Rechtsschutz wird hingegen auch ein rechtssicherer Warenaustausch gewährleistet. Der Erwerber eines dinglichen Rechts kann sich sicher sein, dass er dieses unabhängig von vorherigen Rechtsbeziehungen gegenüber jedermann schützen kann. Gleichzeitig dienen auch das Abstraktions- und das Publizitätsprinzip dem Verkehrsschutz. Durch die Trennung des Verpflichtungsgeschäfts vom Verfügungsgeschäft bleibt es im Rahmen einer Veräußerungskette trotz eines nichtigen Verpflichtungsgeschäfts möglich, einen Gegenstand kondiktionsfest zu erwerben.[148] Ein Fehler des Verpflichtungsgeschäfts infiziert in der Regel nicht das Verfügungsgeschäft, es sei denn, es liegt die Ausnahmesituation der sogenannten Fehleridentität vor.[149]

Des Weiteren dient das dem Sachenrecht zugrunde liegende Publizitätsprinzip gepaart mit dem Typenzwang einem reibungslosen Warenaustausch. Das Zusammentreffen von Publizität und Typizität vermittelt den Handelsteilnehmern ein großes Maß an Rechtssicherheit, so dass mit geringem Aufwand Eigentumsübertragungen möglich sind. Rechtssicherheit ergibt sich sowohl aus der Abhängigkeit von einem Publizitätsakt für deren rechtliche Wirksamkeit sowie der konstitutiven Wirkung eines Publizitätsaktes für die Wirksamkeit einer Verfügung.[150]

Auch *Pistor* geht davon aus, dass ein hohes Maß an Typizität[151] von Finanzinstrumenten für deren Handel von Bedeutung ist. Als Fallbeispiel wird der Handel mit Finanzderivaten genannt, welcher erst durch die ISDA eine globale Dimension erlangte. Eine der Funktionen war das Aufsetzen standardisierter Vertragsbedingungen, um so Skalenvorteile zu erzielen.[152] Durch diese ließen sich zunächst die Transaktionskosten zwi-

---

148 *Füller*, Eigenständiges Sachenrecht?, S. 127.
149 Münchener Komm. BGB[7]-*Oechsler*, § 929, Rn. 8, 32.
150 *Kern*, Typizität, S. 236 – 239.
151 Der Begriff Typizität lehnt sich an die Verwendung *Kerns* an und wird definiert als „Zustand gesteigerter Einheitlichkeit der rechtlich festgelegten Merkmale und Eigenschaften, die einen isolierbaren Gegenstand oder ein gegenständlich aufzufassendes Rechtsverhältnis kennzeichnen", *Kern*, Typizität, S. 7.
152 *Pistor*, J. Comp. Econ. 41 (2013), 315, 318.

schen den Vertragsparteien senken. Des Weiteren konnte durch gezielte Lobbyarbeit sowie die Erlangung sogenannter Legal Opinions von internationalen Wirtschaftskanzleien ein höheres Maß an Rechtssicherheit erzielt werden, da sich auf diese Weise die Durchsetzbarkeit der vertraglichen Ansprüche in verschiedenen Jurisdiktionen gewährleisten ließ.[153]

Grundsätzlich nehmen Finanzinstrumente im Spannungsfeld zwischen Gestaltungsfreiheit und Typizität eine besondere Stellung ein. Juristischer Ausgangspunkt aus zivilrechtlicher Perspektive ist das Wertpapierrecht, dessen Hintergrund das Sachenrecht ist.[154] Da sich dieses jedoch auf die Rechtsbeziehungen an körperlichen Gegenständen (§ 90 BGB) beschränkt, wirft der Bedeutungsverlust der Verkörperung in Form übertragbarer Urkunden, welcher mit dem Begriff der Dematerialisierung[155] beschrieben wird, eine Vielzahl an Fragen auf. Diese beschränken sich nicht nur auf die dogmatische Einordnung von Wertpapieren als Rechtsinstrument zwischen Schuld- und Sachenrecht.[156] Unter Berücksichtigung der Erkenntnisse des ersten Teils dieser Arbeit, wonach die Rechtsnatur verschiedener Handelsgegenstände konstitutiv für das Entstehen eines marktlichen Austauschs ist, ist die rechtliche Verfassung der am Finanzmarkt gehandelten Titel ebenfalls für Liquiditäts- und Finanzstabilitätsfragen bedeutsam. Möchte man daher das Recht der Finanzinstrumente unabhängig von der Unterscheidung in Schuld- und Sachenrecht in ein Recht der Bewegung und Zuordnung von Vermögenswerten auflösen,[157] so stößt diese dogmatisch interessante Herangehensweise auf eine Vielzahl an ökonomischen und politischen Folgefragen. Mit Hilfe der in den folgenden Abschnitten dargestellten Finanzinstrumente soll illustriert werden, dass die dem Finanzwesen innewohnende immanente Instabilität im Zusammenhang mit der Rechtsnatur von Finanzinstrumenten zwischen Schuld- und Sachenrecht zusammenhängt.

In den folgenden Abschnitten sollen diverse Finanzinstrumente aus verschiedenen Epochen, die mit dem Geldmarkt im Zusammenhang stehen, untersucht werden. Dabei geht es zunächst um Inhaberschuldverschreibungen, die den rechtlichen Ausgangspunkt des modernen Finanzwesens darstellen. Bei deren zivilrechtsdogmatischer Einordnung sowie der Rege-

---

153 *Pistor*, J. Comp. Econ. 41 (2013), 315, 318.
154 *Lehmann*, Finanzinstrumente, S. 171.
155 *Haar*, in: FS Hopt, S. 1865, 1868; *Lehmann*, Finanzinstrumente, S. 37 ff.
156 S. dazu *Einsele*, Wertpapierrecht; *Micheler*, Wertpapierrecht; *Lehmann*, Finanzinstrumente.
157 So *Lehmann*, Finanzinstrumente, S. 218–221.

lung des bargeldlosen Zahlungsverkehrs ist die Gratwanderung zwischen Verpflichtungsgeschäft und dinglicher Wirkung noch recht offensichtlich. Dies ist bei den Verbriefungsinstrumenten in Form sogenannter Geldmarktpapiere (Asset Backed Commercial Papers) nicht mehr der Fall. Die vorliegende Arbeit vertritt jedoch die These, dass diese modernen Finanzinstrumente aufgrund ihrer rechtlichen Ausgestaltung dinglichen Rechten sehr ähneln. Dies geht zwar nicht auf deren dogmatische Kategorisierung zurück. Schließlich handelt es sich bei Verbriefungen nicht um Wertpapiere im zivilrechtlichen Sinne.[158] Das Wesen der dinglichen Rechte lässt sich jedoch auch anhand der Wirkung der vom geltenden Recht entwickelten Institutionen beschreiben.[159] Betrachtet man das institutionelle Arrangement, welches Geldmarktinstrumente in Gestalt von Asset Backed Commercial Papers einnehmen, so lassen sich Wirkungen erkennen, die denen dinglicher Rechte entsprechen.

B. Dogmatische Diskussion um die Rechtsnatur des Wertpapiers

Heinrich Brunner definierte im Jahr 1882 das Wertpapier als Urkunde über ein Privatrecht, deren Verwertung durch die Innehabung der Urkunde privatrechtlich bedingt sei.[160] Dem allgemeingültigen Wertpapierbegriff, der auch heutzutage noch unverändert gilt,[161] ging jedoch ein langjähriger Streit um die rechtliche Bedeutung sogenannter Inhaberpapiere voraus. Dieser mündete in die allgemeine Anerkennung abstrakter Schuldversprechen sowie *Savignys* Verkörperungstheorie, nach der Forderung und Urkunde eine Einheit bildeten.[162] Die Verbriefung eines Forderungsrechts in einer Urkunde diente vor allem der Umgehung abtretungsrechtlicher Schutzvorschriften. Mit diesem juristischen Kunstgriff war die Frage nach dem Wesen der sich im Umlauf befindlichen Wertpapiere verbunden.

Mit beiden Thematiken eng verknüpft war die Erörterung der wirtschaftlichen Funktion von Wertpapieren. Einerseits schienen die Bedürfnisse des sich in Deutschland im 19. Jahrhundert verselbständigenden

---

158 *Lehmann*, Finanzinstrumente, S. 54.
159 *Westermann et. al.*, Sachenrecht, § 2, Rn. 1.
160 *Brunner*, in: Hdb. des deutschen Handels-, See- und Wechselrechts, Bd. 2, S. 140, 147.
161 vgl. *Hueck/Canaris*, Recht der Wertpapiere, S. 1: „Ein Wertpapier ist eine Urkunde, in der ein privates Recht in der Weise verbrieft ist, daß zur Geltendmachung des Rechts die Innehabung der Urkunde erforderlich ist."
162 *Lehmann*, Finanzinstrumente, S. 180.

Bankwesens die Entwicklung neuer Rechtsinstitute notwendig zu machen. Diese Entwicklung wurde jedoch auch kritisch hinterfragt. Neben einer rechtlichen Analyse versuchten verschiedene Autoren die mit den neuen Finanzinstrumenten zusammenhängenden ökonomischen Implikationen zu beleuchten. Dabei wurden auch diverse Risiken für Einzelpersonen und die Volkswirtschaft als Ganzes identifiziert.

I. Wirtschaftshistorischer Kontext

Die rechtsdogmatische Diskussion um das Wesen von Wertpapieren sowie die Legitimität abstrakter Schuldverträge begann in der ersten Hälfte des 19. Jahrhunderts. Aus historischer Sicht fiel diese Diskussion mit der Verselbständigung des Bankwesens in Deutschland als zentralem Teil der Volkswirtschaft zusammen. In England hatte sich bereits im 16. Jahrhundert ein Zahlungssystem entwickelt, das auf von Goldschmieden ausgestellten Schuldscheinen beruhte, sogenannten „Goldsmith notes". Diese Schuldverschreibungen wurden im allgemeinen Wirtschaftsverkehr als Mittel an Zahlung statt verwendet, auch wenn der Zahlungsempfänger nicht über ein Konto beim ausstellenden Goldschmied verfügte.[163] Erst nachdem sich ein Zahlungsverkehrswesen in England auf der Grundlage der Goldschmiednoten etabliert hatte, wurde im Jahre 1694 die Bank of England gegründet und im Jahre 1844 mit dem ausschließlichen Recht der Notenausgabe ausgestattet.[164]

Eine vergleichbare Praxis etablierte sich in Deutschland erst zu Beginn des 19. Jahrhunderts. Eine wesentliche Hürde war die begrenzte Anzahl an Indossierungen von Wechseln, welche die Umlauffähigkeit dieser Noten verhinderte und somit ein Liquiditätsmanagement in Gestalt der Wechseldiskontierung unmöglich machte.[165] Die Wechseldiskontierung entwickelte sich erst zum Ende des 18. Jahrhunderts in Deutschland und wurde zu Beginn des 19. Jahrhunderts Teil der Kreditwirtschaft.[166] Nachdem sich die Diskontierung und Rediskontierung im Laufe des 19. Jahrhunderts als Bestandteil des Kreditwesens unter Handels- und Finanzleuten etabliert hatte, übernahm die im Zusammenhang mit der Gründung des Deutschen

---

163 *Kulischer*, Allgemeine Wirtschaftsgeschichte II, S. 530.
164 *Kulischer*, Allgemeine Wirtschaftsgeschichte II, S. 350.
165 *Kulischer*, Allgemeine Wirtschaftsgeschichte II, S. 367 f.
166 *Kulischer*, Allgemeine Wirtschaftsgeschichte II, S. 368; *Sombart*, Deutsche Volkswirtschaft, S. 183.

Reichs im Jahre 1876 gegründete Reichsbank die Rolle als „Bank der Banken", indem sie eine Rediskontierung ermöglichte und somit für ausreichend Systemliquidität sorgte.[167] Bei der Reichsbank handelte es sich um eine Kombination aus privater Aktiengesellschaft und öffentlicher Anstalt.[168]

Neben der Wechseldiskontierung stellte die Ausgabe von Banknoten eine weitere Einnahmequelle des sich Mitte des 19. Jahrhunderts verselbständigenden Bankwesen dar. Bis dahin hatte die Kreditgewährung und Wechseldiskontierung zum Großteil Handelsbetrieben oblegen, welche ebenfalls eine Art Bankgeschäft betrieben.[169] Insgesamt entwickelte sich das Bankwesen in den Jahren von 1835 bis 1850 von einem gemischten Geld- und Warengeschäft hin zu einem isolierten Bankbetrieb.[170] Zu Beginn der 1830er Jahre existierte noch kein Banknotenumlauf in Deutschland. Lediglich die 1765 gegründete Königliche Bank in Berlin emittierte Banknoten. Als diese im Jahre 1836 durch Kabinettsorder eingezogen wurden, befanden sich Banknoten mit einem Gesamtbetrag von 4.514.300 Taler im Umlauf.[171]

Dies änderte sich jedoch bis zur Gründung des Deutschen Reiches. Zu Beginn der 1830er Jahre wurden bereits vereinzelt Banken gegründet, welche auch eigene Banknoten ausgaben.[172] In den 1850er und 1860er Jahren stieg diese Zahl erheblich an.[173] Die Ausgabe von Banknoten stellte für diese Banken eine wesentliche Einnahmequelle dar.[174] Insgesamt verzehnfachte sich der Notenumlauf in Deutschland zwischen den 1850er Jahren bis hin zur Gründung des Deutschen Reiches.[175] Nach der Gründung der Reichsbank wandelte sich auch die Emission von Geldnoten wieder. Eine Vielzahl von Notenbanken gaben ihr Notenrecht auf, so dass deren Ausgabe in der Hand der Zentralbank monopolisiert wurde.[176]

---

167 Vgl. zur Funktion der Zentralbank im Rahmen der Wechseldiskontierung *Mehrling*, New Lombard Street, S. 18 f.
168 *Sombart*, Deutsche Volkswirtschaft, S. 183.
169 *Henning*, in: Wissenschaft und Kodifikation, Bd. 5, S. 55, 63.
170 *Henning*, in: Wissenschaft und Kodifikation, Bd. 5, S. 55, 63.
171 *Sombart*, Deutsche Volkswirtschaft, S. 173.
172 *Sombart*, Deutsche Volkswirtschaft, S. 173.
173 *Sombart*, Deutsche Volkswirtschaft, S. 172.
174 *Kulischer*, Allgemeine Wirtschaftsgeschichte II, S. 533.
175 *Sombart*, Deutsche Volkswirtschaft, S. 174 f.: Zu Beginn der 1850er Jahre waren 120 Millionen Mark im Umlauf. Dieser Betrag stieg bis Ende des Jahres 1873 auf 1352 Millionen Mark.
176 *Sombart*, Deutsche Volkswirtschaft, S. 174.

Seit Beginn der 1840er Jahre wurden daher Industrie- und Aktienbanken gegründet, deren Aufgabe die Gewährleistung eines funktionierenden Bankensystems und Kreditwesens war.[177] Neben dem Wechseldiskont, durch den Banken Liquidität gewährleisteten, wurden der Giroverkehr und die Kontokorrentkredite erweitert.[178]

II. Das abstrakte Schuldversprechen

In welchem Maß die Diskussion um die Wirksamkeit abstrakter Schuldversprechen von der Entstehung des Bankwesens in Deutschland bestimmt wurde, kann in der vorliegenden Arbeit nicht mit Sicherheit bestimmt werden. Dafür bedürfte es eines umfassenden rechts- und wirtschaftshistorischen Forschungsvorhabens. Anhand der Stimmen aus der Literatur, welche die Diskussion um die Entstehung des abstrakten Schuldversprechens beeinflussten, lässt sich jedoch erkennen, dass die im Bankwesen verwendeten Finanzinstrumente der Zeit den Autoren bekannt waren und einen der Gründe darstellten, weshalb deren rechtliches Wesen in Frage gestellt wurde.

Aus juristischer Sicht drehte sich die Diskussion bezüglich der Wirksamkeit abstrakter Schuldverträge um die Frage, ob eine Schuld von seiner Causa losgelöst werden kann.[179] Was heutzutage als Selbstverständlichkeit betrachtet wird und bereits in dem Entwurf des Bürgerlichen Gesetzbuches zum Ende des 19. Jahrhunderts in den §§ 780, 781 BGB normiert wurde, war nach der Aussage *Jherings* zu dessen Studienzeit im 19. Jahrhundert undenkbar gewesen. Es handele sich quasi um einen Fall der „Ketzerei, wenn Jemand sagte, man kann aus bloßen Versprechen klagen".[180]

Im Laufe des 19. Jahrhunderts setzte sich bezüglich dieser juristischen Frage ein Sinneswandel ein, dessen Anstoß aus der Gerichtspraxis kam, die sich vermehrt mit sogenannten Abrechnungsfällen auseinandersetzen musste.[181] Dies legt zumindest die Vermutung nahe, dass ein direkter Zusammenhang zwischen einer Erweiterung der Kreditaufnahme aufgrund des entstehenden Bankensektors in Deutschland und der Diskussion um

---

177 *Pohl*, in: Wissenschaft und Kodifikation, Bd. 2, S. 1, 20.
178 *Henning*, in: Wissenschaft und Kodifikation, Bd. 5, S. 55, 67.
179 *Jhering*, in: Vh. 8. DJT II, S. 99.
180 *Jhering*, in: Vh. 9. DJT III, S. 88.
181 *Kiefner*, in: Wissenschaft und Kodifikation, Bd. 2, S. 74, 76.

die Wirksamkeit abstrakter Schuldverträge besteht.[182] Bei der Beurteilung der Abrechnungsfälle stellte sich die Frage nach den beweiserheblichen Tatsachen, welche notwendig waren, um eine Klage schlüssig zu begründen. Im Zusammenhang mit Klageverfahren aufgrund eines Kontokorrentkredites wurde beispielsweise das Problem diskutiert welche Rechtswirkung die schriftliche Bestätigung des Saldos entfalten würde.[183] Nach der bis ins 19. Jahrhundert geltenden Rechtslage wurden Klagen abgewiesen, welche ausschließlich auf die schriftliche Anerkennung des Abrechnungssaldos gestützt wurden, wenn der Kläger nicht zugleich den Nachweis der einzelnen materiellen Rechnungsposten erbringen konnte.[184]

1. Förmlicher Willensakt

Am Anfang der Diskussion über die Wirksamkeit abstrakter Schuldverträge stand *Savigny* mit seinem 1816 gehaltenen Vortrag *Ueber den Literalcontract der Römer*.[185] Anlass für die Erörterung war *Savignys* Ansicht nach das Wechselgeschäft, dessen rechtliche Natur gegenüber gewöhnlichen Austauschverträgen zu bestimmen sei.[186] Nach *Savignys* Auffassung beschränkten sich auch die Literalkontrakte nach Römischem Recht auf Geldgeschäfte, welche in sogenannten Hausbüchern eingetragen wurden und nur unter dieser bestimmten Form Wirksamkeit erlangten.[187] Mithin sei der Literalkontrakt im Gegensatz zur Stipulation nicht auf Obligationen jeder Art anwendbar, sondern nur auf die Geschäfte, „welche in einer wirklichen oder fingierten Geldzahlung ihren Grund hatten".[188] Diese umfassten neben den Gelddarlehen auch die Novation, bei der einer alten Schuld ein neuer Grund in Gestalt des Literalkontraktes gegeben wurde.[189]

Die in den Folgejahren erschienenen Arbeiten, die sich mit der Frage abstrakter Schuldverträge befassten, wurden überwiegend von Praktikern verfasst, die im Rahmen ihrer gerichtlichen Tätigkeit auf juristische Probleme bei der Rechtsanwendung stießen. *Heise* und *Cropp*, ihrerseits Präsident und Rath des Oberappellationsgerichts in Lübeck, mussten sich mit

182 *Kiefner*, in: Wissenschaft und Kodifikation, Bd. 2, S. 74, 87.
183 *Kübler*, in: Wissenschaft und Kodifikation, Bd. 5, S. 77, 82.
184 *Kübler*, in: Wissenschaft und Kodifikation, Bd. 5, S. 77, 83.
185 *Savigny*, in: Vermischte Schriften, Bd. 1, S. 205.
186 *Savigny*, in: Vermischte Schriften, Bd. 1, S. 205, 206 f.
187 *Savigny*, in: Vermischte Schriften, Bd. 1, S. 205, 210–220.
188 *Savigny*, in: Vermischte Schriften, Bd. 1, S. 205, 223.
189 *Savigny*, in: Vermischte Schriften, Bd. 1, S. 205, 225.

der Frage beschäftigen, inwiefern Schuldverschreibungen über eine bloße Beweisfunktion hinaus ebenfalls eine konstitutive Wirkung innewohnte.[190] Die Erörterungen der beiden Autoren, welche durch zwei am Oberappellationsgericht Lübeck anhängige Verfahren veranlasst wurden,[191] befassten sich aber nicht allzu ausführlich mit dem Wesen der Stipulation oder des Literalkontraktes, sondern widmeten sich zum Großteil möglichen Einwänden des Schuldners gegen eine Inanspruchnahme, deren Wirksamkeit ihrerseits von der Natur der Hauptforderung abhängig war.

Liebe, Kreisgerichtsassessor aus Lübeck, widmete sich umfassend der aufgeworfenen Rechtsfrage in seiner 1840 erschienenen Monographie *Die Stipulation und das einfache Versprechen.* Anlass für die Ausarbeitung waren nicht nur praktische Fälle, mit denen er sich als Richter befassen musste. *Liebe* war außerdem Verfasser des *Entwurfs einer Wechselordnung für das Herzogthum Braunschweig,* der 1843 veröffentlicht wurde.[192] In seiner Arbeit sprach sich *Liebe* gegen die generelle Verbindlichkeit einfacher Versprechen aus. Stipulation und Literalkontrakte unterschieden sich von den konsensualen Austauschverträgen dahingehend, dass sich deren Wirksamkeit nicht von dem materiellen Gehalt der Vereinbarung abhänge, sondern sich aus dem Bestehen einer spezifischen Form ableite.[193] Bei der Bestimmung der Wirksamkeit einer Verpflichtung aufgrund einer Stipulation könnten demnach auch nicht die äußeren Verhältnisse herangezogen werden.[194] Nach *Liebes* Ansicht handele es sich bei der Stipulation um ein sich von Real- und Konsensualverträgen unabhängiges Rechtsinstitut, welches im Rechtssystem eine eigenständige Stellung einnehme. Aufgrund der formalen Voraussetzungen, welche einer Stipulation erst ihre Wirksamkeit verliehen, sollten diese Arten von Rechtsakten ihre Gültigkeit ebenfalls nur aufgrund positivrechtlicher Gesetze erlangen.[195] Die Stipulation unterscheidet sich insoweit von dem ebenfalls beziehungslosen bloßen Versprechen durch seine Form, aus der sich die rechtliche Geltung ableitet.[196] *Lie-*

---

190 *Heise/Cropp,* in: Juristische Abhandlungen, Bd. 1, S. 325, 326 f.
191 *Kiefner,* in: Wissenschaft und Kodifikation, Bd. 2, S. 74, 79.
192 *Kiefner,* in: Wissenschaft und Kodifikation, Bd. 2, S. 74, 79.
193 *Liebe,* Stipulation, S. 67.
194 *Liebe* Stipulation, S. 72.
195 *Liebe,* Stipulation, S. 71.
196 *Liebe,* Stipulation, S. 73.

be sprach sich demnach entschieden gegen die autonome Kraft des Privatwillens aus.[197]

2. Autonome Kraft des Privatwillens

a. Anerkennung als Verpflichtungsgrund

Die von *Bähr* im Jahr 1855 verfasste Monographie *Anerkennung als Verpflichtungsgrund* begründete eine Wende im juristischen Verständnis abstrakter Schuldversprechen. *Bähr* widersprach mit seinem Ansatz den vorherigen Arbeiten zu diesem Thema. Seiner Ansicht nach stelle die Stipulation, welche bereits in den vorangegangenen Abhandlungen thematisiert worden war, nach Römischem Recht ein prozessuales Sicherungsmittel dar, gleich einer Bürgschaft.[198] Sowohl die Stipulation als auch die Begründung einer Forderung und Eigentumsübertragung seien als einheitliche Rechtsakte zu verstehen, bei denen aufgrund eines Willensaktes Rechte übertragen würden. Die Begründung eines Forderungsrechts unterscheide sich von der Eigentumsübertragung daher nur insoweit, als dass die Eigentumsübertragung unabhängig von einer objektiven Causa sei, es sich also um eine abstrakte Vermögenszuwendung handele.[199] Anhand der Stipulation zeige sich, dass nicht jede Art der Forderungsbegründung einer Causa bedürfe. Die Stipulation sei aus ihrer natürlichen Verbindung mit einem Rechtsgrund losgetrennt und zu einer selbständigen Obligation erhoben worden.[200] Die abstrakte Natur der Stipulation, wie sie sich am Beispiel der Novation erkennen lasse, sei auch nicht auf die Fälle akzessorisch zuvor begründeter Forderungsrechte zu begrenzen. Das „novandi animo abgegebene Stipulationsversprechen" führe vielmehr zu dem Entstehen einer Obligation, welche genauso unabhängig sei, wie die Wirksamkeit der Eigentumsübertragung unabhängig vom Bestehen einer Verpflichtung sei.[201] Die Stipulation entfalte demnach, gleich einer Geldzahlung, Tilgungswirkung.[202] Dieser Rechtsform des Römischen Rechts entspreche der Wech-

---

197 *Liebe*, Stipulation, S. 76: „Und in der That möchte es kaum möglich sein aus der Natur des Versprechens an einen Grund für oder gegen dessen Rechtsverbindlichkeit abzuleiten."
198 *Bähr*, Anerkennung als Verpflichtungsgrund, S. 5.
199 *Bähr*, Anerkennung als Verpflichtungsgrund, S. 15.
200 *Bähr*, Anerkennung als Verpflichtungsgrund, S. 21.
201 *Bähr*, Anerkennung als Verpflichtungsgrund, S. 35.
202 *Bähr*, Anerkennung als Verpflichtungsgrund, S. 45.

sel.[203] Generell handele es sich bei der Zahlung, mit der eine Schuld getilgt werden solle, um einen Willensmoment, welcher den Schuldner mit bindender Kraft erfasse.[204] Anders ausgedrückt handele es sich bei der Schuldentilgung um eine Art der Anerkennung der Schuld, durch die eine Bindung des Anerkennenden entstehe. Dies sei nach *Bährs* Ansicht der Grund für die Wirksamkeit der Anerkennung als rechtsverbindliche Erklärung.

Aus *Bährs* Sicht sei demnach der Wille der am Rechtsverkehr beteiligten Personen entscheidend für die Wirksamkeit eines bloßen Schuldanerkenntnisses. Eine Begrenzung auf bestimmte Formen lehnte *Bähr* hingegen ab. Vielmehr sei das römischrechtliche Prinzip der Klagbarkeit lediglich bestimmter Vertragstypen einer „Klagbarkeit aller Verträge" gewichen.[205] Dies begründe auch die Abkehr von einem strengen Formerfordernis isolierter Anerkennungsverträge, wie es für die Literalkontrakte vorgeschrieben war. Da das Grundprinzip des Obligationenrechts die „freie Bewegung des Willens" sei, dürften keine formalen Hürden für die Wirksamkeit von Anerkennungsverträgen bestehen. Denn, so *Bähr*, „dem von Formen entfesselten Willen kann aber keine geringere Kraft beiwohnen als dem an Formen gebundenen".[206]

Der Ansatz *Bährs* geht jedoch nicht so weit, als dass es lediglich des Parteikonsenses bedürfe, um eine vertragliche Verpflichtung zu begründen.[207] Nach *Bährs* Auffassung könne durch bloße Anerkennung einer Schuld ein unabhängiger vertraglicher Anspruch entstehen, dessen Grundlage jedoch eine materiellrechtliche Obligation sei.[208] Derjenige, der einen Schuldschein ausstelle, verspreche nicht, „,wenn er schuldig ist', sondern ,weil er schuldig ist'".[209] Auf diese Weise solle der Inhaber eines Schuldscheins so

---

203 *Bähr*, Anerkennung als Verpflichtungsgrund, S. 32.
204 *Bähr*, Anerkennung als Verpflichtungsgrund, S. 79.
205 *Bähr*, Anerkennung als Verpflichtungsgrund, S. 165.
206 *Bähr*, Anerkennung als Verpflichtungsgrund, S. 169.
207 Vgl. Münchener Komm. BGB[7]-*Habersack*, § 780, Rn. 5: „Die Theorie von der ,Anerkennung als Verpflichtungsgrund' löste das Problem materiell-rechtlich, indem sie durch die bloße Anerkennung ein neues Schuldverhältnis entstehen ließ. Ihre Bedeutung reicht freilich weiter; sie leitet aus dem Grundsatz der Vertragsfreiheit die generelle Zulässigkeit abstrakter Verpflichtung ab und taugt so als dogmatische Basis namentlich der wertpapierrechtlichen Verpflichtung und des Saldoanerkenntnisses."
208 *Bähr*, Anerkennung als Verpflichtungsgrund, S. 194.
209 *Bähr*, Anerkennung als Verpflichtungsgrund, S. 195.

sichergestellt werden, „als ob derselbe bereits Zahlung empfangen habe".[210]

b. Das abstrakte Versprechen als Thema des Deutschen Juristentages

Generell kam dem Thema abstrakter Schuldverträge im Laufe des 19. Jahrhunderts immer größere Bedeutung zu, so dass sich schließlich auch der Achte Deutsche Juristentag im Jahr 1869 mit der Frage befasste, ob „das künftige gemeinsame Obligationenrecht die verbindliche Kraft des Anerkennungsvertrages aufnehmen" solle und wie „dieses Rechtsgeschäft zu regeln" sei.

Bei den Verhandlungen des Achten und Neunten Deutschen Juristentages brachte sich *Rudolf von Jhering* durch einen Vortrag sowie seine Wortmeldungen in erheblichem Maße ein. Er merkte an, dass in den letzten 20 bis 30 Jahren in der herrschenden Anschauungsweise ein gewaltiger Umschwung stattgefunden habe. Basierend auf der Schrift *Bährs*, welche in den Augen *Jherings* eine der „verdienstvollsten und bedeutendsten Werke" der juristischen Literatur darstelle,[211] begann *Jhering* mit einer Modifikation der Begrifflichkeiten, indem er den Begriff des Anerkennungsvertrages durch den des „abstrakten Versprechens" substituierte.[212] Insofern ging *Jhering* noch weiter als *Bähr*, der zumindest noch einen Bezug zu einem zuvor begründeten Schuldverhältnis als Wirksamkeitsgrund gesehen hatte. Das abstrakte Versprechen stehe hingegen in keiner Beziehung zu einem vorigen Rechtsverhältnis. Seiner Ansicht nach bilde der Schuldschein seine eigene Causa und reiche mithin aus, um darauf eine Klage zu gründen[213]

Nach *Jherings* Auffassung sei das abstrakte Versprechen eine neue Rechtsform, die sich neben die typisierten Vertragsarten einreihe:

„Gesteht nun das Recht den Parteien die Befugnis zu, wie es das Römische Recht von jeher gethan hat, und wie es unser heutiges Recht auch im Wechsel thut, und die Anerkennungstheorie ihrerseits begehrt, so ist damit nothwendigerweise die Konsequenz gegeben, daß sich die Parteien dieser Form auch bedienen können, um eine neue, bisher noch nicht vorhandene Obligation ins Leben zu rufen. Da nämlich die Beziehung zur früheren Obligation, selbst wenn sie im Schuldschein namhaft gemacht

---

210 *Bähr*, Anerkennung als Verpflichtungsgrund, S. 195.
211 *Jhering*, in: Vh. 8. DJT II, S. 95.
212 *Jhering*, in: Vh. 8. DJT II, S. 96.
213 *Jhering*, in: Vh. 8. DJT II, S. 97.

wird, keinen Gegenstand des klägerischen Beweises bildet, so ergiebt sich daraus, daß die beiden Fälle der Umänderung einer bestehenden Obligation in eine abstrakte und der primären Begründung einer neuen sich prozessualisch völlig gleichstehen."[214]

Im Gegensatz zu den vorherigen Arbeiten, welche versucht hatten, mit Hilfe des Rechtsinstituts des abstrakten Schuldvertrages einen juristischen Anknüpfungspunkt für die neuen Umgangsformen des Wirtschaftsverkehrs zu finden, war die Begründung *Jherings* für die Legitimität abstrakter Schuldversprechen eine gänzlich andere. Bei dem rechtspolitischen Vorschlag handele es sich „um die Anerkennung eines Rechtsprinzips, um die Zulassung eines Gedankens, der sein Anrecht in sich selber trägt, seine Zulassung nicht erst zu erbitten braucht, sondern zu rechtfertigen vermag. Es ist die Idee der Freiheit, der Autonomie des subjectiven Willens, die hierbei zur Frage kommt, eine Idee, auf die unser ganzes Privatrecht gebaut ist. Aus dieser Idee ergibt sich als Konsequenz von selbst die abstrakt verpflichtende Kraft des Willens."[215]

3. Zusammenfassung

Am Ende der über mehrere Jahrzehnte andauernden Diskussion um das rechtliche Wesen abstrakter Schuldversprechen stand dessen gesetzliche Anerkennung im Bürgerlichen Gesetzbuch in den §§ 780, 781 BGB. Heutzutage bilden abstrakte Schuldverträge das rechtsdogmatische Fundament des modernen Finanzwesens sowohl in der Gestalt des bargeldlosen Zahlungsverkehrs als auch des Wertpapierrechts.[216] Für die im Ersten Teil der vorliegenden Arbeit erörterte Frage nach der Besonderheit der rechtsökonomischen Analyse von Finanzsystemen ist die Skizzierung einer im 19. Jahrhundert stattfindenden Entkoppelung zivilrechtlicher Zahlungsansprüche von realwirtschaftlichen Gegebenheiten durchaus von Bedeutung. Durch die Idee einer abstrakt geltenden eigenständigen Forderung können Finanzsysteme eine Struktur annehmen, welche sich von den realwirtschaftlichen Mechanismen fundamental unterscheidet.

Die Entstehungsgeschichte des abstrakten Schuldversprechens soll veranschaulichen, wie der Wandel und die Entwicklung eines neuen Rechtsinstituts vonstatten gehen kann. Insofern ist der Prozess bis hin zur Nor-

---

214 *Jhering*, in: Vh. 8. DJT II, S. 100.
215 *Jhering*, in: Vh. 8. DJT II, S. 104.
216 Münchener Komm. BGB[6]-*Habersack*, § 780, Rn. 5.

mierung abstrakter Schuldverträge im BGB illustrativ für andere Finanzinstrumente. Ausgangspunkt bildeten Veränderungen im wirtschaftlichen Umfeld, durch die neue Geschäftsfelder entstanden. Einer der Kernthesen der Legal Theory of Finance entsprechend, konnten diese Innovationen nicht unabhängig von der Rechtsordnung stattfinden, sondern bedurften rechtlicher Anerkennung.

Bei der Frage nach der Wirksamkeit abstrakter Schuldversprechen geschah dies zunächst mit Hilfe von Assoziierungen mit anerkannten Rechtsinstituten des Römischen Rechts. Im weiteren Verlauf der Diskussion etablierte sich jedoch schrittweise die Ansicht, dass Anerkennungsverträge sich aus sich selbst heraus legitimierten. Auf diese Weise entstand letztlich das von *Friedrich Kübler* beschriebene „Dogma vom abstrakten Vertrag"[217].

III. Die Verkörperung der Forderung in Wertpapieren

Die Begründung einer einklagbaren Forderung stellt nur einen Teilaspekt der juristischen Sonderstellung von Wertpapieren dar. Eine weitere Notwendigkeit ist die Gewährleistung der Umlauffähigkeit von Finanzinstrumenten. Dies bedeutet, dass die Forderung im Rechtsverkehr mit Sicherheit übertragen werden kann und das Rechtsverhältnis zwischen Zedent und Forderungsschuldner das Wesen der Forderung nicht beeinträchtigt. Die Forderungsabtretung gemäß §§ 398 ff. BGB wird diesen Anforderungen nicht gerecht. Insofern dient die Verkörperung einer Forderung in einem Wertpapier ausnahmslos der Verminderung der Hindernisse, die dem Wirtschafts- und Rechtsverkehr im Umgang mit unverkörperten Rechten drohen.[218]

Dies liegt zunächst an der Möglichkeit des Rechtsscheinerwerbs. Wird die Urkunde als Anknüpfungspunkt der Forderungsveräußerung herangezogen, kann die Rechtsordnung mit der Innehabung des Papiers einen mehr oder weniger weitgehenden Rechtsschein verbinden, wie es beim Besitz oder bei der Eintragung im Grundbuch der Fall ist.[219] Für den gutgläubigen Erwerber eines Wertpapiers bedeutet dies, dass er sich darauf verlassen darf, dass der Papierinhaber Inhaber des Rechts ist. Dies ermöglicht den Rechtserwerb selbst in den Fällen, in denen vorausgegangene Veräußerungen fehlerbehaftet waren.

---

217 *Kübler*, Feststellung und Garantie, S. 71.
218 *Hueck/Canaris*, Wertpapierrecht, S. 8.
219 *Hueck/Canaris*, Wertpapierrecht, S. 8.

Darüber hinaus ermöglicht die Verbriefung eines Forderungsrechts in einer Urkunde die Umgehung der Schuldnerschutzvorschriften der §§ 404 ff. BGB. Nach § 404 BGB kann der Schuldner auch gegenüber dem Zessionar Einwendungen gelten machen, die zur Zeit der Abtretung gegenüber dem Zedenten begründet waren. Daneben kann der Schuldner gemäß § 407 Abs. 1 BGB an den bisherigen Gläubiger mit befreiender Wirkung leisten und auch sonstige Rechtsgeschäfte vornehmen, sofern der Schuldner keine Kenntnis von der Abtretung hat. Darüber hinaus kann der neue Gläubiger Leistung nur gegen Aushändigung der Abtretungsurkunde verlangen (§ 410 Abs. 1 BGB), wenn die Abtretung dem Schuldner nicht schriftlich angezeigt wurde (§ 410 Abs. 2 BGB).

Diese Defizite lassen sich durch die Verbriefung des Rechts in einer Urkunde überwinden. Aus dem Begriff der Verkörperung geht bereits hervor, dass sich die Funktion eines Wertpapiers nicht lediglich auf seine Beweiswirkung beschränkt. Wertpapiere unterscheiden sich von bloßen Beweisurkunden dadurch, dass bei Wertpapieren das Privatrecht mit den Urkunden zu einer Einheit verbunden wird.[220]

1. Schuldrechtliche Wertpapiertheorie

Im Gegensatz zu Wechseln, welche ausschließlich innerhalb individualisierter Vertragsbeziehungen entstanden, wurden Wertpapiere in Gestalt sogenannter Effekten als Massenpapiere für einen Handel an oder außerhalb der Börse ausgegeben.[221] Die ersten Wertpapiere, welche lediglich auf den Inhaber ausgestellt wurden, verbrieften Staatsobligationen. Im Zusammenhang mit Staatsschulden entwickelte sich somit die Praxis, Wertpapiere nicht als Namenspapiere, sondern auf den Inhaber auszustellen.[222] Die Gründe dafür lagen einerseits in dem gesteigerten Finanzierungsvolumen seitens des Staates sowie andererseits dem Bedürfnis der Gläubiger und der Banken, welche an der Emission beteiligt waren. Diese verlangten, dass Staatsschuldpapiere nicht mehr auf den Namen des jeweiligen Gläubigers ausgestellt wurden, sondern „au porteur" ausgefertigt würden, so dass jeder Inhaber der Urkunde als Gläubiger erklärt würde.[223] Dadurch musste seitens eines Gläubigers nicht mehr bewiesen werden, dass dieser materiell

---

220 *Meyer-Cording/Drygala*, Wertpapierrecht, S. 2.
221 *Micheler*, Wertpapierrecht, S. 108.
222 *Gönner*, Staatsschulden, S. 182.
223 *Gönner*, Staatsschulden, S. 182.

Inhaber der Forderung aufgrund eines Abtretungsvertrages war, da bereits der Besitz der Urkunde zur Geltendmachung des Anspruchs ausreichte. Darüber hinaus konnten Schuldner mit befreiender Wirkung an den jeweiligen Forderungsinhaber zahlen, so dass auch Schuldnerinteressen verkehrsgerecht gewahrt wurden.[224] Die schuldnerschützende Wirkung lasse sich mit Hilfe einer schuldrechtlichen Modifikation in der Gestalt realisieren, dass der Schuldner sich in der Urkunde verpflichte, an jeden Inhaber des Wertpapiers zu zahlen.[225]

Eine Legitimation dieser sachenrechtlichen Wirkungen bestehe *Gönners* Ansicht nach aufgrund juristischer Notwendigkeit, da ohne eine solche Regelung der freie Umsatz mit solchen Papieren nicht möglich sei.[226] Dass der Gläubiger durch Erwerb der Urkunde auch das Recht an der Forderung erwerbe, sei somit untrennbar mit den neueren Funktionen der Staatsschuldpapiere verknüpft, welche wie ein Handelsgut behandelt würden. *Schumm* verfolgt einen ähnlichen Ansatz, indem er zunächst festhält, dass für Inhaberpapiere noch keine genauen gesetzlichen Regelungen vorlägen, wonach sich deren rechtliche Behandlung anhand der „Natur der Sache, d.h. den Grund und Zweck des Instituts der Papiere *au porteur* (Hervorhebung im Original)" zu bestimmen sei.[227] Entscheidend sei jedoch auch, dass sich der Emittent verpflichte, an jeden Inhaber zu leisten.[228]

Diese Argumentationslinie basierte auf der Auffassung, dass der Aussteller mit dem ersten Nehmer des Papiers vereinbart bzw. sich einseitig dazu verpflichtet, dass an jeden Inhaber des Papiers zu leisten sei, der Aussteller durch Leistung an jeden Inhaber frei werde und dass dem Inhaber des Papiers nur jene Einwendungen entgegengehalten werden könnten, die sich aus dem Papier ergäben.[229]

2. Verkörperungstheorie

Die wertpapierrechtliche Verkörperungstheorie wird mit dem Rechtswissenschaftlicher *Friedrich Carl von Savigny* verknüpft.[230] Im Gegensatz zu

---

224 *Micheler*, Wertpapierrecht, S. 109.
225 Vgl. *Micheler*, Wertpapierrecht, S. 110.
226 *Gönner*, Staatsschulden, S. 194.
227 *Schumm*, Amortisation, S. 56.
228 *Schumm*, Amortisation, S. 49
229 *Micheler*, Wertpapierrecht, S. 115.
230 *Einsele*, Wertpapierrecht, S. 5.

den vorangegangenen Abhandlungen über das rechtliche Wesen von Inhaberpapieren war *Savigny* der Ansicht, dass die Übertragbarkeit der verbrieften Forderung nicht durch die schuldrechtliche Verpflichtungserklärung des Ausstellers an jeden Inhaber zu zahlen herrühre, sondern sich aus dem gegenständlichen Wesen der Schuldurkunde ableite. Beide Ansätze seien insoweit deckungsgleich, als dass die Gründe für eine rechtliche Wesensbestimmung praktischen Bedürfnissen geschuldet seien.[231] *Savignys* Ansicht nach sei insbesondere beim Handel mit Forderungen in großem Umfang deren Übertragung im Wege der Zession nicht mehr praktikabel. Dieses Problem lasse sich lösen, indem man dem Handel von Inhaberpapieren die Vorteile zukommen lasse, welche mit der Veräußerung des Eigentums verbunden seien.[232]

Vorteil einer Eigentumsübertragung sei die „völlige Ablösung von der Person des vorigen Eigenthümers und allen übrigen Rechtsverhältnissen desselben".[233] Bei der Übertragung von Inhaberpapieren sollen demnach die mit der Veräußerung von Eigentum verbundenen Vorteile sich auf die vereinbarte Obligation auswirken.[234] Dies lasse sich dadurch ermöglichen, dass man die mit der Obligation zusammenhängende Urkunde als Übertragungsgegenstand heranziehe. „Eine solche Urkunde ist ein Körper, eine Sache, also möglicher Gegenstand des Eigenthums und des Besitzes. Damit ist ein Weg angedeutet, wie das Verhältnis des Gläubigers zu dieser Sache (der Schuld=Urkunde) zugleich zur leichteren Übertragung der Forderung, also des Rechts gegen den Schuldner, benutzt werden könnte."[235] Inhaberpapiere ließen sich demzufolge unter dem Begriff der „Verkörperung der Obligation"[236] zusammenfassen.

Da *Savigny* bei der rechtlichen Einordnung von Wertpapieren am dinglichen Wesen der Urkunde anknüpfte, waren auch andere Regelungsansätze für die Frage nach der Gültigkeit verschiedener Arten von Inhaberpapieren möglich. Eine Beschränkung auf bestimmte Arten rechtlich zulässiger Wertpapiere bedurfte keiner spezifischen Argumentation, da dies aufgrund des sachenrechtlichen Typenzwangs keine unübliche Erscheinungsform darstellte. Dies erleichterte die Begründung einer Eingrenzung auf

---

231 *Savigny*, Obligationenrecht II, S. 94: „Die Frage nach der Gültigkeit dieser Papiere ist nicht auf dem Wege theoretischer Betrachtung entstanden, vielmehr haben wichtige praktische Bedürfnisse diese geführt."
232 *Savigny*, Obligationenrecht II, S. 97.
233 *Savigny*, Obligationenrecht II, S. 94 f.
234 *Savigny*, Obligationenrecht II, S. 97.
235 *Savigny*, Obligationenrecht II, S. 99.
236 *Savigny*, Obligationenrecht II, S. 99.

bestimmte Klassen von Inhaberpapieren. In diesem Sinn sprach sich *Savigny* vor allem gegen die Gültigkeit der von Privatpersonen emittierten Inhaberpapiere aus, da eine solche Vertragskonstruktion dem Schuldrecht fremd sei. Eine Beziehung auf einen unbestimmten Personenkreis entspreche nicht der Natur und dem Zweck der Obligationen, so dass von Privatpersonen ausgestellte Inhaberpapiere ungültig seien.[237] Andererseits ergebe sich für diejenigen Wertpapiere, die sich bereits im Handelsverkehr etabliert hätten, deren Gültigkeit nicht aus der allgemeinen Anerkennung des Rechtsinstituts des Inhaberpapiers, sondern aus deren spezialgesetzlicher Regelung.[238]

IV. Wertpapiere und Geldwesen

Bei der Untersuchung der Diskussion um das Wesen von Wertpapieren fällt neben den juristischen Streitpunkten vor allem auf, dass mehrere Autoren Verknüpfungen zwischen den neu entstandenen Finanzierungsformen und dem Geldwesen herstellen.

Einert beschreibt den Wechsel als das „Papiergeld der Kaufleute".[239] Dies entspreche dessen Funktion im 19. Jahrhundert, nach der Kaufleute Wechsel für Abrechnungszwecke nutzten und die Wechsel durch den Inhaber verwendet werden konnten, um vor Fälligkeit Geld im Wege der Diskontierung bei einer Bank zu erlangen.[240] *Einerts* Ansicht nach komme jedem auf den Inhaber ausgestellten Wertpapier eine Geldfunktion zu.[241]

Verschiedene Autoren widersprechen diesem sehr weiten Geldbegriff. *Unger* ist der Ansicht, dass Inhaberpapiere nicht als Papiergeld bezeichnet werden könnten. Neben bestimmten Arten von Inhaberpapieren, wie zum Beispiel Konzerttickets oder Lotterielosen, die prinzipiell nicht für Zahlungszwecke verwendet würden, komme auch privaten und staatlichen Anleihen keine Geldfunktion zu. Diese seien im Gegensatz zum Geld keine Sachen, sondern lediglich Obligationen. Darüber hinaus fehle den Inhaberpapieren die Eigenschaft eines allgemeinen Wertzeichens, was sie vom Geld unterscheide.[242] Bestimmte Formen von Inhaberpapieren, insbe-

---

237 *Savigny*, Obligationenrecht II, S. 123.
238 *Savigny*, Obligationenrecht II, S. 124.
239 *Einert*, Wechselrecht, S. 51.
240 *Mehrling*, New Lombard Street, S. 18 f.
241 *Einert*, Wechselrecht, S. 88.
242 *Unger*, Inhaberpapiere, S. 6 f.

sondere Banknoten, ließen sich jedoch als Papiergeld einstufen. Da Papiergeld sowohl eine Forderung gegenüber einer Bank als auch allgemein anerkanntes Zahlungsmittel sei, komme diesem ein zwitterhafter Charakter zu.[243]

Aufgrund der fehlenden Eigenschaft als Wertmesser sprach ebenfalls *Savigny* Inhaberpapieren eine Geldfunktion ab.[244] Gleichwohl maß er Inhaberpapieren die Eigenschaft zu, das Geldwesen zu beeinflussen, da diese im Gegensatz zu Wechseln massenhaft begeben werden könnten.[245] Einer unbegrenzten Freigabe der Schaffung von Inhaberpapieren durch Privatpersonen stand *Savigny* daher kritisch gegenüber. Neben dem Missbrauchsrisiko sowie der Möglichkeit der Veruntreuung des aufgenommenen Kapitals zu Spekulationszwecken könnten Inhaberpapiere auch das Geldwesen insgesamt gefährden.[246] Aufgrund ihrer Ähnlichkeit zum Papiergeld und der Bedeutung für den Geldmarkt sah *Savigny* in der uneingeschränkten Ausstellung von Inhaberpapieren durch Privatpersonen eine Gefährdung des staatlichen Monopols. Diese Besorgnis wurde von *Savigny* wie folgt beschrieben:

„Durch solche, von Privatpersonen, ausgehende Papiere kann das Geldwesen des Staats empfindliche Störungen erleiden, und insbesondere kann dem Staat der Vorteil vermindert werden, auf welchen er durch das Papiergeld (so weit dazu wahres Bedürfnis vorhanden ist) ausschließenden Anspruch hat. Denn obgleich jene Papiere in der That nicht Geld sind, so können sie doch auf den Geldmarkt in ganz ähnlicher Weise einwirken, wie das wahre Geld".[247]

Savignys Ansicht nach bedürfe es daher einer obrigkeitlichen Begrenzung zulässiger Formen von Inhaberpapieren, deren Handel unter staatliche Aufsicht gestellt werden solle.[248] Dies sei bei Staatsobligationen oder Schuldbriefen industrieller Korporationen gegeben. Aufgrund von Sondergesetzen sei durch den Gesetzgeber bestätigt, dass diese Wertpapiere zulässig seien.[249] Die im Handelsverkehr gebräuchlichen Wechsel seien ebenfalls eine zulässige Form der von Privatleuten auf der Grundlage freier Willkür ausgegebenen Inhaberpapiere. Im Gegensatz zu massenhaft ausgegebenen Inhaberpapieren, die zum Zwecke der Zirkulation im Wirt-

---

243 *Unger*, Inhaberpapiere, S. 10.
244 *Savigny*, Obligationenrecht II, S. 116.
245 *Savigny*, Obligationenrecht II, S. 118.
246 *Savigny*, Obligationenrecht II, S. 126.
247 *Savigny*, Obligationenrecht II, S. 126.
248 *Savigny*, Obligationenrecht II, S. 126.
249 *Savigny*, Obligationenrecht II, S. 110, 113.

schaftssystem geschaffen worden seien, handele es sich bei Wechseln um einzelfallbezogene Individualvereinbarungen, denen keine systemgefährdenden Risiken innewohnten. Darüber hinaus sei es aber nicht ratsam, die Ausstellung von Inhaberpapieren generell der Willkür von Privatpersonen zu überlassen.

V. Schlussfolgerung

Analysiert man die Diskussionen des oben genannten Abschnitts, lassen sich Parallelen zu zentralen Aspekten der Legal Theory of Finance erkennen. Dass die Entstehung eines eigenständigen Bankensektors in Deutschland von der Diskussion um die Zulässigkeit der damit zusammenhängenden Finanzinstrumente begleitet wird, belegt, dass Finanzsysteme vom rechtlichen Durchsetzungsmechanismus abhängig sind. Wie von *Pistor* beschrieben, entstehen Finanzsysteme nicht außerhalb der Rechtsordnung, sondern werden von dieser geschaffen.[250]

Im Zusammenhang mit dem deutschen Privatrechtssystem zeigt sich eine weitere Besonderheit von Finanzinstrumenten. Die dogmatische Einordnung von Wertpapieren fiel stets in den Grenzbereich zwischen persönlichen und dinglichen Rechten. Aufgrund dieser stetigen Gratwanderung zwischen Schuld- und Sachenrecht stoßen in diesem Rechtsgebiet auch unterschiedliche Regelungsansätze aufeinander. Im Rahmen der Diskussion um das Wesen abstrakter Schuldversprechen setzte sich nach der Monographie *Bährs* im Jahr 1855 eine schuldrechtlich fundierte Betrachtungsweise durch. Dies führte zur allgemeinen Anerkenntnis vertraglicher Gestaltungsfreiheit aufgrund des Rechtsprinzips der Privatautonomie. Fragen nach der materialen Vertragsgerechtigkeit oder sittlichen Regeln, denen die vertragliche Vereinbarung entsprechen sollte, wurden somit an den Rand der rechtlichen Bewertung gedrängt.[251]

Bei der Frage nach der Übertragbarkeit neu begründeter Forderungen hat sich mit *Savignys* Verkörperungstheorie eine Sichtweise etabliert, die an dem körperlichen Wesen der Urkunde anknüpft, um diese wie dingliche Rechte übertragbar zu machen. Im Gegensatz zum abstrakten Schuldversprechen musste sich das Argument einer Fixierung bestimmter zulässiger Typen zirkulationsfähiger Inhaberpapiere nicht mit der Frage ausein-

---

250 *Pistor*, J. Comp. Econ. 41 (2013), 315, 321.
251 Vgl. *Kiefner*, in: Wissenschaft und Kodifikation, Bd. 2, S. 74, 88 f.

andersetzen, inwiefern diese gegen das Prinzip der freien Willensherrschaft verstoßen würden.

Ein Aspekt, der mehrfach im Zusammenhang mit dem rechtlichen Wesen von Wertpapieren erwähnt wurde, aber in der heutigen juristischen Diskussion des Wertpapierhandels nicht ausreichend beachtet worden ist, ist die enge Verbindung zwischen dem Handel mit Wertpapieren und dem Geldwesen. Da im Laufe des 19. Jahrhunderts vermehrt Banken das Recht der Notenausgabe verliehen bekamen und sich neue Formen der Kapitalaufbringung entwickelten, scheint es, als ob im Vergleich zur heutigen Zeit eine größere Sensibilität für die Zusammenhänge des Kapitalmarktes mit dem Geldwesen vorherrschte. Ein Grund dafür mag sein, dass sich der heutige Finanzmarkt für Außenstehende als hochkomplexes System mit einer Vielzahl von undurchsichtigen Finanzierungspraktiken darstellt. Der sogenannte Money View of Finance[252] zeigt die ökonomischen Zusammenhänge zwischen Kapitalmarkt und Geldmarkt. In der rechtsökonomischen Analyse des Finanzmarktes sollte dem Geldwesen daher ebenfalls eine größere Bedeutung beigemessen werden.

Des Weiteren muss im Rahmen einer rein juristischen Analyse des Kapitalmarktes und seiner Institutionen die Frage gestellt werden, inwiefern sich neu entwickelte Finanzinstrumente ebenfalls in einem Spannungsfeld zwischen persönlichen und dinglichen Rechten befinden. Die daraus resultierenden Erkenntnisse könnten nicht nur eine neue juristische Perspektive auf das Wesen von Finanzinstrumenten eröffnen, sondern auch die Diskussion über die Regulierung moderner Finanzsysteme und das Wirken der Zentralbank in Krisensituationen bereichern.

C. Das Recht des bargeldlosen Zahlungsverkehrs

Die Entwicklung des Rechts des bargeldlosen Zahlungsverkehrs war bei Weitem nicht so umstritten wie die Diskussion um das privatrechtliche Wesen von Wertpapieren. Trotzdem stellt es für die vorliegende Untersuchung ein durchaus interessantes Fallbeispiel dar. Die Kontogutschrift, welche der Bankkunde als Gläubiger gegenüber seinem Zahlungsinstitut als Schuldner erhält, begründet einen schuldrechtlichen Anspruch. Aus der Erteilung einer Kontogutschrift ergibt sich eine Zahlungsverpflichtung des Zahlungsdienstleisters gegenüber seinem Kontoinhaber als Buchgeld-

---

252 *Mehrling*, New Lombard Street, S. 2 ff.

empfänger im Sinne eines abstrakten Schuldversprechens oder Schuldanerkenntnisses gemäß §§ 780, 781 BGB.[253]

Während die abstrakten Forderungen im Wertpapierrecht durch deren untrennbare Verbindung mit dem Schuldschein „verkörpert" wurden, zeigt sich beim bargeldlosen Zahlungsverkehr eine andere Entwicklung. Im Laufe des 20. Jahrhunderts nahm die Bedeutung des Buchgeldes gegenüber dem Sachgeld stetig zu. Diese Entwicklung beschreibt *Simitis* mit der Formulierung: „Was die Banknote in der Vergangenheit gegenüber der Münze war, das ist heute das Buchgeld gegenüber dem Sachgeld."[254] Die Körperlichkeit des Geldes ist demnach mittlerweile, vor allem im Bereich des Finanzwesens, weitgehend bedeutungslos geworden. Geld ist, funktional gesehen, lediglich eine abstrakte Vermögensmacht, unabhängig von deren Gegenständlichkeit.[255]

Da die durch das Buchgeld vermittelte Rechtsposition schuldrechtlicher Natur ist, bedurfte es weiterer rechtlicher Modifikationen, um dem Forderungsrecht in Form des Buchgeldes den Charakter der Vermögensmacht zu vermitteln. Das Buchgeld unterscheidet sich von den übrigen Forderungsrechten in der Weise, dass die durch das Geld verliehene Vermögensmacht anonym und indifferent gegenüber der Person des Inhabers ist.[256] Nur so kann die Eigenschaft als allgemeiner Wertmesser erreicht werden. Diese Eigenschaft kollidiert mit dem Wesen des Forderungsrechts als relativem Rechtsverhältnis, das stets von einer bestimmten Person abhängig ist. Da Geld jedem Inhaber die Macht verleihen muss, dieses jederzeit in Waren umzuwandeln, bedarf es einiger Modifikationen der rechtlichen Konstruktion des Buchgeldes. Im folgenden Abschnitt sollen die einzelnen rechtlichen Instrumente dargestellt werden, mit Hilfe derer der Zahlungsanspruch eines Kontoinhabers gegenüber seiner Bank Geldfunktion in Gestalt abstrakter Vermögensmacht erlangt. Dafür sind sowohl Modifikationen hinsichtlich der Übertragbarkeit des Zahlungsanspruches als auch dessen Bestand notwendig.

Ein wesentlicher Unterschied zeigt sich darin, dass die Übereignung des Sachgeldes nach den §§ 929 ff. BGB und die Buchgeldübertragung im Wege der Verrechnung grundverschieden sind. Bei der rechtlichen Realisierung des bargeldlosen Zahlungsverkehrs musste man sich dementsprechend mit dem Problem auseinandersetzen, dass bei Überweisungen so-

---

253 *Werner*, in: Bank- und Kapitalmarktrecht, S. 823, 883.
254 *Simitis*, AcP 159 (1960), 406, 423.
255 *Simitis*, AcP 159 (1960), 406, 429.
256 *Simitis*, AcP 159 (1960), 406, 430.

wohl die Person des Gläubigers als auch die des Schuldners des Zahlungsanspruchs wechseln konnten. Um einen reibungslosen Zahlungsverkehr zu ermöglichen, bedurfte es daher der Standardisierung und Rationalisierung der einzelnen Zahlungsvorgänge, welche sich nur durch Kooperationsabkommen zwischen den einzelnen Kreditinstituten realisieren ließen. Das juristische Instrument, um diese Zwecke zu verfolgen, waren Interbankenabkommen, welche zwischen den einzelnen Spitzenverbänden des deutschen Kreditgewerbes sowie teilweise auch von der Deutschen Bundesbank sowie der Deutschen Bundespost unterzeichnet wurden.[257] Juristisch betrachtet handelt es sich bei den Interbankenabkommen um schuldrechtliche Vereinbarungen.[258] Inwiefern sich mit Hilfe dieser multilateralen Verträge eine dingliche Wirkung des bargeldlosen Zahlungsverkehrs begründen lässt, soll im folgenden Abschnitt erörtert werden.

I. Die Entstehung des bargeldlosen Zahlungsverkehrs

Je nachdem, wie man es betrachtet, gab es schon seit mehreren Jahrhunderten Formen des bargeldlosen Zahlungsverkehrs. Bereits im Spätmittelalter mussten aufgrund der Ausbreitung des Handels große Geldsummen möglichst schnell und risikoarm versandt werden. Dadurch entstanden Wechsel und Scheck als Wertpapiere des Zahlungs- und Kreditverkehrs. Indem Geld an einen Geldwechsler, typischerweise einen italienischen Campsor, gezahlt wurde, entstand eine Zahlungsverpflichtung. Sollte das Geld bei jemand anderem als dem ursprünglichen Vertragspartner wieder ausgezahlt werden, bedurfte es der Absprache mit einem Geschäftspartner, der sich bereiterklärte, das Geld auszuzahlen, um dann später beim Aussteller der Urkunde Regress zu nehmen. Auf großen Messen wurden die während einer Handelsperiode angefallenen gegenseitigen Regressforderungen dann miteinander verrechnet.[259]

Wie bereits erörtert, entwickelte sich in der rechtswissenschaftlichen Diskussion im Laufe des 19. Jahrhunderts die Ansicht, dass unabhängig von einer Causa Zahlungsverpflichtungen begründet werden könnten. Die vollständige Loslösung des Zahlungsversprechens von einem ihm vermeintlich zugrunde liegenden Schuldverhältnis ist das juristische Fundament für einen funktionsfähigen bargeldlosen Zahlungsverkehr. Es han-

---

257 *Schäfer*, Interbankenabkommen, S. 92.
258 *Schäfer*, Interbankenabkommen, S. 136.
259 *Kern*, Typizität, S. 255.

delt sich dabei um das rechtstechnische Mittel, durch welches sich die Bargeldersatzfunktion realisieren lässt.[260] Genauso wie das Papiergeld, das zu Beginn des 19. Jahrhunderts ein Novum in Deutschland war und die Rechtsordnung vor zahlreiche Herausforderungen stellte, brachten die praktischen Bedürfnisse des bargeldlosen Zahlungsverkehrs im 20. Jahrhundert juristische Mittel und Fragen mit sich. Dabei waren zwei Dimensionen von Bedeutung. Zunächst musste gewährleistet werden, dass der Buchgeldanspruch eines Bankkunden einer Eigentümerstellung im Hinblick auf Bargeld faktisch entsprach. Des Weiteren musste das Buchgeld auch zwischen den am Zahlungsverkehr beteiligten Kreditinstituten weitgehend automatisiert übertragbar sein.

Für die Umlauffähigkeit des Buchgeldes wurden zwischen den Kreditinstituten Vereinbarungen in Form von Interbankenabkommen geschaffen. Aus der Sicht der an dem Abkommen beteiligten Kreditinstitute ermöglichten die multilateralen Verträge eine organisatorische Erleichterung in der Zusammenarbeit mit anderen Instituten, auch wenn diese anderen Gironetzen angehörten. Durch die Schaffung einheitlicher Maßstäbe für die fachgerechte Abwicklung elektronischer Zahlungsvorgänge konnte somit ein höheres Maß an Rechts- und Planungssicherheit realisiert werden.[261]

Die fortschreitende Automation von Zahlungsvorgängen war jedoch nicht nur für den Geldtransfer, sondern auch für das Kreditgeschäft bedeutsam. Durch die schnelle Abwicklung und die rasche Verbreitung von Buchgeld als Zahlungsmittel ergaben sich für die Kreditwirtschaft einerseits zusätzliche Kreditgewährungsmöglichkeiten.[262] Andererseits begründete das gesteigerte Maß an Automation, welches die Standardisierung der Zahlungsabwicklung mit sich brachte, sowohl für einzelne Kreditinstitute als auch für Gironetze insgesamt das Risiko von Liquiditätsabflüssen.[263]

II. Gewährleistung der Verkehrsfähigkeit von Buchgeld

Da es dem Kontoguthaben an einem gegenständlichen Anknüpfungspunkt fehlt, bedarf es einiger Modifikationen, um sachenrechtliche Verkehrseigenschaften zu erlangen. Das Recht des bargeldlosen Zahlungsverkehrs unterscheidet sich insofern in seinen faktischen Gegebenheiten vom

---

260 *Bröcker*, WM 1995, 468, 468.
261 *Schäfer*, Interbankenabkommen, S. 90–92.
262 *Hinnah*, Bankbetr-Inf 1 (1971), 4, 5.
263 *Remmers*, Bankbetr-Inf 1 (1971), 1.

Effektenverkehr, dass dessen Regelungsmuster nicht auf den Überweisungsverkehr angewandt werden kann. Dem Effektenverkehr liegen Verwahrungsverhältnisse zugrunde. Deren Übertragung weist eine Verwandtschaft mit dem Verkehr von Sachen auf.[264] Im Gegensatz dazu entfernt sich der Zahlungsverkehr noch weiter vom Austausch mit körperlichen Gegenständen. Insoweit ist eine Analogie zum Verwahrungsverkehr bereits dann nicht möglich, wenn Zahlender und Zahlungsempfänger bei unterschiedlichen Zahlungsdienstleistern Konten unterhalten. In diesem Fall löst sich das ursprüngliche Forderungsrecht des Zahlenden gegenüber dem Zahlungsdienstleister in Höhe des Zahlungsbetrages vollständig auf und entsteht im Verhältnis zwischen Zahlungsempfänger gegenüber dem Zahlungsdienstleister aufs Neue.

Trotz der weiterreichenden faktischen Unterschiede zum Handel mit körperlichen Gegenständen soll aus juristischer Sicht die Übertragung von Buchgeld ein Äquivalent zur Übereignung von Bargeld darstellen. Um dies zu ermöglichen, muss vor allem die Verkehrsfähigkeit der Buchgeldpositionen gewährleistet werden. Verkehrsfähigkeit kann vor allem durch Schutz vor Einwendungen, welche aus vorangegangenen Rechtsbeziehungen herrühren,[265] und Einfachheit der Übertragung[266] ermöglicht werden.

1. Verkehrsfähigkeit durch Einwendungsausschluss

Während im Sachenrecht Verkehrsschutz durch die Möglichkeit des redlichen Erwerbs gewährleistet wird, manifestiert sich dieser im Recht des bargeldlosen Zahlungsverkehrs durch Einwendungsausschluss gegenüber dem Zahlungsanspruch des Überweisungsempfängers.[267] Ziel des umfassenden Einwendungsausschlusses ist es, die Verkehrsfähigkeit des Buchgeldes zu sichern und dessen grundsätzliche Gleichstellung mit dem Sachgeld zu gewährleisten.[268] Ein Element dafür ist die abstrakte Natur der durch die Gutschrift erlangten Forderung des Empfängers.[269] Wie bereits bei den Wertpapiertheorien diskutiert, muss es sich bei dem Forderungsrecht, das sich aus der Kontogutschrift herleitet, um einen abstrakten Zahlungsan-

---

264 *Lehmann*, Finanzinstrumente, S. 256.
265 S.o. Zweiter Teil B. III.
266 S.o. Zweiter Teil A. III.
267 *Einsele*, Wertpapierrecht, S. 565; *Ulmer*, AcP 126 (1926), 129, 155 f.
268 *Canaris*, Bankvertragsrecht, Rn. 425.
269 *Meyer-Cording*, Banküberweisung, S. 48.

spruch handeln. Im Gegensatz zu der Übertragung von Inhaberpapieren, bei denen sich zwar die Person des Gläubigers ändert, jedoch der Schuldner derselbe bleibt, nimmt der unbare Zahlungsverkehr eine andere Form an. Im Zuge eines Überweisungsvorgangs kann es passieren, dass sich nicht nur die Person des Buchgeldgläubigers ändert, sondern auch der Buchgeldschuldner nicht mehr derselbe ist. Da im Überweisungsverkehr somit mehr Parteien involviert sind als bei der Übertragung von Inhaberpapieren, ist die Abstrahierung auf verschiedenen Ebenen relevant. Die abstrakte Natur der Gutschrift muss sich demzufolge sowohl auf das Deckungsverhältnis als auch das Valutaverhältnis beziehen.

Der sich aus der Kontogutschrift ergebende Auszahlungsanspruch des Bankkunden gegenüber seinem Kreditinstitut basiert auf einem abstrakten Schuldvertrag gemäß §§ 780–782 BGB.[270] Wie bereits in dem vorangegangenen Abschnitt dargestellt, dient die Rechtsfigur des abstrakten Schuldvertrages dazu, einen zwischen zwei Parteien bestehenden Zahlungsanspruch von weiteren geschäftlichen Umständen loszulösen, so dass für dessen Geltendmachung lediglich der Nachweis übereinstimmender Willenserklärungen notwendig ist.[271] Dies gibt dem Kontoinhaber die Möglichkeit, seinen Anspruch unabhängig von Einreden geltend machen zu können, was zu einer leichten Durchsetzbarkeit führt.[272]

Im Zusammenhang mit dem bargeldlosen Zahlungsverkehr erfüllt die Abstraktion des Zahlungsversprechens eine andere Funktion. Da sich im Rahmen einer geschäftlichen Beziehung der Überweisende von einer bestehenden Verbindlichkeit lösen möchte, indem er dem Überweisungsempfänger einen Zahlungsanspruch gegenüber dessen Zahlungsdienstleister verschafft, sollte dieser Anspruch von sämtlichen damit möglicherweise zusammenhängenden Rechtsverhältnissen unabhängig sein. Relevant sind in diesem Zusammenhang sowohl das Valutaverhältnis zwischen dem Überweisenden und dem Überweisungsempfänger als auch das Deckungsverhältnis zwischen dem Überweisenden und seinem Kreditinstitut.[273]

In Bezug auf das Valutaverhältnis kann die Wirksamkeit einer Gutschrift von Seiten der Bank nicht mit der Begründung angegriffen werden, dass dem Überweisungsempfänger kein Forderungsrecht gegen den Überweisenden zustehe. Sofern dies der Fall wäre, stünde lediglich dem Über-

---

270 *Bröcker*, WM 1995, 468, 468.
271 S.o. Zweiter Teil B. II. 3.
272 *Bröcker*, WM 1995, 468, 468.
273 *Bröcker*, WM 1995, 468, 469.

weisenden ein Bereicherungsanspruch gegenüber dem Überweisungsempfänger zu.[274]

Darüber hinaus ist auch die Unabhängigkeit von dem Deckungsverhältnis eine funktionale Notwendigkeit. Dadurch wird verhindert, dass ein Zahlungsdienstleister dem Überweisungsempfänger Einreden aus der vorgelagerten Rechtsbeziehung des Überweisenden mit seiner Bank entgegenhalten kann. Mögliche Einwendungen aus dem Deckungsverhältnis könnten sich daraus ergeben, dass der Überweisende seinen Überweisungsauftrag gegenüber seinem Zahlungsdienstleister widerruft oder das Insolvenzverfahren über das Vermögen des Überweisenden eröffnet wird.[275] In diesen Fällen soll sich der Zahlungsdienstleister lediglich an den Überweisungsempfänger wenden können.

Dies ist ein wesentlicher Vorteil gegenüber der Übertragung in Form der Abtretung, bei der gemäß § 404 BGB Einwendungen, welche im Rechtsverhältnis des Schuldners gegenüber dem bisherigen Gläubiger begründet waren, auch dem neuen Gläubiger entgegengesetzt werden können.[276] Insofern würde eine Abtretung als Methode der Vermittlung des bargeldlosen Zahlungsverkehrs die Verkehrsfähigkeit des Buchgeldes zu sehr beeinträchtigen.[277]

2. Gutschrift als Übergabeäquivalent

Die Gutschrift ist im bargeldlosen Zahlungsverkehr derjenige Vorgang, der bei der Überbringung von Bargeld durch die Bank deren Auszahlung an den Überweisungsempfänger entspricht.[278] Aus schuldrechtlicher Sicht stellt die vom Kreditinstitut des begünstigten Empfängers erteilte vorbehaltlose Gutschrift das maßgebliche Ereignis für die Bestimmung des Erfüllungszeitpunktes dar.[279] Gleichzeitig entsteht mit der Kontogutschrift der Auszahlungsanspruch des Kontoinhabers gegenüber seiner Hausbank.[280] Dem Zahlungsempfänger steht gemäß § 675t I 1 BGB ein Anspruch auf Gutschrift in dem Moment zu, zu dem der überwiesene Geld-

274 *Meyer-Cording*, Banküberweisung, S. 49; *Ulmer*, AcP (126) 1926, 129, 155.
275 Vgl. *Meyer-Cording*, Banküberweisung, S. 48 f.
276 Diesen Vorteil der Novation gegenüber der Zession wird auch von *Savigny* bemerkt, Obligationenrecht II, S. 95.
277 *Meyer-Cording*, Banküberweisung, S. 48.
278 *Canaris*, Bankvertragsrechts, Rn. 411.
279 Münchener Komm. HGB³-*Häuser*, Zahlungsverkehr, Rn. B 476.
280 *Werner*, in: Bank- und Kapitalmarktrecht, S. 823, 842–844.

betrag auf dem Konto seines Zahlungsdienstleisters eingeht. Beim Überweisungsempfänger gilt das Buchgeld hingegen erst dann als „eingegangen", wenn die Gutschrift auf dem ausreichend gedeckten Bankkonto des Kunden der Empfängerbank eingegangen ist.[281]

Trotz der Natur einer Kontogutschrift als empfangsbedürftige Willenserklärung seitens der Bank im Rahmen eines „ausfüllenden Gestaltungsrechts"[282] bedarf es der Annahmeerklärung des Buchgeldempfängers nicht.[283] Eine Gutschrift liegt in dem Zeitpunkt vor, in dem nach dem Willen der Bank, der in einem entsprechenden Organisationsakt zum Ausdruck kommt, die Daten der Gutschrift zur vorbehaltlosen Bekanntgabe an den Überweisungsempfänger zur Verfügung gestellt werden.[284] Zu Beginn des automatisierten bargeldlosen Zahlungsverkehrs war die Frage nach dem Wirksamwerden der Kontogutschrift weitaus umstrittener. Eine Gutschrift war zu dem Zeitpunkt wirksam, in dem die Daten für den Abruf durch den Zahlungsempfänger bereitgehalten wurden.[285] Die autorisierte Abrufpräsenz erforderte einen entsprechenden Organisationsakt des Zahlungsdienstleisters in Form einer EDV-mäßigen „Freischaltung" der Buchungsdaten, durch die der genaue Entstehungszeitpunkt der Kontogutschrift möglichst nachvollziehbar fixiert wurde.[286] Denn der Zahlungsempfänger hat erst in dem Moment der Gutschrift einen abstrakten, endgültig unwiderruflichen Anspruch gegen die Empfängerbank erlangt.[287] Mithin endet spätestens zum Zeitpunkt der Gutschrift der Verfügungsbereich des Überweisenden, so dass der Überweisungsempfänger das Buchgeld wie Bargeld verwerten kann.[288]

Um den Auszahlungsanspruch des Überweisungsempfängers umfassend zu gewährleisten, muss dieser daher vor Veränderungen im Verfügungsbereich des Überweisenden geschützt werden. Ein charakteristisches Merkmal eines gesonderten Verfügungsgeschäfts, wie es das Abstraktionsprinzip vorsieht, ist die abschließende und zeitlich scharfe Erfassung des Verfügungszeitpunktes und der damit einhergehenden genauen Festlegung der

---

281 Münchener Komm. BGB[6]-*Casper*, § 675t, Rn. 6.
282 *Koller*, BB 1972, 687, 692.
283 BGH NJW 1988, 1320, 1320
284 BGHZ 103, 143.
285 BGH WM 1988, 321.
286 *Werner*, in: Bank- und Kapitalmarktrecht, S. 823, 848.
287 Münchener Komm. HGB[3]-*Häuser*, Zahlungsverkehr, Rn. B 476; BGH NJW 1978, 699, 699.
288 BGHZ 103, 143.

Zuordnungsänderung.[289] Dies bedeutet, dass der bisherige Berechtigte nach Abschluss des Verfügungsgeschäfts nicht mehr zu Lasten des dinglichen Rechtsinhabers über die Sache verfügen kann.[290] Entsprechende spezialgesetzliche Regelungen bestehen für die Widerruflichkeit eines Überweisungsauftrags seitens des Überweisenden sowie hinsichtlich der Auswirkungen einer Insolvenz des Überweisenden auf die Ansprüche des Überweisungsempfängers.

3. Widerruflichkeit der Überweisung

Der Widerruf der Überweisung stellt eine Einwendung aus dem Deckungsverhältnis dar.[291] Im Zuge der spezialgesetzlichen Regelung des bargeldlosen Zahlungsverkehrs änderten sich die Zeitpunkte, zu denen ein Überweisungsauftrag durch Widerruf spätestens rückgängig gemacht werden konnte, mehrfach. Ursprünglich war das Giroverhältnis zwischen dem Überweisenden und seinem Kreditinstitut die Rechtsgrundlage des Widerrufs. Dieses wurde als Geschäftsbesorgungsvertrag qualifiziert.[292] Der seitens des Kontoinhabers erteilte Überweisungsauftrag konnte somit durch eine entsprechende Gegenweisung widerrufen werden. Fraglich war jedoch, bis zu welchem Zeitpunkt der Überweisende einen Überweisungsauftrag durch Gegenweisung rückgängig machen konnte. Bis zum Inkrafttreten des Überweisungsgesetzes im Jahre 1999 war der Zeitpunkt der Gutschrift auf dem Konto des Überweisungsempfängers für die Wirksamkeit einer Gegenweisung maßgeblich.[293] Nach der erfolgten Gutschrift wäre eine Rückgängigmachung durch Widerruf ausgeschlossen gewesen.

Das Überweisungsgesetz führte die Rechtsfigur des Überweisungsvertrags ein. Dieser konnte gemäß § 676a Abs. 4 S. 1 BGB a.F. bis zu dem Zeitpunkt gekündigt werden, zu dem der Buchgeldbetrag auf dem Konto des Zahlungsdienstleisters des Überweisungsempfängers eingegangen war. Sofern der Bank des Zahlungsempfängers die Kündigung bis dahin zur Kenntnis gebracht wurde, ließ sich der Buchgeldtransfer durch einseitige

---

289 *Westermann et al.*, Sachenrecht, S. 36; *Lange*, AcP 146 (1941), 28, 31.
290 *Canaris*, in: FS Flume, S. 371, 373.
291 *Meyer-Cording*, Banküberweisung, S. 48.
292 *Hadding/Häuser*, WM 1988, 1149 (1153).
293 BGHZ 103, 143; *Hadding/Häuser*, WM 1988, 1149 (1153); *Mayen*, in: Bankrechts-Hdb⁴, § 49, Rn. 21.

Erklärung rückgängig machen.[294] Dies stellte eine zeitliche Verkürzung gegenüber dem vorher geltenden Rechtszustand dar.

In Umsetzung der Zahlungsdiensterichtlinie wurde der Ausschluss der Widerruflichkeit auf den Zeitpunkt vorverlagert, zu dem der Überweisungsauftrag (§ 675f Abs. 3 S. 2 BGB) des Überweisenden bei dessen Zahlungsinstitut zuging (§ 675p Abs. 1 BGB). Rechtsprobleme für den Zeitraum zwischen Auftragszugang und Kontogutschrift wurden somit behoben. Diese zeitliche Verkürzung der Widerrufsmöglichkeiten war darauf zurückzuführen, dass gemäß § 657s BGB die Frist für die Ausführung von Zahlungen innerhalb des EWR im Grundsatz auf einen Tag verkürzt wurden.[295] Ein weiterer Grund für die zeitliche Vorverlagerung war die weitgehende Automatisierung des Zahlungsverkehrs, wodurch eine bereits in Gang gesetzte Überweisung nur noch mit erheblichem Aufwand aufgehalten werden konnte.[296]

Trotz der verschiedenen Reformen des Rechts des bargeldlosen Zahlungsverkehrs bleibt die strikte Trennung zwischen den Verfügungsbereichen des Überweisenden und des Überweisungsempfängers. Die Rechtsordnung hat einen klaren Zeitpunkt für den Abschluss des Zahlungsvorgangs statuiert, nach dem eine einseitige Lösung durch den Überweisenden nicht mehr zulässig ist. Mit dem Abschluss des Zahlungsvorgangs kann somit der Überweisende seine Grundforderung erfüllen.[297] Die zeitlichen Verschiebungen der Widerrufsmöglichkeiten seitens des Überweisenden ändern an dieser prinzipiellen Ausrichtung nichts, da es sich diesbezüglich lediglich um Maßnahmen der Risikozuordnung handelt, welche den bargeldersetzenden Charakter der Überweisung nicht berühren.

Dies lässt sich auch nach der Umsetzung der Zahlungsdiensterichtlinie noch erkennen. Demnach können gemäß § 675p Abs. 4 Satz 1 BGB der Überweisende und sein Zahlungsdienstleister einen späteren Zeitpunkt als den Zugang des Überweisungsauftrags für einen wirksamen Widerruf bestimmen. Eine solche abweichende Vereinbarung ist jedoch nur insoweit zulässig, als sich durch diese keine rechtlichen Folgen für Dritte ergeben. Sobald der Überweisungsempfänger gemäß § 675t Abs. 1 S. 1 BGB einen Anspruch auf Gutschrift gegenüber seinem Zahlungsinstitut erworben hat, ist ein Widerruf dementsprechend trotz abweichender Vereinbarung

---

294 *Werner*, in: Bank- und Kapitalmarktrecht, S. 823, 872.
295 *Werner*, in: Bank- und Kapitalmarktrecht, S. 823, 911.
296 BT-Drucks 16/11643 S. 109.
297 *Langenbucher*, Zahlungsverkehr, S. 462.

nicht mehr zulässig.[298] Dies ist der Fall, wenn der Zahlungsbetrag auf dem Konto des Zahlungsinstituts des Überweisungsempfängers eingegangen ist. Dies zeigt, dass die zeitliche Vorverlagerung der Widerrufsfrist als Schutzmechanismus für die beteiligten Zahlungsdienstleister implementiert wurde. Aus der Sicht des Überweisungsempfängers blieb es bei dem Grundsatz, dass ab dem Zeitpunkt der Gutschrift auf dessen Konto umfassender Schutz vor einseitigen Gegenmaßnahmen besteht.

4. Insolvenzschutz

Der zahlungsrechtliche Einwendungsausschluss umfasst auch die Fälle, in denen der Überweisende nach der Beauftragung seines Zahlungsdienstleisters zahlungsunfähig wird, so dass das Insolvenzverfahren über sein Vermögen eröffnet wird.[299] Überweisungsaufträge sind vom Grundsatz des § 115 InsO ausgenommen. Dieser regelt, dass ab Eröffnung des Insolvenzverfahrens Aufträge erlöschen, welche sich auf das zur Insolvenzmasse gehörende Vermögen beziehen. Dies gilt gemäß § 116 S. 1 InsO auch für Geschäftsbesorgungsverträge. Überweisungsverträge sind hingegen ausdrücklich von der Regelung ausgenommen. Diese bestehen gemäß § 116 S. 3 InsO mit Wirkung für die Masse fort. Maßgeblicher Zeitpunkt ist der Zugang des Überweisungsauftrags. Sofern dieser vor Eröffnung des Insolvenzverfahrens dem Zahlungsdienstleister zugegangen ist, bleibt dessen Wirksamkeit trotz Insolvenzeröffnung bestehen.[300] Die Regelung des § 116 S. 3 InsO weicht von den Bestimmungen vor Inkrafttreten der Regelungen des Überweisungsgesetzes ab, entspricht jedoch dem Rechtszustand, welcher auf der Annahme der sogenannten Überweisungsverträge bestand.[301] § 116 S. 3 InsO wurde insoweit terminologisch an das Weisungsmodell angepasst.[302]

Zweck der Vorschrift des § 116 S. 3 InsO ist die Sicherung eines funktionierenden Zahlungssystems.[303] In Anbetracht der Fragestellung der vorliegenden Arbeit fügt sich die Regelung hingegen auch in das Konzept notwendiger Eigenschaften von Finanzinstrumenten sowie der Bargeldersatz-

---

298 *Werner*, BKR 2010, 353, 357.

299 Nach *Canaris*, Bankvertragsrecht, Rn. 427 handelt es sich bei solchen Fällen um Einwendungen aus dem Deckungsverhältnis.

300 Münchener Komm. InsO³-*Ott/Vuia*, § 116, Rn. 38a.

301 Münchener Komm. InsO³-*Ott/Vuia*, § 116, Rn. 38.

302 Münchener Komm. HGB³-*Zahrte*, Zahlungsverkehr, Rn. B 587.

303 Uhlenbruck-*Sinz*, InsO¹⁵, § 116, Rn. 1.

funktion als Leitgedanke des Überweisungsverkehrs ein. Wie bereits erörtert, ist Insolvenzfestigkeit eine wesentliche Eigenschaft dinglicher Rechte.[304] Am Beispiel des bargeldlosen Zahlungsverkehrs zeigt sich, dass diese auch ohne gegenständliche Verkörperung geschaffen werden können. Während es für Wertpapiere keiner insolvenzrechtlichen Spezialregelung aufgrund der Verkörperung in einer Urkunde bedurfte, war dies für das rein forderungsrechtliche Buchgeld notwendig. Den Inhabern einer Urkunde steht bis zur Vornahme einer Umbuchung auf einen anderen Inhaber ein Aussonderungsrecht gemäß § 47 InsO zu.[305] Dieses Fehlen eines körperlichen Bezugsobjektes beim bargeldlosen Zahlungsverkehr wird durch insolvenzrechtliche Sonderregelungen kompensiert. Ein bereicherungsrechtlicher Rückforderungsanspruch der gutschreibenden Bank gegenüber dem Überweisungsempfänger besteht ebenfalls nicht.[306]

III. Umlauffähigkeit im Interbankverhältnis

Wie bereits erörtert, unterscheidet sich das Sachenrecht vom Schuldrecht vor allem darin, dass dingliche Rechte dem Typenzwang unterworfen sind. Neben der Einschränkung rechtlicher Gestaltungsfreiheit fördert Typizität hingegen auch die Verkehrsfähigkeit eines Rechtsgutes, da es für dessen Übertragung nur eines begrenzten Umfangs vertraglicher Absprachen bedarf.[307] Auch ohne eine rechtsdogmatische Anknüpfung an Sachenrechtsprinzipien lässt sich ein ähnliches Verhältnis zwischen Typizität in Gestalt von Standardisierung und Verkehrsfähigkeit im Bereich des bargeldlosen Zahlungsverkehrs beobachten.

Das Schlagwort der weitreichenden Vereinheitlichung des Geldtransfers wurde nicht mit dem Begriff der Verkehrsfähigkeit umschrieben, sondern mit Automation. Letztendlich handelt es sich jedoch um ähnliche Phänomene. Die Standardisierung des Transfers von Buchgeld förderte dessen Umlauffähigkeit. Einen ähnlichen Zusammenhang beobachtet *Pistor*.[308]

Die weitgehende Automatisierung sowie der Verbundcharakter des bargeldlosen Zahlungsverkehrs sind Phänomene, welche an dieser Stelle ein-

---

304 S.o. Zweiter Teil A. II. 3.
305 Münchener Komm. HGB[3]-*Einsele*, Depotgeschäft, Rn. 134.
306 *Einsele*, Wertpapierrecht, S. 565; *v. Caemmerer* JZ 1962, 385, 387.
307 Vgl. *Kern*, Typizität, S. 451.
308 *Pistor*, J. Comp. Econ. 41 (2013), 315, 318.

gehender betrachtet werden sollen.[309] Diese beiden Teilaspekte des bargeldlosen Zahlungsverkehrs stellen eine Besonderheit dar, aufgrund derer sich Rückschlüsse für die Stabilität des Finanzwesens als Ganzes schließen lassen.

1. Automation des bargeldlosen Zahlungsverkehrs

Die Automation des bargeldlosen Zahlungsverkehrs geht auf Pläne der Bundesbank zurück.[310] Im Jahre 1959 wurde im Betriebswirtschaftlichen Arbeitskreis der Spitzenverbände des Kreditgewerbes der Arbeitsstab Automation gegründet, der sich unter Leitung der Bundesbank der Konzeption einer weitgehenden Automation des Zahlungsverkehrs widmete.[311] Von wesentlicher Bedeutung dafür war, dass ein einheitliches Kommunikationsverfahren etabliert wurde, welches es ermöglichte, Zahlungsaufträge ohne zwischengeschaltete Mitarbeiter durchzuführen. Dieses Vorhaben ließ sich durch eine einheitliche Codierzeile realisieren, auf die sich das Kreditgewerbe einigte.[312] 1974 wurde dieses Verfahren weiterentwickelt, indem das belegbegleitende Datenträgeraustauschverfahren eingeführt wurde. Die Daten der einheitlichen Codierzeile wurden dafür auf ein Magnetband übertragen, welches zusammen mit den Belegen zwischen den Banken weitergereicht wurde.[313] Nur zwei Jahre später kam der nächste Entwicklungsschritt hin zu einem rein beleglosen Zahlungsverkehr in Gestalt des Magnetband-Clearing-Abkommens. Sämtliche Auftragsdaten wurden somit auf ein Magnetband übertragen, und größeren Kunden mit Massenaufträgen wurde die Möglichkeit eröffnet, an Stelle von Papierbelegen ihre Überweisungsaufträge auf Magnetbändern, Disketten oder Kassetten zu übermitteln.[314] Dies bedeutete zwar einen Schritt in die Richtung einer weitergehenden Automatisierung, war jedoch immer noch mit hohen Kosten verbunden, da bei der belegorientierten Zahlungsverkehrsabwicklung die jeweiligen Datenträger noch transportiert werden mussten.[315] Der mit dem physischen Transport verbundene Aufwand konnte durch die Schaffung eines Leistungsverbundes, über den Zahlungen beleg-

---

309 Vgl. *Möschel*, AcP 186 (1986), S. 187, 189.
310 *Bundesbank*, Monatsbericht Februar 1971, S. 58 ff.
311 *Bundesbank*, Monatsbericht Februar 1971, S. 58.
312 *Möschel*, AcP 186 (1986), 187, 190.
313 *Möschel*, AcP 186 (1986), 187, 190.
314 *Möschel*, AcP 186 (1986), 187, 191.
315 *Starke*, bank und markt 7 (1985), 14, 15.

los und automatisiert elektronisch übertragen wurden, erheblich reduziert werden. Diese Erleichterungen führten dazu, dass vor allem im Lastschriftverfahren sowie bei Daueraufträgen Zahlungsvorgänge im Wege der bargeldlosen Zahlung vorgenommen wurden.[316]

2. Abwicklungsformen

Die Rationalisierungsmaßnahmen im Endkundengeschäft wurden auf der Ebene der Kreditinstitute untereinander durch Vernetzungsinitiativen begleitet. Die mit der voranschreitenden Bankautomation einhergehenden Liquiditätsrisiken lassen sich gut veranschaulichen, wenn man sich die einzelnen Verrechnungs- bzw. Abrechnungsmethoden im Interbankenverkehr vor Augen führt. Diese sind im Einzelnen die institutsinterne Verrechnung, die Verrechnung über ein Zentralinstitut, über eine Korrespondenzbank sowie der über die Bundesbank administrierte Zahlungsverkehr.

Die Kreditinstitute der Sparkassen, genossenschaftlichen Banken sowie Privatbanken schufen jeweils Gironetze, mit deren Hilfe bargeldlose Zahlungen abgewickelt werden konnten. Die Art und Weise unterschied sich danach, ob es sich beim Überweisenden und Überweisungsempfänger um Kunden desselben Kreditinstituts, eines Verbundinstituts oder verschiedenartiger Kreditinstitute handelte.

a. Hausüberweisung und institutsübergreifender Überweisungsverkehr

Unterhalten Überweisender und Überweisungsempfänger ein Konto bei derselben Bank, spricht man von einer institutsinternen Verrechnung. Eine institutsinterne Verrechnung bzw. Hausüberweisung ist aus Sicht der Bank, welche die Überweisung ausführt, ohne große Hindernisse durchführbar. Bei dieser erfolgt lediglich eine Umbuchung vom Konto des Überweisenden auf das Konto des Überweisungsempfängers.[317]

Sofern Überweisender und Überweisungsempfänger nicht über ein Konto bei derselben Bank verfügen, lässt sich eine Überweisung ebenfalls schnell abwickeln, wenn die Zahlungsdienstleister der an der Überweisung beteiligten Personen untereinander über Konten verfügen, so dass die Konten zwischen den Banken nur belastet bzw. valutiert werden müssen.

---

316 *Starke*, bank und markt 7 (1985), 14, 15.
317 Staudinger-*Omlor*, Vor § 675c–676c, Rn. 75.

Diese Abwicklungsform lässt sich mit Hilfe von Gironetzen zwischen Sparkassen und Genossenschaftsbanken auf einen Bankenverbund ausdehnen, so dass nicht eine Vielzahl bilateraler Kontobeziehungen unterhalten werden muss. Mit Hilfe sogenannter Zentralinstitute, welche Konten für alle an der Abrechnung teilnehmenden Institute führen, lassen sich durch die Verrechnung des Zentralinstituts Überweisungen schnell durchführen.[318]

Bei institutsfremden Überweisungen, die nicht über ein Gironetz abgewickelt werden können, kann auf Korrespondenzbanken oder die Bundesbank als vermittelnde Institution zurückgegriffen werden. Nach dem gleichen Prinzip, das sich bei Zahlungsabwicklung mittels eines Zentralinstituts eines Gironetzes etabliert hat, lassen sich über Korrespondenzbanken Überweisungsketten konstruieren, an dessen Ende der Zahlungsdienstleister des Überweisungsempfängers steht.

Darüber hinaus ist die Bundesbank im Rahmen ihrer Aufgaben gemäß § 3 S. 2 BbankG dazu verpflichtet, für eine bankmäßige Abwicklung des Zahlungsverkehrs im Inland und mit dem Ausland zu sorgen. Demnach stellt die Bundesbank verschiedene Dienstleistungen zur Verfügung, die Kreditinstitute für die Abwicklung des Zahlungsverkehrs nutzen können.[319] An Stelle von einer Kettenüberweisung haben einzelne Kreditinstitute die Möglichkeit, die Bundesbank als Zentralinstitut für die Zahlungsabwicklung in Anspruch zu nehmen. Diese führt nicht jeden Überweisungsauftrag einzeln durch. Alle als nicht zeitkritisch bewerteten Überweisungsaufträge des Massengeschäfts werden seitens der Bundesbank gebündelt verrechnet und durchgeführt. Durch die Saldierung gegenüberstehender Zahlungspositionen lässt sich somit ein Hin- und Herzahlen zwischen Kreditinstituten vermeiden.[320]

b. Rechtsgrundlagen

Da an einem Buchgeldtransfer mehrere Zahlungsinstitute beteiligt sein können, kann es passieren, dass sich in einer Überweisungskette eine Vielzahl an Rechtsverhältnissen überlagert. Dabei fällt auf, dass das Recht des Zahlungsverkehrs im Verhältnis zum Endkunden auf konkreten gesetzgeberischen Vorgaben basiert, die rechtliche Ausgestaltung der Verrechnung

---

318 *Langenbucher*, Zahlungsverkehr, S. 341.
319 Komm. BbankG²-*Berger/Rübsamen*, § 3, Rn. 29.
320 *Bundesbank*, Geld und Geldpolitik 2014, S. 58.

zwischen Zahlungsdienstleistern hingegen auf selbstregulatorische Maßnahmen in Form multilateraler Verträge vertraut. Dies gilt für den deutschen und europäischen Zahlungsverkehr gleichermaßen.[321]

Die §§ 675c ff. BGB regeln die Rechte und Pflichten zwischen Zahlungsdienstleister und Endkunden, wohingegen die Rechtsbeziehungen der an
dem Zahlungsvorgang beteiligten Institute auf einer anderen Rechtsgrundlage fußt. In Deutschland gilt das zwischen den Spitzenverbänden
des Kreditgewerbes seit dem 16. April 1996 geschlossene Abkommen zum
Überweisungsverkehr, welches mit Wirkung zum 1. Januar 2002 modifiziert wurde und trotz der europaweiten Single European Payments
Area (SEPA)-Implementierung immer noch Gültigkeit besitzt.[322] Durch
die Interbankenabkommen wird der Pflichtenkatalog derjenigen Zahlungsinstitute, welche nicht von dem Überweisenden beauftragt wurden,
konkretisiert. Es handelt sich beim mehrgliedrigen Überweisungsverkehr
um eine Auftragskette, welche keiner einzelvertraglichen Abreden bedarf,
da diese durch das Zahlungsverkehrsabkommen bereits geregelt wurden.
Auch seitens der Rechtsprechung wurde anerkannt, dass sich beim bargeldlosen Zahlungsverkehr der Pflichtenkatalog der an einem Bezahlvor-
gang beteiligten Kreditinstitute nur unter Zugrundelegung der vereinbarten Richtlinien im Interbankenverkehr bestimmt.[323]

Eine ähnliche Struktur ist ebenfalls im Rahmen der europaweiten Har-
monisierung des Zahlungsverkehrs zu erkennen. Nach der Einführung des
Euro wurden die Bemühungen der Europäischen Kommission, der
Europäischen Zentralbank und des Eurosystems intensiviert, dass der Zahlungsverkehr innerhalb der EU schneller und kostengünstiger vonstatten-
gehen solle.[324] Die juristische Infrastruktur des Zahlungsverkehrs blieb
trotzdem eine Zusammensetzung aus europarechtlichen Vorgaben, wie
zum Beispiel der Zahlungsdiensterichtlinie aus dem Jahr 2007 und selbst-
regulatorischen Maßnahmen. Diese umfassten das sogenannte SEPA-Re-
gelwerk, das vom European Payments Council (EPC) verfasst wurde. Der
EPC ist eine Vereinigung von Banken, Bankverbänden und anderen Zahlungsdienstleistern in der Europäischen Union.[325] Bei dem seitens des EPC
verfassten Regelwerk handelt es sich um einen multilateralen Vertrag,

---

321 Vgl. *Janczuk-Gorywoda*, German L. J. 13 (2012), 1438.
322 Vgl. *Mayen*, in: Bankrechts-Hdb.[4], § 49, Rn. 134.
323 BGH NJW 1990, 250, 250.
324 *Janczuk-Gorywoda*, EU Payments Law, S. 10 f.
325 *Janczuk-Gorywoda*, EU Payments Law, S. 12 f.

durch den demzufolge lediglich nur eine privatrechtliche Verpflichtung begründet wird.[326]

Neben der Kooperationsverpflichtung mittels der Interbankenabkommen wurden Kommunikationsstandards geschaffen, durch welche eine rein computerbasierte Durchführung des Zahlungsverkehrs möglich ist. Im Finanzsektor hat sich das ISO-20022-Format als allgemein geltende Norm für Zahlungsaufträge etabliert, welches auch bei der Schaffung eines europaweit einheitlichen Zahlungsverkehrs und für grenzüberschreitende Großbetragszahlungen nach dem TARGET-2-System als Kommunikationsmittel verwendet wird.[327]

IV. Einlagensicherung als Merkmal der Insolvenzfestigkeit

Da der Inhaber eines Girokontos lediglich die Rechtsposition eines obligatorisch Berechtigten hat, stehen diesem auch nicht dieselben Privilegien zu wie den Inhabern dinglicher Rechte. Dies wird vor allem bei der Eröffnung des Insolvenzverfahrens über das Vermögen des Schuldners ersichtlich, da dem Buchgeldinhaber kein Aussonderungsrecht bezüglich seines Geldes gemäß § 47 InsO zusteht. Um diesen Nachteil auszugleichen, wurden verschiedene Einlagensicherungssysteme geschaffen.

Parallelen zum Schutz des dinglich Berechtigten bestehen jedoch. Dies lässt sich am besten anhand eines Vergleichs mit dem Effektenverkehr skizzieren. Aufgrund der weitgehend entmaterialisierten Natur des Wertpapierhandels kommt *Einsele* zu der Schlussfolgerung, dass dieser mit dem Geldgiroverkehr vergleichbar sei.[328] Dieser Ansicht widerspricht *Lehmann* mit dem Argument, dass beim Effektengiroverkehr gegenwärtige Vermögenswerte übertragen und keine Verrechnungen von Zahlungsansprüchen erfolgen würden. Dem Geldgiroverkehr jegliche Verwandtschaft mit dem Verkehr in Sachen abzusprechen, ginge jedoch zu weit. Schließlich bestehen, wie auch *Lehmann* erkennt, Einlagensicherungssysteme, welche den Gläubiger für den Fall der Insolvenz des Zahlungsdienstleisters schützen.[329] Betrachtet man somit den Geldgiroverkehr nicht nur streng formal-

---

326 *Janczuk-Gorywoda*, EU Payments Law, S. 12; sofern die Bestimmungen des Regelwerkes gegen zwingendes Recht verstoßen, sind diese als unwirksam zu betrachten: vgl. Bankrechts-Komm.²-*Langenbucher*, § 676a BGB, Rn. 5.
327 *Metzger*, in: Trends im Zahlungsverkehr, S. 47, 51.
328 *Einsele*, Wertpapierrecht, S. 563 ff.
329 *Lehmann*, Finanzinstrumente, S. 257.

juristisch als unverkörpert und somit nicht dem Sachenrecht zuordenbar, sondern anhand der verschiedenen spezialgesetzlichen Regelungen, sind Parallelen zwischen Wertpapierrecht und dem Recht des bargeldlosen Zahlungsverkehrs deutlich zu erkennen. Einlagensicherungssysteme sind daher als Teilaspekt der funktionalen Angleichung des Buchgeldes zum Sachgeld zu verstehen.

Sofern man Wertmesser und Kaufmacht als zentrale Funktionen des Geldes betrachtet,[330] muss die durch das Buchgeld vermittelte Kaufkraft von einem Ausfallrisiko des Vertragspartners losgelöst werden. Der Schutz vor Zahlungsausfällen eines Kontoinhabers erstreckt sich hingegen nicht nur in Bezug auf die Absicherung bezüglich der Kreditrisiken des Überweisenden nach Auftragserteilung. Um eine funktionale Gleichheit zwischen Bargeld und Giralgeld zu erlangen, sind auch Absicherungsmaßnahmen gegenüber dem Risiko einer Zahlungsunfähigkeit des eigenen Kreditinstituts notwendig. Somit wird die individuelle Bonität des einzelnen Kreditinstituts durch die volkswirtschaftliche Bonität ersetzt.[331]

In diesem Aspekt unterscheidet sich das Giralgeld von Wertpapieren, die theoretisch ebenfalls zur Erfüllung einer Verbindlichkeit gebraucht werden können. Bei Wertpapieren handelt es sich um Forderungen, welche aufgrund einer gegenständlichen Verkörperung als Zahlungsmittel benutzt werden können. Während Forderungen stets an eine bestimmte Person gebunden sind, kann es beim Giralgeld vorkommen, dass im Zuge einer Überweisung sowohl Anspruchsinhaber als auch Anspruchsgegner ausgetauscht werden. Dieser Umstand darf sich jedoch nicht auf den Wert der durch die Forderung vermittelten Vermögensmacht auswirken.[332] Um dieser Funktion des Giralgelds gerecht zu werden, hat sich die Institution der Einlagensicherung im deutschen Bankwesen etabliert.

Bei der Einlagensicherung handelt es sich nicht um einen staatlichen Stabilisierungsmechanismus, sondern um ein eigenverantwortliches Sicherungssystem. Es besteht jedoch eine gesetzliche Verpflichtung gemäß § 2 EAEG, sich einer Entschädigungseinrichtung anzuschließen. Die Entschädigungseinrichtungen unterscheiden sich nach der Rechtsform des jeweiligen Instituts. Für Sparkassen besteht nach der Abschaffung der sogenannten Gewährträgerhaftung[333] ein regionaler Stützungsfonds, welcher den angeschlossenen Sparkassen zur Seite steht. Durch diesen werden nicht

---

330 *Simitis*, AcP 159 (1960), 406 430.
331 *Simitis*, AcP 159 (1960), 406, 431.
332 *Simitis*, AcP 159 (1960), 406, 430.
333 S. dazu *Wehber*, ZfgKW 2005, 752.

nur die Einlagen der Kunden gesichert, sondern das gesamte Kreditinstitut.[334] Eine Institutssicherung existiert ebenfalls für Genossenschaftsbanken. Durch einen Garantiefonds sollen mögliche wirtschaftliche Schwierigkeiten einer Genossenschaftsbank behoben werden, was auch dazu führt, dass die Kundeneinlagen gesichert sind.[335] Private Geschäftsbanken haben einen Einlagensicherungsfonds als Stützungsmechanismus für Kundeneinlagen gegründet. Gemäß § 6 Abs. 1 des Statuts des Einlagensicherungsfonds werden durch diesen alle Verbindlichkeiten gegenüber Nichtkreditinstituten, welche in der Bilanzposition als „Verbindlichkeiten gegenüber Kunden" auszuweisen sind, je Gläubiger bis zu einer Höhe von 30 Prozent der Eigenmittel im Sinne von Art. 72 CRR abgesichert. Diese Obergrenze wird bis zum 1. Januar 2025 schrittweise auf 8,75 Prozent herabgesetzt.[336] Gemäß § 6 Abs. 10 des Statuts ist jedoch ein Rechtsanspruch auf Eingreifen oder auf Leistungen des Einlagensicherungsfonds ausdrücklich ausgeschlossen.

Ein ökonomischer Erklärungsansatz für die Notwendigkeit einer umfassenden Einlagensicherung besagt, dass es einzelnen Kleinanlegern nicht möglich ist, die Bonität von Institutionen umfassend zu prüfen. Aufgrund des geringen Vermögens besteht auch keine Möglichkeit, durch Diversifizierung Ausfallrisiken zu minimieren.[337] Darüber hinaus könnten auch keine banküblichen Sicherheiten zu Gunsten des Bankkunden bestellt werden, wodurch sich das Ausfallrisiko der Bank reduzieren ließe.[338]

Sowohl die Rolle von Banken in einem Finanzsystem als auch die Institution der Einlagensicherung waren Gegenstand ökonomischer Untersuchungen. *Diamonds* und *Dybvigs* Bank-Run-Modell stellt den prominentesten Beitrag neoinstitutionalistischer Ansätze dar. Die Illiquidität von Finanzgütern ist nach diesem Ansatz zugleich der Grund, weshalb Banken als Kapitalintermediäre existieren. Aus dem gleichen Grund sind Banken jedoch auch besonders risikoanfällig.[339] Da manche Marktteilnehmer gezwungen sind, ihre Investition vor dem Fälligkeitszeitpunkt zu liquidieren, besteht das Risiko eines hohen Preisabschlags bei Weiterveräußerung, was als Liquiditätsrisiko beschrieben wird.[340] Dies lässt sich nicht mittels vertraglicher Vereinbarungen kompensieren, da zwischen den Marktteil-

---

334 Münchener Komm. HGB³-*Hadding/Häuser*, Zahlungsverkehr, Rn A 195 f.
335 Münchener Komm. HGB³-*Hadding/Häuser*, Zahlungsverkehr, Rn. A 197.
336 Münchener Komm. HGB³-*Hadding/Häuser*, Zahlungsverkehr, Rn. A 198.
337 *Sethe*, in: HdB. Kapitalanlagerecht, § 26, Rn. 6.
338 Münchener Komm. HGB³-*Hadding/Häuser*, Zahlungsverkehr, Rn. A 192.
339 *Diamond/Dybvig*, J. Pol. Econ. 91 (1983), 401, 403.
340 *Diamond/Dybvig*, J. Pol. Econ. 91 (1983), 401, 403.

nehmern Informationsasymmetrien existieren. Dieser Umstand führt zu einer Nachfrage an Liquidität in Form von ständig zur Verfügung stehenden Bankeinlagen.[341] Da Banken jederzeit die Rückzahlung geleisteter Einlagen anbieten, können Bankkunden trotz ihrer Ungewissheit über zukünftige Konsumpräferenzen einen Investitionsvertrag mit der Bank abschließen, welcher mit finanzierungsbedürftigen Unternehmen nicht geschlossen werden könnte.[342] Dementsprechend ist die liquiditätstransformierende Funktion von Banken notwendig, um eine optimale Risikoverteilung zu ermöglichen.

Banken können jedoch ein solches Geschäftsmodell nicht profitabel gestalten, wenn der Bank keine genauen Informationen über die Konsumpräferenzen der Einleger vorliegen. Eine staatliche Einlagengarantie, durch welche jeder Einleger jederzeit seine Einlage ausgezahlt bekommen kann, ermöglicht demnach die Überlebensfähigkeit des Geschäftsmodells einer Bank. Die Finanzierung einer solchen staatlichen Garantie wird durch Erhebung einer Steuer gewährleistet, welche sich in der Inflation niederschlägt.[343]

Der mit der Einlagensicherung einhergehende Schutz der Werthaltigkeit von Auszahlungsansprüchen lässt sich nicht nur als Stabilisierungsmechanismus für das Finanzsystem, in dem Finanzintermediäre durch Fristen- und Liquiditätstransformation wichtige soziale Funktionen erfüllen, begreifen. Eine Werthaltigkeitsabsicherung dient vielmehr auch dazu, die begrenzten Möglichkeiten dinglicher Kreditsicherung, welche das Wesen der Kontogutschrift als abstrakter Schuldvertrag sowie das gesamte Zahlungsverkehrswesen mit sich bringen, zu kompensieren. Die Insolvenzfestigkeit der Kontogutschrift stellt dementsprechend ein weiteres Merkmal für die Angleichung der schuldrechtlichen Forderung an sachenrechtliche Verkehrsfähigkeit dar.

V. Zusammenfassung

1. Zahlungsverkehrsrecht als Verdinglichung?

Die Darstellung der spezialgesetzlichen Institutionen des Zahlungsrechts führt zu der Frage, ob sich diese Sonderstellung als „Verdinglichung" be-

---

341 *Diamond/Dybvig*, J. Pol. Econ. 91 (1983), 401, 405.
342 *Diamond/Dybvig*, J. Pol. Econ. 91 (1983), 401, 407.
343 *Diamond/Dybvig*, J. Pol. Econ. 91 (1983), 401, 413.

schreiben lässt. Der Begriff „Verdinglichung obligatorischer Rechte" wurde als Oberbegriff für eine Vielzahl von Rechtsphänomenen benutzt. Insgesamt wird damit ein Phänomen beschrieben, in dem einem grundsätzlich obligatorischen Recht einzelne dingliche Eigenschaften zuerkannt werden.[344]

Demnach muss zunächst genau spezifiziert werden, was mit dem Begriff der Verdinglichung gemeint ist, bevor man sich der Frage widmet, ob eine solche im bargeldlosen Zahlungsverkehr vorliegt. Der Begriff der Verdinglichung wurde zunächst verwendet, um die schulderlöschende Wirkung einer Verfügung zu beschreiben.[345] Darüber hinaus wird Verdinglichung dahingehend verstanden, dass unter gewissen Umständen ein Gegenstand einem an sich nur schuldrechtlich Berechtigten in der Weise zugeordnet wird, dass das von ihm durch obligatorischen Vertrag geschaffene Recht auf die Sache auch einem neuen Eigentümer, der an der Begründung des Rechtsverhältnisses nicht beteiligt war, entgegengehalten werden kann.[346] Als Beispiel dafür wird die „dingliche Wirkung der Miete" vorgebracht, welche sich in § 566 BGB wiederfindet („Kauf bricht nicht Miete"). Weitere Beispiele sind die durch gesetzliche Anordnung oder Rechtsfortbildung geschaffenen „Verdinglichungen" oder „Teilverdinglichungen", wie zum Beispiel der durch eine Vormerkung abgesicherte schuldrechtliche Anspruch oder das Anwartschaftsrecht.

In Bezug auf den bargeldlosen Zahlungsverkehr lässt sich insoweit festhalten, dass der Transfer von Buchgeld ein allgemein anerkanntes Zahlungsmittel darstellt. Eine schulderlöschende Wirkung im Sinne des § 362 BGB ist daher zu bejahen. Des Weiteren ist auch die Frage, ob die Rechtswirkungen der Kontogutschrift über die bilaterale Beziehung zwischen Kontoinhaber und Hausbank hinausgehen, zu bejahen. Anhand der institutsübergreifenden Überweisung lässt sich erkennen, dass durch den Transfer von Buchgeld ein bestehendes Rechtsverhältnis in der Weise übertragen werden kann, dass ein Auszahlungsanspruch der Hausbank des Überweisungsempfängers als ursprünglich unbeteiligtem Dritten entgegengehalten werden kann.

---

344 *Canaris*, in: FS Flume, S. 371, 372.
345 *Dulckeit*, Verdinglichung obligatorischer Rechte, S. 41.
346 *Westermann et al.*, Sachenrecht, S. 8.

2. Rechtliche Hybridstellung und Finanzstabilität

Die Untersuchung der spezialgesetzlichen Regelungen für den Bereich des bargeldlosen Zahlungsverkehrs bestätigen die These der Legal Theory of Finance, wonach das moderne Finanzwesen sich nur innerhalb eines vorgegebenen rechtlichen Rahmens entwickeln kann. Darüber hinaus lassen sich Besonderheiten der rechtlichen Natur von Finanzinstrumenten erkennen, welche ihrerseits bei einer rechtsökonomischen Betrachtung berücksichtigt werden sollten. Das in Abschnitt A skizzierte Verhältnis zwischen dinglichen und persönlichen Rechten ist auch für den Buchgeldtransfer von grundsätzlicher Bedeutung. Die technischen Fortschritte der Datenübertragung im Bankwesen und das politische Vorhaben, die Nutzung des bargeldlosen Zahlungsverkehrs in der Gesellschaft zu steigern, verlangten auch nach einer Anpassung der Rechtsordnung, um einen entsprechenden Rechtsrahmen zu schaffen. Durch den Begriff des Bargeldersatzes wurde die Gratwanderung zwischen dinglichen und persönlichen Rechten offensichtlich.

Im Vergleich zu dem vorangegangenen Kapitel unterscheidet sich der bargeldlose Zahlungsverkehr darin, dass es an einem körperlichen Anknüpfungspunkt gänzlich fehlt. Dogmatisch betrachtet ist das Buchgeld ein rein schuldrechtliches Rechtsinstitut. Um eine funktionale Gleichheit zur Verkehrsfähigkeit körperlicher Gegenstände zu erreichen, bedurfte es daher weiterer spezialgesetzlicher Regelungen. Die Absicherung des Überweisungsempfängers im Falle der Insolvenz des Überweisenden sowie des Kontoinhabers gegenüber seiner Hausbank waren dem Umstand geschuldet, dass aufgrund der forderungsrechtlichen Natur des Buchgeldes kein Aussonderungsrecht nach § 47 InsO bestand. Ein hohes Maß an Verkehrsfähigkeit konnte darüber hinaus nur dadurch erreicht werden, dass die am Zahlungsverkehr beteiligten Institute Richtlinien schufen, welche juristisch als multilaterale Verträge zu qualifizieren waren. Daneben wurden standardisierte Kommunikationsformen etabliert, mit deren Hilfe sich die Abwicklung des Zahlungsverkehrs weitegehend automatisieren ließ. Die Abstraktion der vertraglichen Verpflichtungen von einem außerhalb des Versprechens liegenden Rechtsgrund sowie deren abschließende Zuordnung, Insolvenzfestigkeit und weitgehend automatisierte Übertragbarkeit stellen hinreichende Anknüpfungspunkte dar, um von einer Verdinglichung der schuldrechtlichen Verpflichtung auszugehen. Dementsprechend können Kreditinstitute durch das im Wege der Kreditgewährung zur Verfügung gestellte Buchgeld Zahlungsinstrumente schaffen, mit denen sich Verpflichtungen erfüllen lassen.

Dass die insolvenzrechtliche Privilegierung sowie Standardisierung wesentliche Faktoren für die Marktfähigkeit eines Finanzinstruments sind, hat *Pistor* hervorgehoben. Die Betrachtung aus dem Blickwinkel des deutschen Privatrechts ermöglicht für die Analyse von Finanzinstrumenten weitere interessante Erkenntnisse. Vor allem der Zusammenhang zwischen den rechtlichen Eigenschaften eines Finanzinstruments zur Stabilität des Systems ist bisher zu wenig Beachtung geschenkt worden.

Die Abstraktion einer vertraglichen Verpflichtung zusammen mit deren Verdinglichung führt dazu, dass sich durch bloßes Versprechen Vermögenspositionen kreieren lassen, welche gegenüber unbeteiligten Dritten rechtlich geltend gemacht werden können. Die Zuordnung von Vermögenspositionen als Aufgabe, welche ansonsten exklusiv einem Souverän zukommt, wird durch seine besondere rechtliche Ausgestaltung an bestimmte Teilnehmer des Finanzwesens delegiert. Aufgrund der vertragsrechtlichen Rechtsgrundlage des Zahlungsverkehrs können Kreditinstitute über die im Umlauf befindliche Geldmenge frei entscheiden. Im folgenden Teil soll gezeigt werden, dass dies ebenfalls für die sogenannten Schattenbanken gilt.

Dritter Teil: Asset Backed Commercial Papers – Die Finanzinstrumente des Schattenbankwesens

In dem Geschäftsbericht für die Jahre 2006/2007 blickte der Vorstand der Deutschen Industriebank (IKB) Ende Juni auf ein durchweg erfolgreiches Jahr zurück, in dem die Bank eine Eigenkapitalrendite von 20,6 Prozent hatte generieren können. Strukturierte Finanzierungstransaktionen hatten maßgeblich dazu beigetragen.[347] An dem geplanten operativen Konzernergebnis von 280 Millionen Euro hielt die Bank auch noch in ihrer Pressemitteilung vom 20. Juli 2007 fest, trotz der sich abzeichnenden Turbulenzen, welche auf die hohe Volatilität im europäischen Bankensektor zurückgeführt wurde.[348] Nur zehn Tage später, am 30. Juli 2007, musste die IKB im Rahmen einer Ad-hoc-Meldung nach § 15 WpHG mitteilen, dass die Refinanzierung des von ihr verwalteten Commercial Paper Conduit Rhineland Funding in Gefahr geriet, so dass Rettungsmaßnahmen ergriffen werden mussten. Die Kreditanstalt für Wiederaufbau, Hauptaktionär der IKB, trat am gleichen Tag in die Liquiditätslinien gegenüber Rhineland Funding ein und sicherte auch sonstige Portfoliorisiken der IKB ab. Zeitgleich schied der Vorstandssprecher der IKB aus seinem Amt aus und wurde durch ein Vorstandsmitglied der KfW ersetzt.[349] Der Grund für diese drastischen Rettungsmaßnahmen war der Zusammenbruch des Marktes für kurzfristige Anleihen, sogenannte Geldmarktpapiere, der neben dem „run on repo"[350] für den Ausbruch der jüngsten Finanzkrise verantwortlich war. Nachdem neben den sogenannten Schattenbanken auch beaufsichtigte Institute durch die Marktturbulenzen in Gefahr gerieten, sprang die Europäische Zentralbank am 7. August 2007 mit einer Liquiditätshilfe in Höhe von 94,8 Milliarden Euro ein.[351]

---

347 *IKB*, Geschäftsbericht 2006/2007, S. 4.
348 *IKB*, Pressemitteilung 20.07.2007.
349 *IKB*, Pressemitteilung 30.07.2007.
350 *Gorton/Metrick*, J. Fin. Econ. 104 (2012), 425.
351 *Ramos Muñoz*, Securitization, S. 15.

A. Das Schattenbankwesen

Seit dem Ausbruch der Finanzkrise im Sommer 2007 ist das Schattenbank-wesen verstärkt zum Gegenstand wissenschaftlicher Untersuchungen ge-worden. Verschiedene Studien haben versucht, die Gründe für das Entste-hen des Schattenbankwesens und die damit verknüpften systemischen Ri-siken zu erforschen. Diese Studien lassen sich grob in drei Kategorien un-terteilen. Ein Teil der Forschung konzentriert sich auf den Fakt, dass Schattenbanken im Wesentlichen die gleichen Aktivitäten wie beaufsich-tigte Institute durchführen. Aufgrund niedrigerer Regulierungskosten ver-fügen Schattenbanken über Wettbewerbsvorteile gegenüber regulierten Banken. Dies entspricht auch dem Verständnis der US-amerikanischen Fi-nancial Crisis Inquiry Commission, die das Schattenbankenwesen als bankähnliche Aktivität darstellt, die sich „unreguliert" außerhalb des tradi-tionellen Bankwesens abspiele.[352] Die Definition des Financial Stability Board deutet auf eine ähnliche Betrachtungsweise hin, indem es das Schat-tenbankenwesen als System der Kreditintermediation, welches vollständig oder teilweise außerhalb des regulierten Bankwesens stattfinde, be-schreibt.[353] Ein anderer Ansatz konzentriert sich auf die Hauptaktivitäten von Schattenbanken. Repo-Geschäfte mit verbrieften Wertpapieren seien demzufolge der Grund für die Instabilität in diesem Geschäftsfeld. Ein weiterer Ansatz, welcher sich makroökonomischen Indikatoren widmet, kategorisiert Schattenbanken als diejenigen Institute, welche in der Lage seien, ein Einlagengeschäft für große Geldmengen zu betreiben, die durch ein Einlagensicherungssystem nicht mehr aufgefangen werden könnten.

Da sich die vorliegende Arbeit mit den rechtlichen Institutionen des Fi-nanzwesens beschäftigt, liegt der Fokus auf der Untersuchung der verwen-deten Rechtsformen, die das Schattenbankwesen ausmachen. Unter Be-rücksichtigung einer der Kernthesen der Legal Theory of Finance, wonach das rechtliche Wesen von Finanzinstrumenten entscheidend für dessen Marktfähigkeit ist, soll untersucht werden, mit welchen juristischen Modi-fikationen die Finanzinstrumente des Schattenbankwesens geschaffen wer-den konnten. Anhand einer rechtlichen Analyse von Kreditverbriefungs-transaktionen soll diese These genauer beleuchtet werden. Darüber hinaus sollen Parallelen zu den beiden vorangegangenen Untersuchungsfeldern aufgezeigt werden. Mit Hilfe vertraglicher und gesellschaftsrechtlicher Sonderbestimmungen modifizieren die an einer Verbriefungstransaktion

---

352 *FCIC*, Shadow Banking, S. 7.
353 *FSB*, Shadow Banking, S. 1.

beteiligten Akteure bereits verschiedene Aspekte traditioneller wirtschaftlicher Austauschbeziehungen. Dort, wo die privatautonomen Abstimmungen an ihre Grenzen stießen, kam es zu gesetzgeberischen Maßnahmen, durch die Verbriefungstransaktionen erleichtert werden sollten. Betrachtet man das Zusammenspiel von Sondervereinbarungen und gesetzgeberischer Privilegierung mit Hilfe der Erkenntnisse der vorangegangenen Kapitel, sieht man, dass Kreditverbriefungsinstrumente sich nicht nur in einem rechtlichen Spannungsfeld befinden, sondern auch für das Geldwesen von Bedeutung sind.

I. Untersuchungen zum Schattenbankwesen

Mehrling verwendet eine sehr weit gefasste Definition des Schattenbankwesens, indem er dieses auf die Formel „money market funding of capital market lending"[354] herunterbricht. Damit ist eine Form der kapitalmarktbasierten Kreditvergabe gemeint, welche von einem funktionierenden Geldmarkt abhängig ist. Innerhalb dieser Umschreibung lassen sich die unterschiedlichen Untersuchungsansätze sehr gut verorten. *Gorton* und *Metrick,* welche das Schattenbankwesen „securitised banking" nennen, untersuchen den Zusammenhang zwischen Kreditverbriefungen und Repo-Geschäften.[355] Ihrer Ansicht nach kam es zu einem „run on repo", als sich der Wert verbriefter Wertpapiere so weit verschlechterte, dass diese nicht mehr ihre Funktion als Kreditsicherungsmittel vollständig erfüllen konnten. Aufgrund des dadurch entstandenen Kreditausfallrisikos kam diese Finanzierungsform schlagartig zum Erliegen.[356] Der Analyse der Autoren nach fehle es für ein funktionierendes Schattenbankwesen an qualitativ hochwertigen Kreditsicherheiten für die Nachfrage an Repo-Geschäften, die für Finanzierungstransaktionen genutzt werden könnten.[357]

Andere Untersuchungen über das Schattenbankwesen widmen sich primär dem Umstand, dass für diese unbeaufsichtigte und nicht ausreichend kapitalisierte Vehikel verwendet wurden.[358] Für Geldmarktgeschäfte werden Asset-Backed-Commercial-Papers-Programme aufgesetzt, die sich über die Ausgabe von kurzfristigen Geldmarktpapiere finanzieren und somit

---

354 *Mehrling et al.*, Shadow Banker, S. 2.
355 *Gorton/Metrick*, J. Fin. Econ. 104 (2012), 425, 426.
356 *Gorton/Metrick*, J. Fin. Econ. 104 (2012), 425, 446.
357 *Gorton/Metrick*, Shadow Banking System, S. 25.
358 *Acharya et al.*, J. Fin. Econ. 107 (2013), 515, 516.

das Einlagengeschäft einer Bank nachahmen. Die höheren Kapitalkosten für Kreditinstitute, die sich aus den regulatorischen Eigenkapitalanforderungen ableiten, war dieser Ansicht zufolge einer der Gründe dafür, dass ein Marktsegment für das Schattenbankwesen entstehen konnte. Da die Finanzierungsvehikel geringeren Eigenkapitalanforderungen unterlägen, könnten diese einen höheren Verschuldungsgrad erreichen. Die damit verbundene größere Hebelwirkung („leverage") bedeute für Schattenbanken einen Wettbewerbsvorteil, der in einem höheren Marktanteil resultiere.[359] Die Geldmarktvehikel würden systemische Risiken übernehmen, die sich aus der Finanzierungsaktivität ergäben. Diese Aufgabe kam zuvor ausschließlich regulierten Banken zu. Einige Autoren sind aufgrund dieser Analyse zu der Schlussfolgerung gelangt, dass durch verbesserte Aufsichtsmaßnahmen systemische Risiken eingedämmt werden könnten. Andere Autoren haben hingegen eine entgegengesetzte Ansicht vertreten und vor allem eine zu strenge Regulierung des Bankwesens als Grund für die Entstehung von Schattenbanken gesehen.[360]

In der Zwischenzeit hat sich eine neue Betrachtungsweise des Schattenbankwesens etabliert, die sich primär mit den Finanzinstrumenten befasst, die von Schattenbanken emittiert werden. Diese von *Pozsar* auf *Mehrlings* Money View[361] basierende Betrachtungsweise kategorisiert die unterschiedlichen Finanzinstrumente als geldartige oder geldähnliche Ansprüche.[362] Während regulierte Banken geldartige Ansprüche in Form von Buchgeld nur in dem Umfang des jeweiligen Einlagensicherungssystems garantieren könnten, seien Schattenbanken in der Lage, die Nachfrage nach sicheren, kurzfristigen Anlageformen von Instituten mit hohen Geldreserven nachzukommen.[363] Schattenbanken existieren dieser Ansicht nach nicht nur aufgrund eines unersättlichen Renditestrebens im Finanzsektor, sondern seien die Folge von Vermögensverschiebungen im globalen Finanzsystem.[364] Die Ansammlung großer Geldreserven durch Institutional Cash Pools[365] sei seinerseits Ursprung systemischer Risiken.[366] Die einzige geeignete Reaktionsmöglichkeit sei demnach, Schattenbanken Zugang zu Zentralbankgeld zu verschaffen, um somit Kontrolle über diese

---

359 *Hellwig*, in: Verhandlungen des 68. DJT, E 39.
360 *Paccess*, Role and Future of Regulation, S. 6.
361 *Mehrling*, New Lombard Street.
362 *Pozsar*, Money View, S. 6: money or money-like claims.
363 *Pozsar*, Money View, S. 26 ff.
364 *Pozsar*, Money View, S. 5.
365 *Pozsar*, 22 Financial Markets, Institutions & Instruments (2013), 283.
366 *Pozsar*, Money View, S. 26.

ausüben zu können. Die Reverse Repo Facility der US-amerikanischen Federal Reserve Bank stelle daher einen ersten Schritt in die richtige Richtung dar.[367]

II. Die juristischen Institutionen des Schattenbankwesens

Die Untersuchung der juristischen Institutionen des Schattenbankwesens lehnt sich an *Mehrlings* und *Pozsars* Analyse der von Schattenbanken gehandelten Finanzinstrumente an. Sie geht jedoch über eine technische Untersuchung der Austauschformen hinaus und versucht, wie von der Legal Theory of Finance vorgeschlagen, sich eingehender mit den juristischen Besonderheiten zu befassen, die das Schattenbankwesen ausmachen. Insofern folgt die Untersuchung *Pistors* These, dass Finanzmärkte nicht außerhalb der Rechtsordnung existieren könnten, sondern auf die Rechtsordnung angewiesen seien.[368]

Die These, dass es sich bei Schattenbanken um unregulierte Institute handelt, da sie sich der Bankenaufsicht entziehen, greift daher zu kurz. Eine solche Betrachtung widmet sich nur einem Teil des Problemfeldes. Von ebenso großer Bedeutung ist, dass die Schattenbankinstrumente in einer Weise rechtliche Anerkennung erlangen, durch die sie die von den Marktteilnehmern benötigten Funktionen erfüllen. Die Bedeutung der Rechtsordnung lässt sich dementsprechend nicht ausschließlich auf ihre einschränkende Wirkung reduzieren. Begrenzungen sind notwendig, um soziale Interkation zu ermöglichen. Folgt man dieser Betrachtungsweise, ist das Konzept deregulierter Märkte fehlgeleitet, da Märkte ohne Regelsetzungen nicht existieren können.[369]

Eine ähnliche Kritik lässt sich gegenüber der These formulieren, dass durch qualitativ höherwertige Kreditsicherheiten das Schattenbanksystem vor einem erneuten Zusammenbruch bewahrt werden könne. Diese Aussage lässt sich ebenfalls nicht ohne eine genaue Untersuchung der juristischen Eigenschaften der verwendeten Kreditsicherheiten machen. Deren Qualität hängt zum Großteil von der rechtlichen Ausgestaltung einer Verbriefungstransaktion sowie den damit einhergehenden Verwendungsmöglichkeiten der daraus resultierenden Verbriefungsinstrumente ab. Beide

---

367 *Pozsar*, Money View, S. 64.
368 *Pistor*, J. Comp. Econ. 41 (2013), 315, 321.
369 *Hodgson*, J. Comp. Econ. 41 (2013), 331, 335; *Pistor*, J. Comp. Econ. 41 (2013), 315, 321.

Aspekte lassen sich ohne eine eingehende Analyse der rechtlichen Rahmenbedingungen nicht beantworten.

Basierend auf den Erkenntnissen der vorangegangenen Kapitel lässt sich für das Schattenbankwesen ebenfalls die Frage stellen, inwiefern sich bei Kreditverbriefungen Forderungsrechte in Rechtspositionen umwandeln lassen, denen sachenrechtliche Wirkungen innewohnen. Daher befasst sich das folgende Kapitel ebenfalls mit der Frage, auf welche Weise es möglich ist, vertragliche Zahlungsansprüche so zu modifizieren, dass diese den Status eines marktfähigen Handelsguts erhalten.

Während bei der Diskussion um die Rechtsnatur von Wertpapieren und der Schaffung einer rechtlichen Infrastruktur für den bargeldlosen Zahlungsverkehr ein Bewusstsein für die juristische Gratwanderung zwischen persönlichen und dinglichen Rechten bestand, ist dies bei der Diskussion des Schattenbankwesens bisher nicht der Fall. Der Grund dafür könnte sein, dass zu dem Zeitpunkt, als Kreditverbriefungen in Deutschland auf die rechtspolitische Agenda rückten, der Maßstab für deren juristische Bewertung ausschließlich ökonomische Effizienzkriterien waren. Wie in diesem Kapitel jedoch dargestellt werden soll, bestehen Parallelen zu den juristischen Instrumenten, welche zur Erreichung der Verkehrsfähigkeit von Wertpapieren und dem Buchgeld genutzt wurden.

Zur besseren Veranschaulichung sollen jedoch zunächst die Transaktionsstruktur einer Kreditverbriefung sowie deren Legitimation als transaktionskostensenkende Organisationsform dargestellt werden.

III. Struktur einer Verbriefungstransaktion

Mit Hilfe einer Verbriefungstransaktion möchte der Originator illiquide Aktivposten in seiner Bilanz in liquide Vermögenswerte umwandeln. Dadurch wird Raum für die Begebung neuer Kredite geschaffen.[370] Der erste Schritt einer Verbriefungstransaktion ist daher die Gründung einer Zweckgesellschaft (Special Purpose Vehicle – SPV). Die alleinige Aufgabe des Vehikels ist es, als Vertragspartner bei der Abtrennung der Vermögenswerte zu agieren. Die Übertragung derjenigen Vermögenspositionen, welche in einem nächsten Schritt verbrieft werden sollen, ist notwendig, um diese gegenüber den sonstigen Vermögenswerten des Originators abzugrenzen.

---

370 *Gorton/Souleles*, in: Financial Institutions, S. 549, 551.

Die übrigen Aufgaben im Zusammenhang mit der Verbriefungstransaktion werden von verschiedenen Akteuren übernommen, wobei dem SPV bewusst keine Aufgaben übertragen werden. Ein sogenannter Servicer kümmert sich um sämtliche Aufgaben, die mit der Verwaltung der übertragenen Forderungen zusammenhängen. Dies umfasst insbesondere auch die Einziehung fällig gewordener Zahlungen.[371] In den meisten Fällen kümmert sich der Originator um das Servicing.[372] Die Emission der verbrieften Forderungen wird von einem sogenannten Underwriter begleitet. Diese Aufgabe übernimmt in der Regel eine Investmentbank. Die Platzierung der verbrieften Vermögenspositionen erfolgt entweder öffentlich oder an eine ausgewählte Gruppe von Investoren. Diese Entscheidung hängt maßgeblich von der Art der verbrieften Forderungen und der Transaktionsstruktur ab.[373] Daneben werden Verbriefungen stets in enger Abstimmung mit Ratingagenturen durchgeführt. Um ein Rating zu erhalten, welches eine Vermarktung der Verbriefungen gewährleistet, hat sich die Transaktionsstruktur an deren Vorgaben auszurichten.

1. Sicherungsmaßnahmen

Die Isolierung der Vermögenswerte, aus deren Zahlungsströmen die Investoren bedient werden sollen, ist nur ein Aspekt, durch den der Erfolg einer Verbriefungstransaktion sichergestellt werden soll. Bei einer Verbriefungstransaktion werden darüber hinaus auch noch weitere Sicherungsmaßnahmen ergriffen. Zusätzliche Absicherungen der Auszahlung gegenüber den Investoren lassen sich sowohl durch die Transaktionsstruktur als auch durch externe Sicherungsmaßnahmen erreichen.

Eine Form der Absicherung durch die Transaktionsstruktur ist die Hierarchisierung der Zahlungsverpflichtungen in verschiedene Investorenklassen. In der Finanzierungspraxis wurde dafür ein sogenanntes Wasserfallprinzip entwickelt, das zwischen Senior-, Mezzanine- und Equity-Investoren unterscheidet. Die ersten Zahlungseingänge aus den an das Verbriefungsvehikel übertragenen Forderungen werden ausschließlich dafür genutzt, die Ansprüche der Senior-Investoren zu erfüllen. Darauf folgen dann zunächst die Mezzanine-Investoren, bevor die Ansprüche der Equity-

---

371 *Ramos Muñoz*, Securitization, S. 240.
372 *Deloitte*, Asset Securitization, S. 18.
373 *Ramos Muñoz*, Securitization, S. 5.

Investoren beglichen werden.[374] Auf diese Weise ist das Zahlungsausfallrisiko für die Senior-Investoren sehr gering. Das Adressatenausfallrisiko wird daher größtenteils von den Equity-Investoren getragen. Eine weitere Form der strukturellen Kreditsicherung ist die wirtschaftliche Übersicherung des Kreditportfolios. Dies bedeutet, dass der Nominalbetrag der an das Verbriefungsvehikel übertragenen Forderungen die Summe der begründeten Zahlungsverpflichtungen übersteigt. So kann es passieren, dass einige Schuldner ihrer Zahlungsverpflichtung nicht nachkommen, ohne dass dies Verluste bei Equity-Investoren zur Folge hat. Daneben können auch noch zusätzliche externe Sicherungsmaßnahmen ergriffen werden. Das Auszahlungsrisiko lässt sich durch den Abschluss von Kreditversicherungen oder die Einholung einer Bankgarantie absichern.

Aufgrund der beschriebenen Sicherungsmaßnahmen ähneln Kreditverbriefungen den Pfandbriefen oder Covered Bonds. Verbriefungen unterscheiden sich jedoch in einem zentralen Aspekt. Bei Pfandbriefen handelt es sich um Rückzahlungsansprüche, welche durch bestimmte Vermögenspositionen gesondert besichert werden.[375] Bei Kreditverbriefungen besteht keine isolierte Verpflichtung gegenüber dem Emittenten. Die Zahlungsverpflichtung ist vielmehr vom Cashflow des Forderungsportfolios abhängig.[376]

2. True Sale und synthetische Verbriefungen

Ein weiteres wichtiges Strukturmerkmal ist die Unterscheidung, ob es sich bei der Kreditverbriefung um eine sogenannte True Sale-Verbriefung oder eine synthetische Verbriefungsstruktur handelt. Bei den sogenannten True Sale-Transaktionen werden die Vermögenswerte vom Originator auf eine Zweckgesellschaft übertragen, so dass sie nicht mehr in dessen Bilanz vorkommen. Dies geschieht durch einen Forderungskaufvertrag nach § 453 Abs. 1 BGB sowie die Übertragung der Forderung im Wege der Abtretung.[377] In der Verbriefungspraxis hat sich ebenfalls die Konstruktion einer Vertragsübernahme etabliert, da sich die Abtretung lediglich auf den Darlehensrückzahlungsanspruch beschränkt und neben den akzessorischen Sicherungsrechten gesonderte Vereinbarungen möglicherweise

---

374 *Deloitte*, Asset Securitization, S. 9.
375 *Lackhoff*, WM 2012, 1851, 1855.
376 Vgl. unten Dritter Teil A. V. 2. c.
377 *Zeising*, BKR 2007, 311, 312.

nicht umfasst sind, welche wirtschaftlich betrachtet jedoch ebenfalls zu den Vermögenspositionen gehören.

Andererseits lässt sich auch ohne eine Übertragung der Rechtsposition ein Risikotransfer ermöglichen. Dies ist bei synthetischen Kreditverbriefungen der Fall, bei denen mit Hilfe von Kreditderivaten das wirtschaftliche Risiko der Kredite auf die Projektgesellschaft transferiert wird.[378] Durch den Einsatz von Kreditderivaten zwischen Originator und Verbriefungsvehikel werden Vereinbarungen getroffen, welche das Risikoprofil des Forderungspools nachbilden und dem Verbriefungsvehikel zuweisen.

Der Anteil an True-Sale-Transaktionen in Deutschland war zu Beginn des 21. Jahrhunderts im Vergleich zu den synthetischen Verbriefungen sehr gering. So hat die Boston Consulting Group in einem Bericht aus dem Jahr 2004 im Auftrag des Bundesfinanzministeriums festgestellt, dass im Jahr 2002 von 17 öffentlichen Verbriefungen lediglich 2 Verbriefungen in Form eines True Sale durchgeführt wurden.[379] Bei allen übrigen Transaktionen wurde der synthetische Risikotransfer gewählt. Im Gegensatz dazu gab es in anderen europäischen Ländern eine größere Anzahl von True Sale-Kreditverbriefungen.[380] Nach Ansicht der Boston Consulting Group waren es vor allem „rechtlich-regulatorische Risiken",[381] deren Kosten ein entscheidender Aspekt waren, aufgrund dessen True Sale-Transaktionen nach deutschem Recht unattraktiv erschienen.

3. Fristentransformation in Verbriefungstransaktionen

Im Rahmen eines sogenannten Verbriefungsprogramms bleibt es nicht bei einer einmaligen Emission von Wertpapieren. Die Verbriefung stellt sich vielmehr als fortlaufender Prozess der Übertragung neuer Vermögenswerte und Emissionen von Wertpapieren dar. Ein Programm, das im Zuge der Finanzkrise in den Fokus geriet, waren die Asset Backed Commercial Paper-Programme (ABCP-Programme). Commercial Papers werden im deutschsprachigen Raum als Geldmarktpapiere beschrieben. Dieser Begriff kommt ihrer Funktion näher, da sich Geldmarktpapiere durch eine kurze Laufzeit auszeichnen. Diese beträgt generell weniger als ein Jahr und ran-

---

378 *Zeising*, BKR 2007, 311, 313.
379 *BCG*, Optimale staatliche Rahmenbedingungen, S. 12.
380 *BCG*, Optimale staatliche Rahmenbedingungen, S. 16 (Abb. 8).
381 *BCG*, Optimale staatliche Rahmenbedingungen, S. 13.

gierte bis zum Ausbruch der Finanzkrise größtenteils zwischen Übernacht-krediten und Krediten mit einem Monat Laufzeit.[382]

Die kapitalmarktbasierte Finanzierung durch den Einsatz von Commer-cial Paper Conduits wurde ursprünglich von Banken, deren Geschäftsbe-reich der Mittelstandsfinanzierung diente, wie zum Beispiel der IKB, be-trieben. Den Bankkunden konnte auf diese Weise eine weitere Refinanzie-rungsoption zur Verfügung gestellt werden. Bei den auf das SPV übertra-genen Vermögenswerten handelte es sich in der Regel um Forderungen mit kurzer Laufzeit, wie zum Beispiel Handelsforderungen.[383] Einem mit-telständischen Unternehmen konnte bei Finanzierunganfragen demzufol-ge die Möglichkeit gegeben werden, ein Bankdarlehen gegen Abtretung der Forderungen als Kreditsicherheit zu erhalten oder die kurzfristigen Forderungen an ein Verbriefungsvehikel zu übertragen, das von der Mit-telstandsbank verwaltet wurde. Der Vorteil einer kapitalmarktbasierten Fi-nanzierung lag dabei in dem niedrigeren Zinssatz gegenüber einer Darle-hensfinanzierung.

Bei Verbriefungsprogrammen kann es vorkommen, dass bestehende Verbindlichkeiten gegenüber Investoren durch Neuemissionen finan-ziert werden. Auf diese Weise lässt sich mit Hilfe von Verbriefungsvehi-keln eine Tätigkeit durchführen, welche im bankwirtschaftlichen Bereich als Fristentransformation beschrieben wird. Während eine Bank liquide Mittel durch das Einlagengeschäft generiert, finanzieren sich ABCP-Pro-gramme über die Emission von Geldmarktpapieren. Dadurch entsteht zu-sätzlich zum Kreditausfallrisiko auch noch ein Liquiditätsrisiko. Eine Rückzahlung kann neben dem Zahlungsausfall des zugrunde liegenden Forderungsportfolios auch dann scheitern, wenn eine Refinanzierung durch Emission neuer Geldmarktpapiere nicht gelingt. Dieses Risiko wird dann von einem anderen Versicherungsgeber als dem Kreditversicherer ab-gesichert.[384]

Die Emission kurzfristiger Geldmarktpapiere ist isoliert betrachtet kein Stabilitätsrisiko für den Finanzsektor, solange die korrespondierenden Ver-mögenswerte ebenfalls kurzfristiger Natur sind. Insoweit unterscheidet sich das Geschäftsmodell von ABCP-Programmen nicht vom britischen Bankwesen im 19. Jahrhundert. Damals wurden Handelsforderungen dis-kontiert, welche in der Regel kurze Laufzeiten hatten.[385]

---

382 *Hellwig,* in: Verhandlungen des 68. DJT, E 26.
383 *Adrian/Ashcraft,* Shadow Banking, S. 10.
384 *Fitch Ratings,* Asset Backed Commercial Paper, S. 3.
385 Vgl. *Mehrling,* New Lombard Street, S. 18.

Sobald sich hingegen das Kreditportfolio nicht auf diese Art von Forderungen beschränkt, kann es passieren, dass eingerichtete Liquiditätsfazilitäten nicht nur vorübergehend in Anspruch genommen werden müssen. Dies war auch der Grund, weshalb die von der IKB aufgesetzten Rhineland-Verbriefungsvehikel in Finanzierungsschwierigkeiten gerieten. Das Conduit Rhineland Funding investierte nicht ausschließlich revolvierend in kurzfristige Forderungen, sondern auch in mit US-amerikanischen Hypotheken unterlegte Kreditverbriefungen.[386] Als diese Hypothekenverbriefungen an Wert verloren und Investoren mittelbar das Geschäftsmodell der IKB in Frage stellten, wurde aus dem temporären Liquiditätsproblem eine andauernde Finanzierungslücke.

Daher besteht auch für ABCP-Programme das Risiko eines Bank Run, der bereits im vorherigen Kapitel dargestellt wurde.[387] Bank Runs bei Schattenbanken können demzufolge nicht nur in der Form auftreten, dass Repo-Ketten zusammenbrechen. Auch Commercial Paper Conduits können durch einen Run in Schieflage geraten. Während in der Regel Investoren bereit sind, fällige Ansprüche aus Geldmarktpapieren zu refinanzieren, können diese investiertes Kapital jederzeit für andere Zwecke verwenden. Die von Zweckgesellschaften betriebene Fristentransformation war nur durch die Sponsorentätigkeit von Banken möglich, welche durch die Bereitstellung von Liquiditätslinien das notwendige Vertrauen bei Anlegern kreierten.[388] Am Beispiel der IKB lässt sich jedoch erkennen, dass die Liquiditätsfazilitäten für den Umfang der Geschäftstätigkeit der Conduits viel zu dürftig ausgestattet waren. Im Gegensatz zu Zentralbanken mit eigener Währungshoheit verfügte die IKB nicht über ausreichende liquide Mittel, mit denen auf eine Anspannung des Systems angemessen reagiert werden konnte.

IV. Die Verbriefung als transaktionskostenreduzierende Institution

Kreditverbriefungen sind schon vor Ausbruch der Finanzkrise Gegenstand rechtsökonomischer Untersuchungen gewesen. Diese Untersuchungen stimmen dahingehend überein, dass die Übertragung von Vermögenswerten auf eine neu gegründete Gesellschaft mit eigener Rechtspersönlichkeit eine Organisationsform darstelle, mit der Transaktionskosten in Form von

---

386 *Ricken*, Verbriefung, S. 109.
387 S.o. Zweiter Teil C. IV.
388 *Claessens/Ratnovski*, What is Shadow Banking?, S. 3.

Kapitalkosten reduziert werden könnten. Eine Voraussetzung sei jedoch, dass die Vermögenswerte des Originators und des SPV voneinander in der Weise getrennt würden, dass die Gläubiger des einen nicht auf die Vermögenswerte des anderen Zugriff haben würden. Nur auf diese Weise ließen sich Informations- und Agenturkosten effektiv senken. Insoweit hängen die Argumente, welche bei der Analyse von Verbriefungstransaktionen vorgebracht werden, mit dem neoinstitutionalistischen Konzept des Entity Shielding zusammen.

1. Verbriefung als rechtsökonomisches Analyseobjekt

Schwarcz hat bereits in den 1990er Jahren Verbriefungen mit Hilfe der Transaktionskostenökonomie untersucht. In seinem Artikel aus dem Jahr 1994 *The Alchemy of Asset Securitization* gelangt er zu der Schlussfolgerung, dass sich durch bloßen Vermögenstransfer auf eine Zweckgesellschaft tatsächlich Transaktionskosten senken ließen.[389]

Durch die Übertragung und Isolierung von Vermögenswerten, eines der Hauptmerkmale von Verbriefungstransaktionen, lassen sich die Kosten der Informationsbeschaffung für Investoren reduzieren. Die Käufer von Verbriefungen müssen nicht die Bonität des Originators evaluieren, sondern können sich auf das Forderungsportfolio, das dem Verbriefungsvehikel übertragen wurde, konzentrieren. Auf diese Weise könne das Verbriefungsvehikel seine Kapitalkosten reduzieren, insbesondere wenn es sich bei den Vermögensgegenständen um faktorspezifische Investitionen handele.[390]

Hill kommt in ihrer Untersuchung zu ähnlichen Schlussfolgerungen, indem sie Verbriefungen als „low-cost sweetener for lemons" beschreibt.[391] Durch diesen Vergleich mit *Akerlofs* „Lemons-Problem" soll indiziert werden, dass sich mit Hilfe einer Vermögensaufteilung die Kosten adverser Selektion reduzieren ließen.[392] Vor allem große Unternehmen mit einem großen Anteil faktorspezifischer Investitionen seien oftmals nicht in der Lage, sich mit Hilfe von Fremdkapitalinstrumenten zu finanzieren, da

---

389 *Schwarcz*, Stan. J. L. Bus. & Fin. 1 (1994), 133, 134.
390 *Hill*, Wash. U. L.Q. 74 (1996), 1061, 1092; s. zum Begriff der Faktorspezifizität Erster Teil C. III.
391 *Hill*, Wash. U. L.Q. 74 (1996), 1061.
392 Vgl. *Akerlof*, Q.J. Econ. 84 (1970), 488.

Fremdkapital keinen Raum für Nachverhandlungen zulasse.[393] Da ein Investor sich kein genaues Bild von der Verfassung großer und komplexer Unternehmen machen kann, werden in die Finanzierungskosten die Erwartungen nicht erkannter Risiken mit eingepreist. Demnach biete der Investor für das Zur-Verfügung-Stellen von Kapital lediglich einen „lemons price".[394] Durch Verbriefungstransaktionen können unternehmensspezifische Risiken des Originators irrelevant werden, da diese an eine Zweckgesellschaft übertragen wurden. Sofern ein Investor aufgrund des hohen Maßes faktorspezifischer Investitionen des zu finanzierenden Unternehmens Kapital nur unter den Bedingungen eines C-Ratings zur Verfügung stellen möchte, der Unternehmer jedoch aufgrund seines Wissensvorsprunges eine Finanzierung zu A-Rating-Konditionen für sich beansprucht, drohe die Finanzierung aufgrund zu hoher Transaktionskosten zu scheitern.[395] Durch eine Verbriefungstransaktion ließen sich demnach die Risiken im Zusammenhang mit den faktorspezifischen Investitionen von den Rückzahlungsrisiken des Forderungspools trennen, so dass die Transaktionskosten so weit reduziert werden könnten, dass es zu einer Finanzierungsvereinbarung komme.

Die Benotung der Verbriefungen durch eine Ratingagentur helfe außerdem dabei, diese marktfähig zu machen, indem eine einfache Vergleichbarkeit verschiedener Investitionen ermöglicht sowie Informationen über deren Veräußerungsmöglichkeiten dargestellt würden.[396] Sofern die Verbriefungen längerfristig terminiert seien, könnten Investoren diese schnell im Sekundärmarkt weiterveräußern, um auf die eigenen Liquiditätsbedürfnisse zu reagieren.

Durch das Tranchieren in Senior-, Mezzanine- und Equity-Klassen ließen sich darüber hinaus unterschiedliche Investorengruppen ansprechen. Erfahrene Investoren mit einem diversifizierten Portfolio könnten durch die Investition in Verbriefungen ihr Portfolio nach entsprechenden Ertrags- und Risikopräferenzen gestalten. Dass ein Markt für Mezzanine- und Equity-Verbriefungen bestehe, stelle im Hinblick auf die Verbriefungsstruktur eine zusätzliche Sicherungsmaßnahme dar, da sich auf diese Weise die von einem Kreditversicherer verlangte Versicherungsprämie reduzieren lasse.

---

393 *Williamson*, Governance, S. 180.
394 *Hill*, Wash. U. L.Q. 74 (1996), 1061, 1086.
395 *Hill*, Wash. U. L.Q. 74 (1996), 1061, 1092.
396 Das positive Verhältnis zwischen Standardisierung und Marktfähigkeit eines Rechtsguts wurde bereits im Zweiten Teil A. III. dargestellt.

Eine Reduzierung von Transaktionskosten lasse sich jedoch nur dann erreichen, wenn diese insolvenzfest strukturiert sei. In der Verbriefungspraxis bedeutet Insolvenzfestigkeit, dass die Insolvenz des Originators das Verbriefungsvehikel nicht beeinträchtigt.[397] Lediglich die Ansprüche der Gläubiger des Verbriefungsvehikels, also der Investoren, sollen von den übertragenen Vermögenswerten profitieren.

2. Kreditverbriefung und die Theorie der Unternehmung

Die dargestellten Kostenvorteile einer Kreditverbriefung basieren auf der Theorie der Unternehmung. Die in diesem Zusammenhang verwendeten Begriffe sind das sogenannte Entity Shielding oder Asset Partitioning. Diese sind das Gegenstück zum Konzept beschränkter Haftung. Aus ökonomischer Sicht können Anteilseigner eines Unternehmens ihre Vermögenswerte aufgrund der Haftungsbeschränkung vor dem Zugriff der Gesellschaftsgläubiger schützen. Entity Shielding bedeutet demnach, dass Gläubiger der Unternehmenseigentümer ihre Ansprüche nicht durch die Vollstreckung in Vermögensgegenstände des Unternehmens befriedigen können.[398] Dadurch lassen sich nicht nur Informationskosten reduzieren, sondern auch die Kosten der Koordinierung zwischen verschiedenen Unternehmenseigentümern.[399] *Hansmann*, *Kraakman* und *Squire* illustrieren die Vorzüge der Unternehmensabschirmung anhand des Beispiels eines Kaufmanns des mittelalterlichen Florenz, der Anteile an einer Weberei, einem Handelsunternehmen und einer Bank hielt. Sämtliche Geschäftspartner der einzelnen Unternehmen könnten sich vor Vertragsschluss nicht auf eine Bonitätsprüfung ihrer jeweiligen Handelspartner beschränken. Vielmehr müssten sie sich auch Informationen über die anderen Gewerbebetriebe beschaffen, mit denen aufgrund der Investitionen des florentinischen Kaufmannes ebenso eine Handelsbeziehung bestehe.[400] Durch die Begrenzung können sich Marktteilnehmer darauf beschränken, die Bonität ihrer direkten Handelspartner zu prüfen. Diese Form der Kostenreduzierung fördert seinerseits die Differenzierung in verschiedenen Bereichen der Wirtschaft und somit wirtschaftlichen Fortschritt aufgrund von Spezialisierung.

---

397 *Schwarcz*, Stan. J. L. Bus. & Fin. 1 (1994), 133, 143.
398 *Hansmann et al.*, Harv. L. Rev. 119 (2006), 1333.
399 *Hansmann et al.*, Harv. L. Rev. 119 (2006), 1333, 1343.
400 *Hansmann et al.*, Harv. L. Rev. 119 (2006), 1333, 1344.

Große Unternehmen, welche in verschiedenen Bereichen tätig sind und auf die Bereichsleitung durch unterschiedliche Personen angewiesen sind, können durch Entity Shielding in Form einer Konzerngründung auch Überwachungskosten reduzieren. Indem für jeden Bereich, in dem ein Unternehmen tätig ist, eigene Gesellschaften gegründet werden, kann verhindert werden, dass ein schlecht geführter Unternehmensteil sich auf die übrigen Unternehmensteile negativ auswirkt. Insbesondere kann der Leiter eines Unternehmensteils keine Verpflichtungen eingehen, welche dessen eigenen wirtschaftlichen Kapazitäten übersteigen.[401] Ohne Entity Shielding wäre jeder Bereichsleiter gezwungen, seine Kollegen zu überwachen, um die Überlebensfähigkeit des eigenen Unternehmensteils zu sichern.

Darüber hinaus ließen sich auch die Kosten eines Insolvenzverfahrens aufgrund der verschiedenen Vermögenspools senken. Durch die Eingrenzung der Vermögensgegenstände kann das an einem Insolvenzverfahren beteiligte Gericht diese unter den am Verfahren beteiligten Gläubigern aufteilen. Ohne die strenge Grenzziehung wäre die Bestimmung der Vermögensgegenstände, welche zur Insolvenzmasse gehören, mit hohen Kosten verbunden.[402]

Des Weiteren vermittelt Entity Shielding Anreize für die Eigenkapitalfinanzierung. Da Unternehmenseigentümer die Kosten von Überwachungsmaßnahmen hinsichtlich anderer Eigentümer einsparen, können diese ein diversifiziertes Portfolio aufbauen. Dies liegt auch daran, dass die Übertragung von Unternehmensanteilen keine Auswirkung auf den Unternehmenswert hat, so dass die Marktfähigkeit gewährleistet ist.

3. Möglichkeit projektspezifischer Sondervereinbarungen

Neben den ökonomischen Vorzügen der Abtrennung verschiedener Vermögenssphären haben sich rechtsökonomische Studien ebenfalls mit den Koordinationsmöglichkeiten beschäftigt, die der Einsatz einer Zweckgesellschaft mit sich bringt. Im Zusammenhang mit der Projektfinanzierung fungiere *Sesters* Ansicht nach die Projektgesellschaft als Bindeglied zwischen Konsortialbanken, Sponsoren und externen Kapitalgebern. Diese stelle demnach eine Organisationsform dar, welche Unternehmungen mit hohen faktorspezifischen Investitionen ermögliche. Durch die Zwischenschaltung einer in seiner Haftung begrenzten Gesellschaft könne Kapital

---

401 *Hansmann et al.*, Harv. L. Rev. 119 (2006), 1333, 1346.
402 *Hansmann et al.*, Harv. L. Rev. 119 (2006), 1333, 1348.

aufgebracht werden, durch welches Unternehmungen finanzieren würden, deren Erfolg von einer Vielzahl nichtkontrollierbarer Umstände abhänge, demnach ein hohes Maß an Unsicherheit in sich trügen. Zugleich ließen sich durch Reputationseffekte und das hohe Finanzierungsvolumen Anreize für opportunistisches Handeln minimieren.[403]

Die Untersuchung *Sesters* konzentriert sich auf die Finanzierung großer Infrastrukturprojekte, wie zum Beispiel Flughäfen, Windparks, Atomkraftanlagen oder Telekommunikationsnetzwerke. Im Rahmen dieser Vorhaben enthhielten die Projektfinanzierungsvereinbarungen eine hohe Regelungsdichte an privatautonomen Sondervereinbarungen, welche detailreicher und komplexer als das Vertrags- und Gesellschaftsrecht seien.[404] Dies führe dazu, dass eine eigene Rechtsordnung der Projektfinanzierung neben die allgemeinen zivilrechtlichen Regeln trete.

Die von *Sester* untersuchten Projekte weisen daneben ein hohes Maß an exogenen Risiken auf, welche sich trotz optimaler Anstrengungen der Kapitalgeber nicht kontrollieren lassen und somit internalisiert werden müssen. Dies geschehe durch die Vereinbarung selbstdurchsetzender Abreden, so dass sich alle an der Projektfinanzierung Beteiligten in die Rolle von „Geiseln" begeben würden, um die geplante Umsetzung der Transaktion nicht zu gefährden.[405] Die Person des Eigenkapitalgebers, welche bei Projektfinanzierungen der sogenannte Sponsor übernimmt, erfülle demnach nicht die ökonomischen Funktionen wie bei einer Publikumsaktiengesellschaft. Der Eigenkapitalgeber sei nicht Träger des Restrisikos, da die Projektgesellschaft im Verhältnis zum Investitionsvolumen extrem unterkapitalisiert sei. Da Fremdkapitalgeber demnach einen Großteil des Risikos bewusst übernähmen, trete an die Stelle des Produktionsfaktors Eigenkapital der Produktionsfaktor „Risikoübernahme".[406]

4. Nachteile des Transaktionskostenansatzes

Neben den bereits dargestellten Vorzügen einer Aufteilung in verschiedene Vermögenssphären im Wege des Entity Shielding sind gegen den Transaktionskostenansatz verschiedene Kritikpunkte anzuführen. Vor allem spiegeln sich die Kosteneinsparungen nicht in der Verbriefungspraxis wi-

---

403 *Sester*, Projektfinanzierungsvereinbarungen, S. 210.
404 *Sester*, Projektfinanzierungsvereinbarungen, S. 210.
405 *Sester*, Projektfinanzierungsvereinbarungen, S. 211.
406 *Sester*, Projektfinanzierungsvereinbarungen, S. 218.

der. So haben *Gorton* und *Souleles* in einer empirischen Studie nachgewiesen, dass Investoren von Asset Backed Securities (ABS) höhere Zinssätze bei Verbriefungssponsoren mit niedrigerer Bonität verlangten.[407] Demzufolge können sich Investoren nicht ausschließlich auf die Untersuchung der Vermögenswerte des Verbriefungsvehikels beschränken, sondern müssen auch die Bonität des Originators bewerten.

Des Weiteren verfügt das Verbriefungsvehikel nicht über eigenes Personal. Die Unternehmensführung obliegt den Angestellten des Originators. Dementsprechend besteht kein Koordinierungsaufwand zwischen den beiden Unternehmensteilen, deren Kosten sich durch die Gründung einer neuen Gesellschaft reduzieren ließen. Die seitens der Transaktionskostentheorie dargestellten Agenturkosten, aufgrund derer die Gründung einer Zweckgesellschaft notwendig erscheint, existieren demzufolge nicht.

Die von *Sester* beschriebenen Vorzüge hinsichtlich der Verwendung einer Zweckgesellschaft lassen sich ebenfalls nicht auf Verbriefungstransaktionen übertragen. Während die Zweckgesellschaft im Rahmen industrieller Projektfinanzierung als Bindeglied zwischen den verschiedenen Beteiligten fungiert, verfolgen die bei Kreditverbriefungen gegründeten Zweckgesellschaften einen entgegengesetzten Zweck. Sie dienen nicht als Mittel zur Risikoübernahme, sondern sollen vor einer potentiellen Inanspruchnahme schützen. Eine Investition realwirtschaftlicher Projekte stellt zwar den Ausgangspunkt einer Verbriefungstransaktion dar, wirkt sich jedoch nicht auf deren strukturelle Ausgestaltung aus. Die vertraglichen und gesellschaftsrechtlichen Vereinbarungen hinsichtlich der zwischengeschalteten Zweckgesellschaft sind nicht Ursprung einer eigenen Rechtsordnung. Sie dienen vielmehr der Umgehung etablierter Institutionen der Privatrechtsordnung, beispielsweise in Form des Ausschlusses eines Insolvenzrisikos.

Für den Bereich der ABCP-Programme ist eine Risikoübernahme seitens der externen Kapitalgeber ebenfalls nicht erkennbar. Aufgrund der kurzen Laufzeit der emittierten Geldmarktpapiere steht es Investoren faktisch jederzeit frei, ihre Finanzierungsentscheidung zu revidieren. Sofern der jeweilige Kapitalgeber das investierte Geld für andere Zwecke verwenden möchte, kann er von einer Refinanzierung des Investitionsvehikels Abstand nehmen. Im Gegensatz dazu sind bei Infrastruktur- und Industrieprojektfinanzierungen die Finanzierungsvereinbarungen für die jeweilige Transaktion maßgeschneidert und die Rechtspositionen der verschiedenen

---

407 *Gorton/Souleles*, in: Financial Institutions, S. 549, 554.

Kreditgeber nicht fungibel.[408] Die Kreditlaufzeiten erstrecken sich über mehrere Jahre, so dass der Kapitalgeber über andere Wege sein Kreditrisiko absichern muss.

Das Risiko für Investoren in Geldmarktpapieren wird sehr niedrig gehalten, da im Rahmen eines ABCP-Programmes der Originator und das Verbriefungsvehikel mittels einer Liquiditätslinie miteinander verbunden bleiben. Dies widerspricht ebenfalls dem ökonomischen Ansatz des Entity Shielding. Wie sich anhand des Beispiels der IKB erkennen lässt, ist in diesen Konstellationen nicht von geringeren Kosten im Falle einer Insolvenz auszugehen. Als das Verbriefungsvehikel Rhineland Funding in Finanzierungsschwierigkeiten geriet, musste die IKB einspringen. Um einen vollständigen Zusammenbruch des gesamten Finanzsystems zu verhindern, wurde das Kreditinstitut durch staatliche Nothilfemaßnahmen gerettet.

Demzufolge erscheint es sinnvoll, nach anderen Gründen zu fragen, aufgrund derer Kreditverbriefungen immer öfter als Mittel zur Kapitalaufnahme durch Finanzinstitute verwendet wurden und sich ebenfalls stets Absatzmöglichkeiten finden ließen. Basierend auf den Erkenntnissen der bisherigen Untersuchung geht auch dieses Kapitel davon aus, dass der Vorzug einer Kreditverbriefung nicht allein auf deren effiziente Organisationsstruktur reduziert werden kann, sondern auf einer Veränderung der rechtlichen Struktur der gehandelten Finanzinstrumente beruht.

V. Rechtliche Besonderheiten von Kreditverbriefungen

Die Struktur einer Verbriefungstransaktion ist nicht nur unter ökonomischen Gesichtspunkten ein interessantes Analyseobjekt. Auch aus rechtswissenschaftlicher Perspektive handelt es sich um eine Konstruktion, die eine Vielzahl an juristischen Besonderheiten aufweist. Dies liegt unter anderem daran, dass die ersten Kreditverbriefungen sich nach den Rechtsordnungen angelsächsischer Common-Law-Jurisdiktionen richteten. Erst später etablierte sich die Finanzierungspraxis in Civil-Law-Regimen. Im Zuge der globalen Expansion des Kreditverbriefungsgeschäfts mussten daher in den kontinentaleuropäischen Rechtsordnungen verschiedene Anpassungen vorgenommen werden, um einen gleichartigen Transaktionsablauf wie in den USA oder Großbritannien zu ermöglichen. Auch zwischen den kontinentaleuropäischen Rechtsordnungen wurde unterschiedlich mit dem Phänomen der Kreditverbriefung umgegangen. Während in Frank-

---

408 *Sester*, Projektfinanzierungsvereinbarungen, S. 219.

reich, Portugal, Spanien oder Italien Sondergesetze für Kreditverbriefungen eingeführt wurden, unterlagen diese nach deutschem Recht den allgemeinen privatrechtlichen Bestimmungen.[409]

Kreditverbriefungen weisen neben vertraglichen Sondervereinbarungen auch sachen-, gesellschafts- und insolvenzrechtliche Besonderheiten auf. Ausgehend von den Thesen der Legal Theory of Finance sollen dementsprechend sämtliche Aspekte einer Verbriefungstransaktion untersucht werden.

1. Rechtspolitischer Hintergrund

Die Entscheidung der US-amerikanischen Regierung, den amerikanischen Traum vom Eigenheim mit Hilfe eines Sekundärmarktes für Hypotheken zu fördern, stellt den Ausgangspunkt des Verbriefungsgeschäfts in den Vereinigten Staaten dar. Die ersten Verbriefungstransaktionen fanden in den USA in den 1970er Jahren statt und wurden von staatlich gesponserten Kreditanstalten (sog. Government Sponsored Entities) durchgeführt. Dies führte zur Gründung der Hypothekenbank Freddie Mac sowie dessen Ermächtigung, gemeinsam mit der Federal National Mortgage Association (FNMA – Fannie Mae) Wertpapiere zu emittieren, mit deren Hilfe Kapital zum Ankauf von Hypotheken gesammelt wurde. Dies war der Startschuss zu einem globalen Verbriefungsboom für die nächsten Jahrzehnte, der erst mit dem Zusammenbruch des Geldmarktes während der Finanzkrise gebremst wurde.[410]

In Deutschland erfuhr die Verbriefungspraxis ebenfalls einen Aufschwung, als ein allgemeiner politischer Wille bestand, dass für eine zukünftige Wettbewerbsfähigkeit Deutschlands als Finanzplatz in einem vereinten Europa gesetzgeberische Maßnahmen ergriffen werden müssten, welche den Bedürfnissen der Finanzindustrie gerecht würden. Nach der Einführung des Euro im Jahre 1999 wurden zu Beginn des neuen Jahrtausends erste entsprechende Gesetzgebungsinitiativ initiiert. Damals musste sich die Finanzindustrie von den Folgen des Platzens der Dotcom-Blase erholen. In einem Umfeld niedriger Zinserträge kam in der politischen Landschaft die Frage auf, welche Rolle Deutschland in einem harmonisierten Finanzmarkt einnehmen würde. Die Rolle Londons als eines der glo-

---

409 *BCG*, Optimale staatliche Rahmenbedingungen, S. 46; *Ramos Muñoz*, Securitization, S. 53.
410 *Kaplan*, Legal Theory of Finance.

balen Finanzzentren und herausragender Standort in Europa und die Angst, dass Paris Frankfurts Position in Kontinentaleuropa gefährden könne, ermöglichten eine weitgehend unreflektierte Liberalisierung des Finanzwesens.[411]

An diesem Prozess waren auch verschiedene Lobbygruppen beteiligt, von denen die prominenteste die Initiative Finanzstandort Deutschland war. Eine andere war die True Sale Initiative (TSI), die im Jahr 2004 von 13 deutschen Banken ins Leben gerufen wurde. Ziel dieser Vereinigung war und ist bis heute die Förderung von Kreditverbriefungen in Deutschland nach deutschem Recht.[412] Neben klassischer Lobbyarbeit betreibt die TSI ebenfalls eine Verbriefungsplattform, implementiert Standards für den Ablauf einer Kreditverbriefung und veranstaltet Workshops und Tagungen rund um das Thema Kreditverbriefung.

Ein unreflektierter und unkritischer Umgang mit den Wünschen der Finanzindustrie lässt sich ebenfalls im Gesetzgebungsprozess wiederfinden. Im Zuge eines Reformvorhabens zur Verbesserung der rechtlichen Rahmenbedingungen für Kreditverbriefungen beauftragte das Bundesfinanzministerium im Jahr 2004 die Boston Consulting Group (BCG) mit der Begutachtung möglicher gesetzlicher Änderungen. Nach Ansicht der Unternehmensberatung hatte der deutsche Verbriefungsmarkt im „internationalen Vergleich [einen] erheblichen Nachholbedarf".[413] Vor allem die fehlende Rechtssicherheit in insolvenzrechtlichen Fragen wurde in diesem Zusammenhang als eines der zentralen Hindernisse betrachtet.[414] Die BCG identifizierte notwendige Handlungsmöglichkeiten für die Übertragung von Forderungen und Sicherheiten, deren buchhalterische und regulatorische Anerkennung sowie die schnelle und vollständige Verwertung der Vermögensgegenstände.[415]

---

411 Vgl. *Spahn/Busch*, Entwicklungsperspektiven.
412 Vgl. http://www.true-sale-international.de/die-tsi/tsi-im-ueberblick/ (letzter Zugriff: 10.05.2020).
413 *BCG*, Optimale staatliche Rahmenbedingungen, S. 8.
414 *BCG*, Optimale staatliche Rahmenbedingungen, S. 64: „Handlungsmöglichkeiten bestehen bei der vereinfachten, insolvenzfesten Übertragung von Forderungen und Sicherheiten, der Anerkennung des Risiko- und Forderungsabgangs (buchhalterisch, regulatorisch) und der schnellen und vollständigen Verwertung."
415 *BCG*, Optimale staatliche Rahmenbedingungen, S. 64.

2. Kreditverbriefung als Rechtstransformation

Bei der kritischen Betrachtung der Schaffung eines Kreditverbriefungs-marktes kommen verschiedene Rechtsfragen auf. Während sich die bishe-rigen Studien lediglich den Rechtsfragen gewidmet haben, die bei den ein-zelnen Schritten einer Verbriefungstransaktion entstehen, versucht die vor-liegende Arbeit diese in ihrer Gesamtheit rechtlich zu würdigen. Dabei geht es vor allem darum, wo Kreditverbriefungsinstrumente im Span-nungsfeld zwischen dinglichen und persönlichen Rechten zu verorten sind. Während dies bei den Wertpapieren durch die Verknüpfung mit einer körperlichen Urkunde erreicht werden konnte und beim bargeldlo-sen Zahlungsverkehr einer Vielzahl an sondergesetzlichen Modifikationen bedurfte, ist die rechtliche Bewertung bei Kreditverbriefungen noch ein wenig diffiziler. Gegenüber der Rechtsordnung des Zahlungsverkehrs ist das Zusammenwirken privater Regulierungsmaßnahmen und gesetzgeber-sicher Modifikationen bei Kreditverbriefungen noch ausgeprägter. Deren Funktion als wesentlicher Bestandteil des Schattenbankwesens ist ein wei-teres Indiz dafür, dass es den Marktteilnehmern ebenfalls ein Anliegen ist, ein funktionales Äquivalent zu Bar- und Buchgeld zu generieren.

Um dies zu erreichen, muss den Gläubigern zunächst ein exklusiver und einwendungsfreier Anspruch auf Vermögenswerte des Schuldners einge-räumt werden. Bei Kreditverbriefung wird dies durch die Gründung eines isolierten Vertragspartners in Gestalt des SPV erreicht. Neben einer ausrei-chenden Ausstattung mit Vermögenswerten müssen die Auszahlungsan-sprüche auch vor allzu volatilen Wertveränderungen geschützt werden. Ein Äquivalent zum Einlagensicherungssystem im bargeldlosen Zahlungs-verkehr liegt hier in der Zentralbankfähigkeit von Kreditverbriefungsin-strumenten.

a. Gründung eines unabhängigen Trägers von Vermögenswerten

Viele Studien, die sich mit der Finanzkrise und insbesondere dem Schat-tenbankwesen beschäftigt haben, haben hervorgehoben, dass die Populari-tät des Einsatzes von Zweckgesellschaften darauf zurückzuführen gewesen sei, dass sowohl diese als auch die ihnen gegenüber abgegebenen Liquidi-tätszusagen von Seiten des Originators nicht hätten bilanziert werden müs-sen.[416] Daher befasst sich die rechtliche Analyse des Schattenbankwesens

---

416 *Hellwig*, in: Verhandlungen des 68. DJT, E 26.

zuerst mit den für Verbriefungstransaktionen gegründeten Zweckgesellschaften.

Durch eine Zweckgesellschaft lassen sich nicht nur unterschiedliche Haftungssphären gründen. Mit Hilfe eines SPV können Banken ebenfalls eine Entlastung von der Eigenkapitalunterlegungspflicht herbeiführen. Voraussetzung dafür ist jedoch, dass die gegründete Zweckgesellschaft nicht mehr in der konsolidierten Konzernbilanz des Originators geführt werden muss. Ansonsten würde der Effekt der Ausbuchung, der an die Zweckgesellschaft übertragenen Forderungen, durch eine Pflicht zur Konsolidierung der Zweckgesellschaft wieder aufgehoben.

Die Aufstellungspflicht für Unternehmen innerhalb einer konsolidierten Konzernbilanz richtet sich nach § 290 HGB. In dessen Abs. 1 ist der Grundsatz manifestiert, dass bei Bestehen einer beherrschenden Einflussnahme auf ein anderes Unternehmen dieses bei der Bilanzierung zu berücksichtigen ist.[417] Speziell für Zweckgesellschaften schreibt § 290 Abs. 2 Nr. 4 HGB vor, dass diese in der Konzernbilanz aufzustellen sind, wenn das Mutterunternehmen bei wirtschaftlicher Betrachtung die Mehrheit der Chancen und Risiken trägt. Dies führt zu dem Problem, dass für eine für den Zweck der Forderungsübertragung gegründete Zweckgesellschaft eine Bilanzierungspflicht besteht, sobald der Originator alleiniger Gesellschafter der Zweckgesellschaft wäre oder wirtschaftlich die Mehrheit der Chancen und Risiken tragen würde. Dieses Problem ließe sich damit umgehen, dass eine andere Person die Stellung der rechtlichen oder wirtschaftlichen Inhaberschaft übernehmen würde. In der Regel fehlt es jedoch an Marktteilnehmern, die diese Rolle einnehmen möchten. Dies liegt vor allem an den sehr niedrigen Ertragsaussichten, welche damit zusammenhängen, dass der Originator für seine Rolle als Servicer Gebühren als Gegenleistung erlangt. Die Kosten einer Bilanzierung der Zweckgesellschaft würden demnach die Ertragsaussichten erheblich übersteigen.

Eine Lösung für dieses Problem wurde federführend durch die True Sale Initiative in Gestalt einer Verbriefungsplattform konzipiert, welche im Jahr 2004 ins Leben gerufen wurde. Hinter der Verbriefungsplattform verbergen sich gemeinnützige Stiftungen, an welche die Gesellschaftsanteile nach Gründung der Zweckgesellschaft übertragen werden.[418] Der Zweck der TSI-Stiftungen liegt in der Wissenschafts- und Finanzplatzförderung, was in Gestalt wissenschaftlicher Tagungen und der Auslobung von För-

---

417 Münchener Komm. HGB³-*Busse von Colbe*, § 290, Rn. 13.
418 *Basel Committee*, Special Purpose Entities.

derpreisen verfolgt wird.[419] Zusätzlich zu den steuerlichen Vorteilen einer Stiftungsgründung unterliegen diese nicht denselben Bilanzierungsregeln und Eigenkapitalvorschriften, wie es bei einem Kreditinstitut der Fall wäre.

Trotz der für den Finanzmarkt untypischen Verwendung der Rechtsform einer Stiftung beschreibt der Begriff der Regulierungsarbitrage das vorliegende Phänomen nur ungenügend. Zwar entzieht man sich mit Hilfe der Verbriefungsplattform der Bilanzierungspflicht und der Pflicht zur Eigenkapitalunterlegung. Andererseits entzieht sich dieser Teil einer Verbriefungstransaktion nicht gänzlich einer rechtlichen Qualifizierung, sondern bedient sich lediglich einer anderen Rechtsform, welcher deren wirtschaftlichen Funktion aus Sicht der Marktteilnehmer entspricht.

b. Verbriefungen als Wertpapiere

Die Zweckgesellschaft finanziert den Ankauf der an sie übertragenen Kreditforderungen durch die Emission von Fremdkapitalinstrumenten. Bei den emittierten Wertpapieren handelt es sich zivilrechtlich um Schuldverschreibungen gemäß § 793 BGB.[420] Dieses Rechtsinstitut, das sich im Laufe des 19. Jahrhunderts etablierte,[421] entwickelte sich im 20. Jahrhundert zu einem der klassischen Finanzierungsmittel am Kapitalmarkt.

Im Gegensatz zu herkömmlichen wertpapierbasierten Finanzierungsformen nehmen Kreditverbriefungen eine gesonderte Stellung ein. Dies geht auf den Umstand zurück, dass die Finanzinstrumente von der Zweckgesellschaft emittiert werden. Zahlungsansprüche können dementsprechend nur gegenüber dieser geltend gemacht werden. Da die Zweckgesellschaft lediglich die Inhaberschaft der seitens des Originators ausgelagerten Vermögensgegenstände vermittelt,[422] ist deren ausreichende Ausstattung aus Investorensicht maßgeblich.

Die Vermittlung von Vermögensgegenständen ist rechtlich nicht unproblematisch. Vor allem sind die Rechtsformen, welche dafür in angelsächsischen Rechtsordnungen verwendet werden, nicht mit dem deutschen Privatrechtssystem kompatibel. In den angelsächsischen Ländern werden zum

---

419 Vgl. http://www.true-sale-international.de/die-tsi/wissenschafts-und-finanzplatzf
     oerderung/die-stiftungen/ (letzter Zugriff: 10.05.2020)
420 *Lehmann*, Finanzinstrumente, S. 128, *Zeising*, BKR 2007, 311, 314.
421 Vgl. oben Zweiter Teil B.
422 *Lehmann*, Finanzinstrumente, S. 129.

Großteil sogenannte „trust structures" verwendet, um die Eigentumspositionen der Zweckgesellschaft vom Vermögensbestand des Originators zu trennen. Meistens wird die Zweckgesellschaft als sogenannter Purpose Trust mit Sitz in Bermuda, den Cayman Islands oder den Britischen Jungferninseln gegründet.[423] Durch eine „trust structure" lassen sich die Eigentumspositionen zwischen Zweckgesellschaft und Originator aufteilen. Dieses Konzept ist jedoch mit dem sachenrechtlichen Rechtsprinzip eines absoluten und umfassenden Rechtsschutzes nicht vereinbar.[424]

Da die Rechtsform des Trust in der deutschen Privatrechtsordnung nicht existiert, werden Zweckgesellschaften nach deutschem Recht in der Regel als Gesellschaft mit beschränkter Haftung gegründet.[425] In einem zweiten Schritt werden dann die zu verbriefenden Vermögenswerte vom Originator an die Zweckgesellschaft übertragen.

Die Art und Weise der Übertragung bestimmt sich nach der Natur des jeweiligen Vermögensgegenstandes. Vor allem bei der Übertragung von Immobilienkreditportfolios sind daher einige Besonderheiten hinsichtlich der mit den Darlehensforderungen verknüpften Kreditsicherheiten zu berücksichtigen. Für deren rechtswirksame Übertragung bedarf es eines entsprechenden Grundbucheintrags. So ist beispielsweise bei der Übertragung einer Grundschuld gemäß § 1192 Abs. 1 BGB i.V.m. §§ 1154 Abs. 3, 873 Abs. 1 Var. 3 BGB eine Grundbucheintragung notwendig. Des Weiteren verlangt § 55 Abs. 1 GBO eine Bekanntmachung der Eintragung an den Antragsteller, einreichenden Notar und sämtliche aus dem Grundbuch ersichtlichen Personen. Auch wenn die Bekanntmachungspflicht nicht die Wirksamkeit der Vermögensübertragung gefährdet, entstehen durch diese administrative Kosten, die bei einem Umfang von beispielsweise mehreren tausend Immobilienkrediten – was keine unübliche Größenordnung bei Kreditverbriefungen darstellt – einen wesentlichen Aspekt für die Durchführbarkeit einer Transaktion und somit die Auswahl einer Rechtsordnung bedeutet.

Noch schwerwiegender sind der enorme zeitliche Aufwand und das Verzögerungsrisiko, das mit den jeweiligen Grundbucheintragungen einhergeht. Dies liegt vor allem an der dezentralen Grundbuchverwaltung, welche eine effiziente Vermögensübertragung verhindert. Da die Grundbuchumschreibung bei jedem Grundbuchamt am Belegenheitsort des jeweili-

---

423 *Gorton/Souleles*, in: Financial Institutions, S. 549, 555.
424 *Ramos Muñoz*, Securitization, S. 52 f.
425 *Baums*, WM 1993, 1, 8.

gen Grundstücks beantragt werden muss, kann die Umschreibung sämtlicher Eigentumsverhältnisse mitunter bis zu sechs Monate dauern.[426]

In Anbetracht dieser Faktoren haben sich in der Finanzpraxis andere rechtliche Gestaltungsformen etabliert, bei der sich die Vorzüge einer insolvenzfesten Eigentumsübertragung mit niedrigeren administrativen Kosten und Risiken verbinden lassen.

i. Treuhandmodell

Die Kosten, welche durch eine Eintragung der Änderung der Grundbuchverhältnisse entstehen würden, lassen sich vermeiden, wenn der Zweckgesellschaft an Stelle einer Vollrechtsübertragung auf andere Weise ein dingliches Recht zugewiesen würde. Dies lässt sich mit Hilfe eines sogenannten Treuhandmodells erreichen. Die Treuhand zeichnet sich dadurch aus, dass ein Treuhänder die Vermögensgegenstände einer anderen Person (Treugeber) innehat und verwaltet.[427] Durch das Treuhandmodell bleibt der Originator zunächst Inhaber der Grundschulden, hält diese jedoch treuhänderisch im Interesse der Zweckgesellschaft.[428]

Im Zusammenhang mit einer Kreditverbriefung käme der Zweckgesellschaft die Rolle des Treugebers zu, während der Originator über die der Zweckgesellschaft zugewiesenen Vermögensgegenstände als Treuhänder verfügt. Die mit der Begründung eines Treuhandverhältnisses verbundenen Zwecke lassen sich mit den Begriffen der Umgehung, Verbergung und Vereinfachung umschreiben.[429] Daneben erfüllt die Treuhand jedoch auch Kreditfunktionen, indem Eigentumsrechte übertragen werden, um das Ausfallrisiko aus Gläubigersicht zu reduzieren.[430] Dogmatisch betrachtet handelt es sich um eine Konstruktion, welche sich zwischen den Kategorien des Schuldrechts und des Sachenrechts bewegt. Dies lässt sich daran erkennen, dass trotz der Annahme, es handele sich bei einem Treuhandverhältnis um ein fiduzarisches Rechtsgeschäft, bei dem eine Vollrechtsübertragung mit nur schuldrechtlicher Bindung des Treuhänders im Innenverhältnis einhergehe,[431] dem Treugeber aufgrund des Treuhandver-

---

426 Vgl. *Tollmann*, WM 2005, 2017, 2019.
427 *Bitter*, Rechtsträgerschaft, S. 3.
428 *Pannen/Wolff*, ZIP 2006, 52, 54.
429 *Bitter*, Rechtsträgerschaft, S. 3.
430 *Liebich/Mathews*, Treuhand, S. 78.
431 *Bitter*, Rechtsträgerschaft, S. 5.

hältnisses besondere Rechte zustehen, die einer dinglichen Berechtigung ähneln. Namentlich stehen dem Treugeber ein Aussonderungsrecht in der Insolvenz des Treugebers sowie das Recht zur Drittwiderspruchsklage bei einem Zugriff von Seiten der Gläubiger des Treuhänders im Wege der Zwangsvollstreckung zu.[432]

ii. Bestehen eines Aussonderungsrechts bei Verbriefungstreuhand

Da sich mit Hilfe einer treuhänderischen Konstruktion eine dingliche Rechtsstellung ohne hohe administrative Hürden begründen lässt, hat sich bei der Kreditverbriefung ein Treuhandmodell etabliert.[433] Die notwendige schuldrechtliche Bindung im Innenverhältnis tritt bei dem Treuhandmodell in der Gestalt auf, dass Originator und SPV einen bedingten Übertragungsanspruch vereinbaren. Die Bedingung im Sinne des § 158 Abs. 1 BGB würde dann eintreten, wenn beispielsweise eine Ratingagentur bei der Bonitätsbewertung des Originators eine Abstufung vornähme oder das Insolvenzverfahren über dessen Vermögen eröffnet würde. Diese Kriterien als Bedingungen des Übertragungsanspruchs entsprechen den Interessen der an der Transaktion beteiligten Parteien. Auf diese Weise sind Investoren, die Wertpapiere von der Zweckgesellschaft erwerben, vor Insolvenzrisiken des Originators geschützt.

Die grundsätzliche Möglichkeit, mit Hilfe einer Verwaltungstreuhand dem Treugeber einen insolvenzfesten Herausgabeanspruch hinsichtlich des Treugutes einzuräumen, ließ trotzdem nicht sämtliche Zweifel an dessen Wirksamkeit im Rahmen einer Verbriefungstransaktion ausräumen. Diese hingen mit einer Entscheidung des Bundesgerichtshofs aus dem Jahr 2003[434] zusammen, durch die indirekt die Insolvenzfestigkeit von Verbriefungstreuhandmodellen in Frage gestellt wurde. In dem Grundsatzurteil entschied der Bundesgerichtshof, dass sich durch eine schuldrechtliche Vereinbarung alleine nicht ein insolvenzrechtliches Aussonderungsrecht herleiten lasse. Neben der schuldrechtlichen Komponente der Treuhandvereinbarung müsse das Treuhandverhältnis auch eine dingliche Komponente aufweisen.[435] Diese sei gegeben, wenn der Treuhänder das Treugut nur mit der aus der Treuhandabrede ersichtlichen Ausübungsbeschrän-

---

432 *Bitter*, Rechtsträgerschaft, S. 5 f.
433 *Tollmann*, WM 2005, 2017, 2019; *Fleckner*, ZIP 2004, 585, 585.
434 BGHZ 155, 227.
435 BGHZ 155, 227, 232.

kung erworben habe. Da der Erwerb für ihn lediglich einen sehr begrenzten Vermögenszuwachs darstelle, widerspreche ein Aussonderungsrecht des Treugebers nicht dem System des Gläubigerschutzes in der Insolvenz.[436] Sofern mit der schuldrechtlichen Beschränkung jedoch nicht die Übertragung eines dinglichen Rechts verbunden sei, widerspreche es dem Konzept des Gläubigerschutzes, der Masse auf diese Weise Gegenstände, die dem Schuldner gehören, zu entziehen.[437] Da es jedoch bei Verbriefungstransaktionen gerade an der entsprechenden dinglichen Komponente fehlte, kamen Zweifel an der Wirksamkeit der bisherigen Finanzierungspraxis auf.

iii. Das Refinanzierungsregister

Auch wenn sich das Urteil des Bundesgerichtshofs nicht ausdrücklich auf Verbriefungstransaktionen bezog, waren True Sale-Transaktionen aufgrund des Risikos der gerichtlichen Feststellung einer unwirksamen Treuhandvereinbarung gefährdet. Daher verging nicht viel Zeit, bis durch eine spezialgesetzliche Regelung die Rechtsunsicherheit beseitigt wurde. Am 23. September 2005 traten die im Kreditwesengesetz neu eingefügten §§ 22a–o in Kraft. Im Rahmen des Gesetzesvorhabens zur Neuorganisation der Bundesfinanzverwaltung wurden ebenfalls Regelungen für das sogenannte Refinanzierungsregister (§§ 22a–o KWG) verabschiedet. Durch die Nutzung des Refinanzierungsregisters können Kreditinstitute auch rückwirkend True-Sale-Kreditverbriefungen insolvenzfest ausgestalten. Das Kreditinstitut, welches im Rahmen einer Verbriefung die Rolle des Originators einnimmt, muss dafür lediglich ein Register führen, in dem die Vermögensgegenstände der Kreditverbriefung eingetragen werden. Dabei handelt es sich um die Vermögensgegenstände, bezüglich derer der Zweckgesellschaft ein bedingter Übertragungsanspruch zusteht. Für diese besteht ein Aussonderungsrecht in der Insolvenz, welches nun in § 22j Abs. 1 KWG nunmehr ausdrücklich normiert ist.

Nach Auffassung des Gesetzgebers liege die rechtssichere Durchführung einer Verbriefungstransaktion nicht nur im Interesse der daran beteiligten Finanzinstitute. Grund für die schnelle Reaktion auf das Urteil des Bundesgerichtshofes sei ein „erhebliches volkswirtschaftliches Interesse an einer Erleichterung der Finanzierung und Refinanzierung der deutschen

---

436 BGHZ 155, 227, 233 f.
437 BGHZ 155, 227, 234.

Wirtschaft".[438] Letztlich könne der Mittelstand von gesunkenen Refinanzierungskosten nur dann profitieren, wenn eine Finanzierung am Kapitalmarkt mit Hilfe von Zweckgesellschaften möglich sei.[439] Durch die Einführung der §§ 22a ff. KWG würden weitere Probleme für eine erfolgreiche Finanzierung am Kapitalmarkt behoben, da sich durch das Refinanzierungsregister eine insolvenzfeste Rechtsposition begründen lasse, ohne dass die Übertragung der Refinanzierungsgegenstände notwendig sei.[440]

c. Erweiterte Insolvenzfestigkeit

Der in der Literatur verwendete Begriff der Insolvenzfestigkeit sollte nicht zu weit verstanden werden. Bei einer Verbriefungstransaktion bestehen auf verschiedenen Ebenen Insolvenzrisiken, die bei der Transaktionsstruktur beachtet werden müssen. Einerseits ist die bereits erörterte insolvenzfeste Übertragung von Vermögensgegenständen vom Originator auf die Zweckgesellschaft problematisch. Daneben ist auch die Zweckgesellschaft für sich betrachtet einem – zumindest theoretischen – Insolvenzrisiko ausgesetzt, welches aufgrund ihrer Rechtsform als Körperschaft besteht. Für den Erfolg einer Verbriefungstransaktion muss daher auch das Insolvenzrisiko bezüglich der Zweckgesellschaft eliminiert werden. Um Verwechslungen zu vermeiden, wird für die Absicherung vor Insolvenzrisiken der Zweckgesellschaft im Rahmen dieser Bearbeitung der Begriff der erweiterten Insolvenzfestigkeit verwendet.[441]

Rechtsökonomische Studien haben sich fast ausschließlich mit der Insolvenzfestigkeit des Übertragungsanspruchs zwischen Originator und Zweckgesellschaft beschäftigt. Aus ökonomischer Sicht handele es sich dabei um eine Organisationsform, welche dem Konzept des Entity Shielding gleichstehe.[442] Durch eine erweiterte Insolvenzfestigkeit sollen dementgegen nicht unterschiedliche Haftungssphären geschaffen werden, sondern grundsätzlich ein Haftungsrisiko der Zweckgesellschaft eliminiert werden.

Dies ist in manchen Rechtsordnungen im Wege spezialgesetzlicher Regelungen erreicht worden. Den Weg des Ausschlusses eines Insolvenzrisi-

---

438 BT-Drucks. 15/5852, S. 15.
439 BT-Drucks. 15/5852, S. 15.
440 BT-Drucks. 15/5852, S. 16.
441 Der Begriff lehnt sich an das Konzept der „enhanced bankruptcy remoteness" von *Ramos Muñoz* an, s. dazu Capital Mkt. L. Rev. 10 (2015), 239.
442 S.o. Dritter Teil A. IV. 2.

kos durch gesetzliche Sonderregelung wurde in der französischen Rechtsordnung gewählt. Gemäß Vorschrift L214-48 III des Code Monétaire et Financier finden für Verbriefungszweckgesellschaften die Vorschriften des Sechsten Buchs des Code Commercial, in dem das Insolvenzverfahren geregelt ist, keine Anwendung. Diese Regelung wurde durch die Ordonnance No. 2008-556 vom 13. Juni 2008 in Kraft gesetzt. Während französische Verbriefungsvehikel somit per Gesetz von Insolvenzrisiken abgeschirmt werden, muss dieses Ergebnis in der deutschen Rechtsordnung auf andere Weise erreicht werden. Die Einleitung eines Insolvenzverfahrens wird mittels vertraglicher Vereinbarungen verhindert, wodurch eine spezialgesetzliche Regelung ersetzt wird.[443] Zunächst wird das Tätigkeitsfeld der Zweckgesellschaft mittels einer sehr engen Zweckbestimmung im Gesellschaftsvertrag bzw. der Satzung auf dessen Funktion als Verbriefungsvehikel eingeschränkt.[444] Des Weiteren ist niemand bei der Zweckgesellschaft angestellt und alle wesentlichen Geschäftsbesorgungen werden auf Grundlage einer vertraglichen Vereinbarung an den Originator übertragen. Auf diese Weise ist es möglich, die Zweckgesellschaft vor Haftungsfällen aufgrund von Pflichtverletzungen durch Angestellte zu schützen. Darüber hinaus unterzeichnen diejenigen Parteien, die an der Transaktion beteiligt sind und somit in einer vertraglichen Beziehung zur Zweckgesellschaft stehen, sogenannte Non-Petition- bzw. Non-Recourse-Klauseln. In diesen Klauseln verpflichten sich die Parteien, es zu unterlassen, Ansprüche gegenüber der Zweckgesellschaft geltend zu machen oder einen Antrag auf Eröffnung des Insolvenzverfahrens über das Vermögen der Zweckgesellschaft zu stellen.[445]

Gegenüber außenstehenden Investoren sind die aufgrund der Schuldverschreibungen eingegangenen Verpflichtungen so konstruiert, dass kein Insolvenzrisiko entstehen kann. Die Verpflichtung der Zweckgesellschaft ist darauf begrenzt, eingegangene Geldzuflüsse auf die Investoren nach dem Wasserfallprinzip weiterzureichen. Dementsprechend ist auch in der Kapitaladäquanzverordnung (CRR) 575/2013 eine Begriffsbestimmung für Verbriefungen vorgesehen, die besagt, dass eine Verbriefung nur dann gegeben ist, wenn die im Rahmen des Geschäfts oder der Struktur getätigten Zahlungen von der Wertentwicklung der Risikoposition oder des Pools von Risikopositionen abhängen. Dies bedeutet, dass ein Zahlungsanspruch für Investoren erst und nur soweit entsteht, wie ein tatsächlicher Zah-

---

443 Vgl. *Ramos Muñoz*, Bankruptcy-Remote Structures, S. 48.
444 *Deloitte*, Asset Securitization, S. 95.
445 *Deloitte*, Asset Securitization, S. 95.

lungsfluss stattfindet. Ein Überschuldungsrisiko ist somit nicht gegeben. Da, wie bereits zuvor erörtert wurde, die Zweckgesellschaft auch nicht über eigene Vermögenspositionen verfügt und lediglich Inhaberin eines bedingten Übertragungsanspruches ist, besteht auch faktisch kein Anreiz, Vollstreckungsmaßnahmen gegenüber der Zweckgesellschaft vorzunehmen. Aus wirtschaftlicher Sicht verfügt die Zweckgesellschaft nicht über Vermögensgegenstände, für die es sich lohnen würde, Vollstreckungsmaßnahmen durchzuführen.

Die oben dargestellte Abschirmung von Insolvenzrisiken wirft die Frage nach der Rolle von Zweckgesellschaften in der Wirtschaftsordnung auf. Schließlich dient die privatrechtliche Haftung der Regulierung des Wirtschaftssystems.[446] Zum Teil wird die Ansicht vertreten, dass die Grenzen der Vertragsfreiheit erreicht seien, sobald privatrechtliche Vertragsvereinbarungen in die Marktordnung eingriffen.[447] Da in der vorliegenden Arbeit argumentiert wird, dass keine Marktordnung besteht, deren Integrität als Bewertungsmaßstab vertraglicher Vereinbarungen herangezogen werden kann, muss die Frage nach den Grenzen vertraglicher Gestaltungsfreiheit überdacht werden. Am Beispiel der erweiterten Insolvenzfestigkeit lässt sich erkennen, dass sich durch vertragliche Gestaltungen auch faktisch dingliche Rechtspositionen schaffen lassen. Korrelat der körperschaftlichen Rechtssubjektivität ist dessen Teilnahme am Wirtschaftsleben. Da jegliche wirtschaftliche Unternehmung risikobehaftet ist, muss aus juristischer Sicht die Möglichkeit der Rechtsdurchsetzung im Wege von Vollstreckungsmaßnahmen bestehen. Ist diese nicht gegeben, liegt eine unlautere Form der Wettbewerbsbeschränkung vor, da sich einzelne Marktteilnehmer die Vorteile wirtschaftlicher Unternehmungen ohne korrespondierende Risikotragung sichern können.

d. Zugang zum Diskontfenster der Zentralbank

Die Marktfähigkeit eines Kreditverbriefungsinstruments hängt letztlich auch davon ab, ob die emittierten Instrumente von Banken zur Refinanzierung bei der Zentralbank genutzt werden können. Seit Ausbruch der Finanzkrise bestimmen die Anforderungen der Europäischen Zentralbank in ihren Richtlinien für geldpolitische Maßnahmen die Struktur von Verbriefungstransaktionen. Ein preisbestimmender Faktor ist dementsprechend,

---

446 *Haar*, Personengesellschaft, S. 21.
447 *Haar*, Personengesellschaft, S. 21.

ob die Kreditverbriefungen den Zentralbankstandards insoweit gerecht wird, dass diese als „notenbankfähige Sicherheiten" qualifiziert werden.[448] Der Umstand, dass Kreditverbriefungsinstrumente als Sicherheit für Refinanzierungsgeschäfte genutzt werden können, geht über die rein juristische Frage nach deren Wesen als dingliche oder persönliche Rechte hinaus. Indem die Voraussetzungen für den Zugang zum Diskontfester der EZB als wertbestimmender Faktor eines Kreditverbriefungselementes betrachtet werden, gelangen ebenfalls makroökonomische Aspekte in das Blickfeld der rechtlichen Untersuchung.[449] Da die EZB bestimmte Arten privater Finanzinstrumente als notenbankfähige Sicherheit einstuft, wird die Preisbestimmung am Kapitalmarkt beeinflusst. Aufgrund der seitens der EZB festgelegten Diskontrate manifestiert sich eine Preisuntergrenze, da kein Kapitalmarktteilnehmer bereit wäre, einen höheren Diskontsatz zu akzeptieren als den der EZB, die über unbegrenzte Liquiditätsreserven verfügt. Auf diese Weise sorgt die EZB auf dem Interbankenmarkt für notwendige Marktliquidität, indem sie eine Funktion des „dealer of last resort" einnimmt.[450]

Die Leitlinien der Europäischen Zentralbank über die Umsetzung des geldpolitischen Handlungsrahmens des Eurosystems legen Kriterien für Kreditverbriefungen fest, nach denen ein Kreditverbriefungsinstrument als notenbankfähige Sicherheit zu betrachten ist. Insoweit stellen die Art. 72 ff. der EZB-Leitlinie 2015/510 besondere Anforderungen für die Transaktionsstruktur einer Kreditverbriefung auf. Sofern diese Anforderungen nicht erfüllt sind, werden Kreditverbriefungsinstrumente nicht als marktfähige Sicherheiten betrachtet, die für Kreditgeschäfte des Eurosystems geeignet sind. Beispielsweise wird verlangt, dass es sich bei der Kreditverbriefung um eine True Sale-Transaktion handelt, die insolvenzfest strukturiert wurde (Art. 75 Abs. 2). Des Weiteren kann das Eurosystem verlangen, dass unabhängige Rechtsgutachten zur Frage von Anfechtungsrechten erstellt werden, bevor Verbriefungsinstrumente als notenbankfähige Sicherheit eingestuft werden (Art. 76 Abs. 1 lit. a).

Neben strukturellen Aspekten fanden auch die von Ratingagenturen festgelegten Bonitätsstufen Eingang in die geldpolitischen Vorschriften. So

---

448 Siehe generell zu notenbankfähigen Sicherheiten *ECB*, Collateral Eligibility Requirements.
449 S.u. Vierter Teil C. zum Verhältnis der rechtlichen Beschaffenheit eines Finanzinstruments mit makroökonomischen Geldtheorien.
450 Der Begriff des „dealer of last resort" geht zurück auf *Mehrling*, New Lombard Street.

galt nach den Leitlinien aus dem Jahr 2011 (EZB 2011/14) noch, dass lediglich Kreditverbriefungsinstrumente mit einer Bonitätsstufe von AAA bis A- notenbankfähige Sicherheiten seien. Dieser Maßstab wurde in Anbetracht des anhaltenden niedrigen Liquiditätsniveaus in der Eurozone verringert. In der Leitlinie aus dem Jahr 2013 (EZB 2013/4) wurde gemäß Art. 3 Abs. 1 die Untergrenze zulässiger Bonitätsstufen auf BBB herabgesenkt. Diese Maßnahme der qualitativen Lockerung stellt eine Beeinflussung des marktlichen Austauschs für Kreditverbriefungen dar. Wie bereits oben beschrieben, stellt der festgesetzte Bewertungsabschlag („hair cut") eine Preisuntergrenze für Finanzinstrumente dar.[451] Durch den Eingriff in das Marktgeschehen in Form der Anpassung der Bonitätsuntergrenze durch die EZB wurden dementsprechend bestimmte Kreditverbriefungsinstrumente erst marktfähig. Folgt man *Pistors* Ansicht über das Verhältnis zwischen rechtlichen Institutionen und dem Finanzsystem, ließe sich in diesem Zusammenhang die Behauptung aufstellen, dass eine „marktfähige Sicherheit" im Sinne der EZB Leitlinien ihre Marktfähigkeit erst aufgrund ihrer rechtlichen Kategorisierung erlangt und nicht umgekehrt.

Die oben beschriebenen strukturellen Merkmale einer Verbriefung[452] können daher nicht allein im Hinblick auf die Möglichkeit, Transaktionskosten zu reduzieren, betrachtet werden. Verschiedene Aspekte der Transaktionsstruktur gehen auf rechtliche Vorgaben zurück, wie zum Beispiel die Voraussetzungen zur Erlangung des Status der Notenbankfähigkeit gemäß der EZB-Leitlinien.

B. Schlussfolgerung

Das Verhältnis zwischen rechtlichen Institutionen und dem Finanzwesen beschreibt *Pistor* auf prägnante Art und Weise wie folgt:

„In a system that is legally constructed, the ability to participate in the making of rules and the framing of markets is itself a source of economic and political power. It creates a comparative advantage in good times as well as in downturns when existing rules are relaxed or suspended to protect the system from collapse."[453]

Die Entwicklung des Rechtsrahmens für Kreditverbriefungen in Deutschland bestätigt die These *Pistors* weitgehend. Dass die Rechtsord-

---

451 S.o. Dritter Teil A. V. 2. d.
452 S.o. Dritter Teil A. III.
453 *Pistor*, J. Comp. Econ. 41 (2013), 311, 313.

nung einen konstitutiven Beitrag zur Marktfähigkeit von Finanzinstrumenten beisteuert und nicht nur den Austausch von Wertpapieren erleichtert, wurde bereits in den ersten Kapiteln bezüglich der dem modernen Finanzsystem vorausgegangenen Epochen veranschaulicht und bestätigt sich abermals in der Untersuchung des Rechts der Kreditverbriefung. Hier zeigt sich die Parallelität zwischen der funktionalen Notwendigkeit handelbarer Finanzinstrumente und deren rechtlicher Ausgestaltung. In jedem der untersuchten Bereiche waren die Abstraktion des Zahlungsanspruches sowie dessen einwendungsfreie und insolvenzfeste Übertragbarkeit entscheidende Elemente für die Marktfähigkeit eines Finanzinstruments.

Was im Gegensatz zur Analyse abstrakter Zahlungsversprechen und des Rechts des bargeldlosen Zahlungsverkehrs auffällt, ist die Vielzahl an verschiedenen Akteuren und der verwendeten Instrumente, aus denen sich der Rechtsrahmen des Kreditverbriefungsrechts zusammensetzt. Neben der spezialgesetzlichen Privilegierung von Verbriefungstransaktionen, wie am Beispiel der Vorschriften zum Refinanzierungsregister in den §§ 22a ff KWG. zu erkennen ist, bestimmen auch andere Akteure die Rechtsordnung des Kreditverbriefungsmarktes. Zu nennen ist zuallererst die Europäische Zentralbank, welche die Struktur von Verbriefungstransaktionen mittels der Leitlinien zum geldpolitischen Handlungsrahmen beeinflusst.

Daneben bedienen sich auch Marktteilnehmer privatrechtlicher Instrumente, um die Transaktionsstruktur ihren Bedürfnissen entsprechend zu beeinflussen. Vor allem die True Sale Initiative geht mit ihrer Tätigkeit über die Rolle eines bloßen Regelanwenders hinaus. Neben klassischer Lobbyarbeit ermöglicht diese durch das Betreiben einer Verbriefungsplattform die Umgehung der Einhaltung von Bilanzierungsgrundsätzen. Dabei bedient sie sich gemeinnütziger Stiftungen, deren tatsächliches Betätigungsfeld mit dem selbst festgelegten Stiftungszweck nicht mehr übereinstimmt. Die ambivalente Rolle der True Sale Initiative ist mit der von *Pistor* illustrierten Funktion der ISDA vergleichbar. Auch die ISDA bemühte sich durch Lobbyinitiativen um die Anpassung insolvenzrechtlicher Bestimmungen in verschiedenen Jurisdiktionen, um ein rechtliches Fundament für einen globalen Derivatehandel zu schaffen. Daneben nahm die ISDA eine koordinierende Funktion ein, indem sie Standardverträge entwarf, welche den Derivatehandel wesentlich erleichterte und beschleunigte.[454]

---

454 *Pistor*, J. Comp. Econ. 41 (2013), 315, 318.

Letztlich spielen auch gesellschaftsrechtliche und bilaterale Vertragsvereinbarungen eine Rolle in der Schaffung marktfähiger Kreditverbriefungsinstrumente. Mit Hilfe von Non-Petition- und Non-Recourse-Klauseln sowie der Auslagerung sämtlicher Geschäftstätigkeiten wird die in Verbriefungstransaktionen eingesetzte Zweckgesellschaft umfassend vor Haftungsrisiken geschützt. Ein derartiger Eingriff in die Marktordnung sollte nicht nur eine Begrenzung der Vertragsfreiheit zur Folge haben, sondern auch den Einsatz von Zweckgesellschaften insgesamt in Frage stellen. Der Begriff der Zweckgesellschaft ist im Bereich der Kreditverbriefung irreführend. Wie von *Gorton* und *Souleles* richtig erkannt, wird mit Hilfe der Verbriefungsvehikel kein anderer Zweck verfolgt als die Aufteilung von Vermögenspositionen für verschiedene Investorengruppen.[455] Das Halten und Verwalten von beweglichen und unbeweglichen Sachen stellt zwar einen zulässigen Gesellschaftszweck dar.[456] Der Einsatz einer Zweckgesellschaft und die haftungsbefreiende Vertragsvereinbarung sind jedoch als einheitlicher Geschäftsvorgang zu betrachten. Die Gründe für die Beschränkung der Privatautonomie gelten demnach ebenfalls als Grund für die Annahme, dass der Gesellschaftszweck bei Verbriefungsvehikeln gegen die guten Sitten verstoße.

---

455 *Gorton/Souleles*, in: Financial Institutions, S. 549, 550.
456 Münchener Komm. BGB[6]-*Schäfer*, § 705, Rn. 145.

Vierter Teil: Bedeutung der Rechtsordnung für die Geldtheorie

Die Legal Theory of Finance erweitert das Spektrum rechtsökonomischer Untersuchungen nicht nur in Bezug auf die privatrechtliche Institution des dinglichen Rechts, dem eine herausragende Stellung beim Handel mit Finanzinstrumenten zukommt. Die LTF löst ebenfalls den mikroökonomisch fundierten Blickwinkel für die Analyse verschiedener Finanzinstrumente auf, indem das Zusammenspiel zwischen Finanzmärkten und Geldpolitik beleuchtet wird. Da sich die vorliegende Arbeit ebenfalls mit Geldmarktinstrumenten befasst, soll an dieser Stelle ein Blick auf die geldtheoretischen Implikationen, welche durch die neuen Erkenntnisse der Legal Theory of Finance zum Vorschein kommen, geworfen werden.

Seit dem Ausbruch der Finanzkrise im Jahr 2007 und der sich an diese anschließenden Euro-Krise hat sich eine rege wissenschaftliche Diskussion um das Wesen des Geldes entwickelt, welche die Debatte über das Handeln und den zulässigen Handlungsspielraum von Zentralbanken beeinflusst.[457] Eine Auseinandersetzung mit dem Begriff Geld stellt ein besonders schwieriges Unterfangen dar. Genauso, wie eine juristische Abhandlung nie den Begriff Recht vollumfänglich beleuchten kann, sollte auch im Rahmen einer ökonomischen Untersuchung die Verwendung des Geldbegriffs genau abgegrenzt werden. Dieser Abschnitt befasst sich somit mit der Idee, dass Geld ein Transmissionsinstrument zwischen Zentralbanken, Geschäftsbanken und sonstigen Wirtschaftssubjekten im Rahmen der Kreditvergabe und -aufnahme zukommt. Über das Verhältnis zwischen der in einer Volkswirtschaft vorhandenen Geldmenge und der Kreditvergabe durch Geschäftsbanken gibt es divergierende Ansichten.

Eine Ansicht, die sogenannte Warengeldtheorie, vertritt die Auffassung, dass die Zentralbank das Ausmaß der Kreditvergabe durch Geschäftsbanken kontrollieren könne, da ihr die alleinige Entscheidungsmacht über die Bargeldmenge und die Zentralbankeinlagen zustehe. Die andere Ansicht, die sogenannte Kreditgeldtheorie, konstatiert, dass Zentralbanken keine direkte Kontrolle über die Kreditvergabepraxis der Geschäftsbanken hät-

---

457 *Hellwig*, Bargeld.

ten. Ihre Rolle beschränke sich auf stabilisierende Eingriffe als letztmögliche Anlaufstelle für Refinanzierungsgeschäfte durch Geschäftsbanken.

Diese sich gegenüberstehenden volkswirtschaftlichen Ansichten lassen Parallelen zu der juristischen Trennung zwischen dinglichen und obligatorischen Rechten erkennen. Basierend auf den Schlussfolgerungen der vorherigen Abschnitte soll daher illustriert werden, dass eine juristische Betrachtungsweise neue Einblicke bezüglich des Wesens des Geldes sowie dessen Funktion als Medium zwischen Zentralbank, Geschäftsbank und Kreditnehmer liefern kann. Rechtsökonomische Untersuchungen, die sich an den Erkenntnissen der Legal Theory of Finance orientieren, ermöglichen demnach eine Erweiterung des analytischen Spektrums im Hinblick auf typisch makroökonomische Fragestellungen.

A. Die Warengeldtheorie

Die Warengeldtheorie beschreibt das in den Wirtschaftswissenschaften weitgehend anerkannte Verständnis des Geldwesens. Anhänger der Warengeldtheorie gehen davon aus, dass Geld ein Handelsgut sei, das den Status eines allgemein akzeptierten Tauschmittels erlangt habe. Der Prozess bis hin zum Handel mit Bargeld basiere dementsprechend auf privaten Ordnungsmechanismen, an die sich eine hoheitliche Intervention angeschlossen habe. Insgesamt hat sich die Warengeldtheorie jedoch einer Betrachtungsweise verschrieben, welche die Entstehung des Geldwesens als Evolutionsprozess betrachtet.

Die Einordnung von Geld als Ware ist nicht nur aus wissenschaftlicher Sicht von Relevanz. Das Verständnis schlägt auch auf das Verständnis des Finanzwesens, insbesondere der Rolle von Banken und Zentralbanken durch. Dies ist insofern von Bedeutung, als dass geldpolitische Maßnahmen je nach dem Verständnis der Natur des Geldes sich unterschiedlich darstellen.

I. Die Rolle von Banken als Finanzintermediäre

Die Überzeugung von der engen Verknüpfung des Geldes mit dem Tauschhandel zieht sich hin bis zu komplexeren Fragen bezüglich der Rolle von Banken und Zentralbanken sowie zu der Erklärung der Inflationsrate und Produktionskraft einer Volkswirtschaft. In seinem Standardlehrbuch über die Volkswirtschaftslehre beschreibt *Mankiw* Geld als „ein Bündel von Aktiva, die die Menschen in einer Volkswirtschaft regelmäßig dazu verwenden, Waren und Dienstleistungen von anderen Menschen zu erwerben".[458] Im Vergleich zu anderen Aktiva unterscheide sich das Geld demnach nur in der Weise, dass es das gängige Tauschmedium darstelle und somit im Unterschied zu anderen Vermögenswerten unmittelbare Kaufkraft vermittele. Der Vorzug einer Bank sei es, dass sich überschüssige Geldreserven in einer Weise anlegen ließen, dass diese jederzeit abrufbar seien. Der Umstand, dass ein Aktivum schnell in das gängige Tauschmittel umgewandelt werden könne, wird mit dem Begriff der Liquidität beschrieben.[459] Einer Bank komme demnach die Rolle des Finanzintermediärs zu. Aus Kundensicht bringe die Nutzung eines Girokontos verschiedene Vorteile mit sich, da sich Sichteinlagen schnell in Bargeld umtauschen ließen und durch Überweisungen über Sichteinlagen verfügt werden könne.[460] Die Rolle von Banken bestehe so gesehen darin, dass diese das Geld von den Einlegern dafür verwendeten, um es an ihre Geschäftskunden in Form von Krediten zu verleihen.[461]

Basierend auf diesem Verständnis bezüglich des Verhältnisses von Bargeld, Kundeneinlagen und der Kreditvergabe durch Banken entstanden weitere theoretische Modellierungen, anhand derer die Instabilität des Finanzwesens illustriert werden sollte. Die Beiträge von *Diamond, Dybvig* und *Rajan* haben diesen Teil der Banktheorie maßgeblich geprägt. In ihren Untersuchungen betrachten diese Autoren Banken als Bindeglied zwischen Konsumenten, welche eine ständige Verfügbarkeit angesparten Kapitals möchten, und Unternehmern, die auf der Suche nach Finanzierungsquellen sind, um gewinnversprechende Projekte zu realisieren.

Zunächst werden Konsumenten in Typ-1- und Typ-2-Agenten aufgeteilt. Typ-1-Agenten möchten nur nach einer ersten Periode konsumieren und Typ-2-Agenten nach einer zweiten Periode.[462] Da sich jedoch für alle Bankkunden erst nach Ablauf der ersten Periode herausstellt, ob sie ein Typ-1- oder Typ-2-Agent sind, bedürfe es einer Bank, die in beiden Perioden Zugriff auf das Bankguthaben zulasse.[463] Das Geschäftsmodell einer Bank sei jedoch auch für die gesamte Wirtschaftsleistung von Bedeutung, da Banken mit Hilfe der Kundeneinlagen langfristige Kredite an Unternehmen

---

458 *Mankiw*, Grundzüge, S. 792.
459 *Mankiw*, Grundzüge, S. 793.
460 *Burda/Wyplosz*, Makroökonomie, S. 264 f.
461 *Burda/Wyplosz*, Makroökonomie, S. 267.
462 *Diamond/Dybvig*, J. Pol. Econ. 91 (1983), 401, 405.
463 *Diamond/Dybvig*, J. Pol. Econ. 91 (1983), 401, 407 f.

vergäben. Da die Kreditvergabe sich über einen längeren Zeitraum erstreckt als die jederzeit verfügbaren Kundeneinlagen, wird das Geschäftsmodell von Banken mit dem Begriff der Fristentransformation umschrieben.[464] Aufgrund des ständigen Auszahlungsanspruchs eines Bankkunden besteht jedoch auch jederzeit das Risiko eines Bank Run. Von einem Bank Run könne dann gesprochen werden, wenn alle Agenten gleichzeitig nach Ablauf der ersten Periode eine Auszahlung verlangen würden.[465]

Die Bankentheorie ist an der Grundidee der Warengeldtheorie ausgerichtet, da Geld als Mittel betrachtet wird, das die Handelsbeziehungen erleichtere und zur Bezahlung von Steuern genutzt werden könne. Zudem ermögliche es, erlangten Wohlstand zu bewahren.[466] Das Geld, dessen Menge von der Zentralbank kontrolliert wird, ermöglicht es somit, das Geschäftsmodell von Banken zu erleichtern, indem die Risiken eines ineffizienten Bank Run eingedämmt werden. Auch wenn ein Bank Run für sich gesehen ineffizient erscheine, wird das inhärent fragile Geschäftsmodell einer Bank nicht als ineffizient betrachtet. Das immanente Risiko, dass alle Inhaber ständig fälliger Auszahlungsansprüche ihr Geld ausgezahlt haben möchten, verhindere, dass eine Bank gegenüber den kreditfinanzierten Unternehmen, mit der Intention sich eigenmächtig zu bereichern, Vollstreckungsmaßnahmen einleite. Demnach könne sich ein Unternehmer, der während der Laufzeit seines Kredites nicht über ausreichende Liquidität verfüge, darauf verlassen, dass sich die Bank vertragskonform verhalten werde.[467] Darüber hinaus werde es durch die Delegation der Geschäftsführung an die Bank als Intermediär ermöglicht, dass diese die notwendige Expertise generieren könne und die Investoren die notwendige Flexibilität hätten, um zukünftige Präferenzen zu befriedigen.

II. Der Geldmultiplikator und die Rolle von Zentralbanken

Die Menge an Geld, die in einer Volkswirtschaft zirkuliert, ist ein maßgeblicher Indikator für geldpolitische Maßnahmen. Die vorhandene Geldmenge hängt direkt mit dem Umfang der Kreditvergabe in einer Volkswirtschaft zusammen, wodurch deren gesamte Entwicklung beeinflusst werden kann. Daher werden oftmals geldpolitische Maßnahmen mit dem

---

464 *Burda/Wyplosz*, Makroökonomie, S. 267.
465 *Diamond/Dybvig*, J. Pol. Econ. 91 (1983), 401, 408.
466 *Diamond/Rajan*, Am. Econ. Rev. 96 (2006), 30, 30.
467 *Diamond/Rajan*, J. Pol. Econ. 109 (2001), 287, 289.

Ziel ergriffen, durch ein höheres Maß der Kreditvergabe auch die gesamte volkswirtschaftliche Leistung voranzutreiben. Das Verständnis dieser Wirkungszusammenhänge ist untrennbar mit dem Verständnis über die Natur des Geldes verknüpft. Unabhängig davon wird die Zentralbank als entscheidender Akteur geldpolitischer Maßnahmen angesehen.

Basierend auf der Idee des Warengeldes kontrolliert die Zentralbank die in einer Volkswirtschaft vorhandene Geldmenge und kann daher unmittelbaren Einfluss auf die Kreditvergabepraxis der Geschäftsbanken ausüben. Neben dem im Umlauf befindlichen Bargeld ist auch Buchgeld in Form von Sichteinlagen bei der Ermittlung der Geldmenge miteinzubeziehen.[468] Eine Bank kann die Menge an Buchgeld, welche sich in einer Volkswirtschaft im Umlauf befindet, erhöhen, indem sie im Wege der Kreditvergabe Kunden Einlagen gewährt. In einem System partieller Reservehaltung kann eine Geschäftsbank demzufolge aktiv Geld schöpfen, da sie an Stelle des bloßen Haltens von Einlagen auch an der Kreditvergabe teilnimmt.[469]

Anhänger der Warengeldtheorie sind der Auffassung, dass sich der Umfang der Geldschöpfung nach dem sogenannten Reservesatz bemesse. In der Europäischen Union kann die Europäische Zentralbank gemäß Art. 19.1 ESZB-Satzung zur Verwirklichung der geldpolitischen Ziele verlangen, dass die in den Mitgliedstaaten niedergelassenen Kreditinstitute über Mindestreserven auf Konten bei der EZB und den nationalen Zentralbanken verfügen. Mindestreserven können entweder in Form physischer Währung oder durch Guthaben auf Zentralbankkonten gehalten werden. Der Geldmultiplikator, aus dem sich die zu schöpfende Geldmenge ableite, sei demnach der Kehrwert des Reservesatzes.[470] Die Erhöhung des Basisgeldes seitens der Zentralbank durch Offenmarktgeschäfte oder die Reduzierung des Refinanzierungssatzes führe zum Anstieg an liquiden Mitteln bei Geschäftsbanken, welche wiederum zur Kreditvergabe genutzt werden könnten. Basierend auf dem Anteil an liquiden Mitteln, welche eine Bank halten müsse, lasse sich demnach anhand des Geldmultiplikators der Anstieg der gesamten Geldmenge bestimmen.[471]

Basierend auf der Überlegung, dass Zentralbankgeld die Basis der in der Wirtschaft befindlichen Geldmenge darstellt, seien Zentralbanken in der Lage, das Maß der Kreditvergabe so zu erweitern oder zu reduzieren, wie

---

468 *Mankiw*, Grundzüge, S. 796.
469 *Mankiw*, Grundzüge, S. 802.
470 *Mankiw*, Grundzüge, S. 805.
471 *Mishkin*, Economics, S. 391.

es aus volkswirtschaftlicher Sicht notwendig erscheine.[472] Eine Anhebung des Basisgeldes könne die Vergabe notwendiger Kredite ermöglichen, sich jedoch auch negativ auf das Preisniveau auswirken. Die Inflationsrate wird daher als Indikator für währungspolitische Maßnahmen herangezogen. Schaffe es eine Zentralbank, stetig eine niedrige Inflationsrate zu halten, lasse sich sowohl Preisstabilität als auch ein kontinuierliches Wirtschaftswachstum gewährleisten.[473]

Makroökonomische Ansätze, welche auf der Grundannahme beruhen, dass Geld zunächst in seiner Eigenschaft als Tauschware zu verstehen sei, verschließen nicht die Augen vor der Möglichkeit, durch die Gewährung schuldrechtlicher Auszahlungsansprüche Geldschöpfung zu betreiben. Der Mechanismus dieser privaten Geldschöpfung durch Sichteinlagen ist hingegen der maßgebliche Unterschied zu den Kreditgeldtheorien. Beide Ansätze differieren im Hinblick auf die Reihenfolge zwischen Einlagen, Kreditvergabe und vermeintlicher Refinanzierung. Daher gehen die Warengeldtheorien davon aus, dass zunächst Geld in Form von Zentralbankwährung bei der Bank eingezahlt werde, um dann weiterverliehen zu werden.[474]

B. Kredittheorien des Geldes

Den Gegenentwurf zu den Warengeldtheorien bilden die Kreditgeldtheorien. Deren Vertreter berufen sich auf historische und anthropologische Untersuchungen, welche den Tauschmythos widerlegen.[475] Grundlage von Handelsbeziehungen sei nicht die sofortige Gegenleistung in Form eines von beiden Parteien als gleichwertig betrachteten Gegenstandes. Dem Austausch von Waren liege vielmehr die beiderseitige Anerkennung einer Schuld zugrunde. Diese Grundidee des Warenaustausches lasse sich auch auf moderne Finanzsysteme übertragen. Geldzahlungen seien demnach nicht der Austausch einer Ware gegen das allgemein akzeptierte Tauschmittel, sondern die Begründung einer Kreditbeziehung zwischen den Handelspartnern, deren Erfüllung die Begründung einer neuen Zahlungsverpflichtung sei. Sofern es sich bei der Zahlung um eine Bargeldzahlung handele, manifestiere sich in dem Bargeld lediglich die Schuld des Souve-

---

472 *Burda/Wyplosz*, Macroeconomics, S. 217.
473 *Burda/Wyplosz*, Macroeconomics, S. 220.
474 *Burda/Wyplosz*, Macroeconomics, S. 208.
475 *Graeber*, Schulden, S. 27–49.

räns. Das durch den Staat ausgegebene Bargeld sei als Schuldverhältnis zu verstehen, welches durch die Erfüllung einer Steuerpflicht beglichen werden könne.[476] Bei Währungseinheiten handele es sich demnach lediglich um abstrakte Maßeinheiten.[477]

I. Banken als Ausgangspunkt eines kreditbasierten Geldsystems

Der Umstand, dass man Geld lediglich als Rechnungseinheit betrachtet, der losgelöst von einem körperlichen Gegenstand bestehen kann, schlägt sich auch auf das Verständnis des Bankwesens durch. Anhänger der Kreditgeldtheorie gehen davon aus, dass die Kreditlinien bei Banken entscheidend für die im Umlauf befindliche Geldmenge seien. Im Gegensatz zur Warengeldtheorie verändere sich jedoch die Geldmenge, ohne dass es einer Ein- oder Auszahlung von Bargeld bedürfe. Für die Geldschöpfung seien vielmehr die Buchungsvorgänge zwischen Handelsteilnehmern entscheidend.[478] Insofern ist die Theorie als realitätsnäher zu betrachten als die klassischen Banktheorien, da der Großteil der Zahlungsvorgänge im Wege des bargeldlosen Zahlungsverkehrs abgewickelt werden.

Nach der Kreditgeldtheorie hängt eine Veränderung der innerhalb einer Volkswirtschaft vorhandenen Geldmenge davon ab, ob die Parteien eines Zahlungsvorgangs über ein debitorisch oder kreditorisch geführtes Konto verfügen. Sofern beide Parteien Inhaber eines kreditorisch geführten Kontos seien, ändere ein Überweisungsvorgang nichts an der im Umlauf befindlichen Geldmenge. Bei der Überweisung von einem kreditorischen auf ein debitorisch geführtes Konto verringere sich die Geldmenge, da ein bestehender Kreditanspruch der Bank erfüllt werde. Im umgekehrten Fall erhöhe sich die Geldmenge.[479]

Dieses Modell beruht zunächst auf der Überlegung, dass es lediglich eine große Bank gebe, welche sämtliche Zahlungsvorgänge zentralisiert verwalte. Die Risiken einer Liquiditätskrise sind unter Zugrundelegung dieser Annahmen sehr gering, da es sich beim Zahlungszufluss und -abfluss lediglich um Buchungsvorgänge handelt.[480] Erweitert man die Modellierung auf mehrere Banken, steigen gleichermaßen die Geldschöp-

---

476 *Innes*, Banking L.J. 31 (1914), 151, 152.
477 *Graeber*, Schulden, S. 52.
478 *Mehrling*, New Lombard Street, S. 93.
479 *Mehrling*, New Lombard Street, S. 93 f.
480 *Mehrling*, New Lombard Street, S. 104.

fungsmöglichkeiten und Liquiditätsrisiken. Sobald sich Banken unterein-ander Geld leihen, erhöht sich die im Umlauf befindliche Geldmenge da-durch, dass einer Bank als liquide betrachtetes Geld gutgeschrieben wird, welches der anderen Bank lediglich als illiquider Rückzahlungsanspruch zur Verfügung steht.

Sofern das Modell jedoch dahingehend modifiziert wird, dass mehrere Banken an den Zahlungsvorgängen beteiligt sind, unterschiedliche Wert-papiere gehandelt werden, deren Preisentwicklung den Geldbedarf einzel-ner Akteure beeinflusst, zeigen sich die Mechanismen einer Liquiditätskri-se.[481] Basierend auf *Minskys* Hypothese der finanziellen Instabilität kann es passieren, dass jeder am Wirtschaftssystem teilnehmende Akteur plötzli-chen Zahlungsverpflichtungen ausgesetzt ist. Unter Umständen müssen zur Erfüllung dieser Zahlungsverpflichtung Gegenstände veräußert wer-den.[482] Dieses Risiko ist jedem kreditbasierten Wirtschaftssystem imma-nent, da Kreditbeziehungen in der Regel auf starren Rückzahlungsfristen basieren, so dass Kredite einer „inhärenten Instabilität" ausgesetzt sind.[483]

Finanzmarktteilnehmer können zur Erfüllung ihrer Zahlungsverpflich-tung einen Teil ihres Wertpapierportfolios verkaufen. Bei kleineren Ver-käufen handelt es sich um ein reines Zahlungsgeschäft, das ohne größere Probleme abgewickelt werden kann. Der Verkauf größerer Teile eines Wertpapierportfolios erfolgt hingegen im Rahmen einer Transaktion mit einer sogenannten Dealer Bank. Diese ist zur Finanzierung des Ankaufs auf den Kredit einer Bank angewiesen. Da bei den Zahlungsvorgängen un-ter Umständen unterschiedliche Banken beteiligt sind, kann es passieren, dass eine Bank nicht über ausreichende Zentralbankreserven verfügt, um die Zahlungsvorgänge der Finanzierungstransaktion durchzuführen. Zen-tralbankreserven lassen sich durch ein kurzfristiges Finanzierungsgeschäft mit der Zentralbank beschaffen. Daneben besteht auch die Möglichkeit, sich im Geldmarkt mit den notwendigen Zentralbankreserven einzude-cken.[484]

Ein größerer Portfolioverkauf wirkt sich jedoch negativ auf den Preis des gehandelten Wertpapiers aus. Dies bedeutet, dass weniger Zentral-bankgeld im Geldmarkt mit Hilfe des Wertpapiers als Kreditsicherheit be-schafft werden kann und somit eine direkte Finanzierung seitens der Zen-tralbank erfolgen muss. Sofern die verkauften Wertpapiere jedoch keine

---

481 *Mehrling*, New Lombard Street, S. 106.
482 *Minsky*, Financial Instability Hypothesis, S. 7.
483 *Hawtrey*, Currency and Credit, S. 9–12; *Mehrling*, New Lombard Street, S. 12.
484 *Mehrling*, New Lombard Street, S. 95–97.

notenbankfähige Sicherheit darstellen, kann es passieren, dass ein Handel in diesem Segment des Geldmarktes zum Erliegen kommt. Eine negative Preisspirale für ein bestimmtes Wertpapier würde demzufolge einsetzen, wodurch die Nachfrage an liquiden Mitteln bei verschuldeten Finanzmarktteilnehmern stiege. Die nun ausgelöste Kettenreaktion führte zu einem vollständigen Erliegen des Geldmarktes, und die Zentralbank würde zum einzigen Akteur, der in der Lage wäre, Liquidität zur Verfügung zu stellen.[485] Die Folge der Negativspirale wäre, dass ein Großteil des durch den Bankensektor geschaffenen Geldes ohne Zutun der Zentralbank verlorenginge.

Die Warengeld- und die Kreditgeldtheorie basieren beide auf der Idee, dass die Kreditvergabe durch Geschäftsbanken die Geldmenge ansteigen lasse. Bei der Frage, weshalb sich die Geldmenge vergrößere, unterscheiden sich hingegen beide Ansätze. Die Warengeldtheorie geht davon aus, dass ein Anstieg der Geldbasis Geschäftsbanken dazu verleite, mehr Kredite zu vergeben. Die Kreditgeldtheorie sieht die Kreditnachfrage als Ausgangspunkt einer Erhöhung der Geldmenge.[486] Diese werde durch die Verwendung verschiedener Wertpapiere als Kreditsicherheiten bei Geldmarkttransaktionen ermöglicht.

II. Die Zentralbank als Endpunkt der Kreditkette

Die Erkenntnis, dass das heutige Kreditgeschäft in großen Teilen auf Kapitalmarktfinanzierungen beruht, verändert den Blick für die geldpolitischen Handlungsmöglichkeiten von Zentralbanken. Die Warengeldtheorie geht davon aus, dass Zentralbanken über die notwendigen Instrumente verfügten, um die im Wirtschaftssystem befindliche Geldmenge nach ihrem Ermessen zu beeinflussen. Über eine Veränderung der Geldbasis lasse sich der Umfang im Markt befindlicher liquider Mittel steuern. Die Anhänger der Kreditgeldtheorie sind der Ansicht, dass eine solche Darstellung irreführend sei.[487] Entscheidender Faktor sei die Nachfrage durch die Finanzmarktakteure. Dies könne dazu führen, dass in wirtschaftlich guten Zeiten mit hoher Kreditnachfrage verschiedene Wertpapiere als Kreditsicherheiten für Geldmarkttransaktionen verwendet würden, die nicht die Kriterien notenbankfähiger Sicherheiten erfüllten. Solange diese Geld-

---

485 *Mehrling*, New Lombard Street, S. 105–107.
486 *Moore*, Horizontalists and Verticalists, S. 25.
487 *Moore*, Horizontalists and Verticalists, S. 70 f.

markttransaktionen ohne größere Preisabschläge durchgeführt werden könnten, könne auch die hohe Nachfrage nach liquiden Mitteln bedient werden. Sobald jedoch, wie oben beschrieben, Preisanpassungen im Hinblick auf die für Geldmarkttransaktionen verwendeten Sicherheiten notwendig werden, schrumpft die vorhandene Geldmenge in einem Ausmaß und einer Geschwindigkeit, wie es beim Ausbruch der Finanzkrise in den Jahren 2007 und 2008 der Fall war.

Der geringere Einfluss, den Zentralbanken über die im Wirtschaftssystem befindliche Geldmenge ausüben, verändert auch die geldpolitischen Handlungsmöglichkeiten von Zentralbanken. *Mehrlings* Ansicht nach solle sich die Geldpolitik nicht nur auf die Inflationsrate konzentrieren, sondern auch auf die Preise einzelner Wertpapiere achten. Dies geschah vor Ausbruch der Finanzkrise nicht, so dass sich in einzelnen Wirtschaftssegmenten Preisblasen entwickeln konnten, deren Platzen zu einem Zusammenbruch des gesamten Geldmarktes führte.[488] Wird eine Blasenentwicklung nicht verhindert, kann es passieren, dass der Zentralbank im Moment einer Liquiditätskrise die Hände gebunden sind. Sie ist nunmehr gezwungen, einen Geldmarkt, an dessen Entstehen sie nicht aktiv mitgewirkt hat, vor dem Zusammenbruch zu retten und Zentralbankgeld in einem Umfang zu gewährleisten, der nicht mehr als wirtschaftlicher Stimulus zu begreifen ist. Um den totalen Systemabsturz während der Finanzkrise zu verhindern, begann die US-amerikanische Federal Reserve Bank daher, mehr Arten von Wertpapieren als notenbankfähige Sicherheiten zuzulassen, als es vor Ausbruch der Finanzkrise der Fall gewesen war. So erlangten beispielsweise Asset Backed Commercial Papers im Dezember des Jahres 2007 den Status einer notenbankfähigen Sicherheit, nachdem der Markt für diese im Spätsommer zusammengebrochen war.[489]

Im Gegensatz zur Warengeldtheorie, die davon ausgeht, dass die Gewährung von Zentralbankgeld sich über den Geldmultiplikator auf die Kreditvergabe auswirke, komme nach Ansicht der Kreditgeldtheorie das Zentralbankgeld erst am Ende eines Anstiegs der Geldmenge ins Spiel. Durch die Gewährung von Zentralbankgeld für bestimmte Wertpapierkategorien muss demnach das Problem der allgemeinen Verteilungsgerechtigkeit geldpolitischer Maßnahmen adressiert werden.[490] Aufgrund der damit einhergehenden Umverteilungseffekte handelt es sich demnach nicht nur um

---

488 *Mehrling*, New Lombard Street, S. 110 f.
489 *Mehrling*, New Lombard Street, S. 120.
490 *Brunnermeier/Sannikov*, Redistributive Monetary Policy, S. 2 f.

eine Frage der Finanzstabilität, sondern zugleich auch um die damit verknüpften sozialpolitischen Aspekte.

C. Die Bedeutung rechtlicher Institutionen für das Geldwesen

Geld ist von zentraler Bedeutung für das Wirtschaftsleben. Trotzdem, oder
vielleicht gerade deswegen, herrscht immer noch eine rege Diskussion um
dessen Natur und Bedeutung als Institution.[491] In dem vorangegangenen
Abschnitt sollten nicht sämtliche Facetten der wissenschaftlichen Studien,
die sich mit dem Wesen des Geldes auseinandersetzen, beleuchtet werden.
Der kurze Abriss über die Waren- und Kreditgeldtheorie diente zuvorderst
der Skizzierung von zwei sich gegenüberstehenden Betrachtungsweisen in
den Wirtschaftswissenschaften. Als analytisches Konzept verfügen beide
Theorien über Stärken und Schwächen. Während die Warengeldtheorie
aufgrund ihrer Einfachheit intuitiv zugänglich erscheint, ist sie nicht in
der Lage, die komplexen Mechanismen eines kapitalmarktbasierten Finanzsystems zu modellieren. Untersuchungen des Finanzwesens, welche
Geld als ein bloßes Versprechen behandeln, können im Gegensatz dazu
eine Vielzahl verschiedener Finanzinstrumente in die Analyse einbeziehen,
denen eine Geldeigenschaft zugesprochen wird. Diese Öffnung kann hingegen schnell ins Uferlose umschlagen. Nicht alles, was von einzelnen
Marktteilnehmern als Erfüllung einer bestehenden Verbindlichkeit betrachtet wird, sollte unter den Geldbegriff subsumiert werden. Ein entscheidendes Attribut des Geldes ist, dass es sich um ein allgemein anerkanntes Zahlungsmittel handelt.

I. Die juristische Betrachtungsweise als vermittelndes Element

Für die vorliegende Arbeit sind die volkswirtschaftlichen Geldtheorien
von Interesse, da sie eine Verknüpfung mit der privatrechtlichen Untertei-
lung in dingliche und persönliche Rechte ermöglichen. Die Untersuchung
verschiedener Finanzinstrumente in den vorangegangenen Kapiteln hat ergeben, dass es sich bei diesen um rechtliche Konstruktionen handelt, welche sachenrechtliche und schuldrechtliche Eigenschaften in sich vereinen.
Vor allem die Analyse der rechtlichen Konstruktion von Kreditverbriefungen hat gezeigt, dass Finanzmarktakteure oftmals die Vorzüge der schuld-

---

491 *Hodgson*, Conceptualizing Capitalism, S. 147.

rechtlichen Vertragsfreiheit mit der absoluten Wirkung dinglicher Rechte zu verknüpfen versuchen. Für das ökonomische Verständnis des Geldwesens lässt sich demnach die Behauptung aufstellen, dass Geld in modernen Finanzsystemen oftmals zugleich Ware und Kredit sein kann. Diese Behauptung kann hingegen nur dann begründet werden, wenn man der juristischen Analyse diverser Kreditinstrumente eine maßgebliche Bedeutung beimisst. Nur die Rechtsordnung ist in der Lage, diese Doppelnatur des Geldes zu beleuchten. Es ist das zentrale Anliegen der Legal Theory of Finance zu illustrieren, dass rechtliche Institutionen von entscheidender Bedeutung für das Verständnis moderner Finanzsysteme sind. Die juristisch fundierte Analyse der gegensätzlichen Geldtheorien bestätigt die These *Pistors*.

II. Kims Theorie des Geldes als Rechtshybrid

Im Hinblick auf die widerstreitenden makroökonomischen Theorien über das Wesen des Geldes identifiziert *Kim* ein grundlegendes Defizit. Sowohl die Warengeldtheorie, welche Geld als allgemein akzeptiertes Tauschmittel betrachtet, als auch die Kreditgeldtheorien der heterodoxen Makroökonomie gehen nicht auf die rechtlichen Besonderheiten des Geldes ein.[492] Mit seiner These „Money is rights in rem" bezieht sich *Kim* auf die rechtliche Trennung zwischen dinglichen und obligatorischen Rechten. Geld nehme dabei eine Hybridform an, bei der die Vorteile beider Rechtsinstitute miteinander verbunden würden.[493] Entscheidendes Merkmal von Geldinstrumenten sei nicht der intrinsische Wert der verwendeten Sache, sondern die institutionell vorgegebene soziale Bedeutung des Instruments als Sache.[494] Auf diese Weise lasse sich ebenfalls der geldartige Charakter der Finanzinstrumente von Schattenbanken begreifen.[495]

Kim ermöglicht somit einen Zugang für rechtliche Erwägungen in Bezug auf die volkswirtschaftliche Diskussion über die Natur des Geldes. Finanzinstrumente, welche geldgleiche ökonomische Funktionen annehmen, lassen sich nicht kategorisch als Waren oder Kredite einordnen. Aus den Untersuchungen der rechtlichen Konstruktion der verschiedenen Finanzinstrumente in den vorangegangenen Teilen lässt sich erkennen, dass

---

492 *Kim*, J. Econ. Issues 48 (2014), 1005.
493 *Kim*, J. Econ. Issues 48 (2014), 1005, 1007.
494 *Kim*, J. Econ. Issues 48 (2014), 1005, 1010.
495 *Kim*, J. Econ. Issues 48 (2014), 1005, 1015.

die meisten Finanzinstrumente sowohl dingliche als auch obligatorische Elemente aufweisen. Der Einordnung als Rechtshybride ist demzufolge zuzustimmen.[496] Darüber hinaus werden verschiedene juristische Konstruktionen identifiziert, welche die rechtliche Hybridform ausmachen. Die vorliegende Arbeit stellt demnach die These auf, dass es sich bei Geld im wirtschaftlichen Sinn um Rechte handele, welche über dingliche Eigenschaften verfügen. Nur auf diese Weise kann eine Verknüpfung zwischen Waren- und Kreditgeldtheorie hergestellt werden.

---

496 Vgl. *Kim*, Business History 53 (2011), 939, 947; *ders.*, J. Econ. Issues 48 (2014), 1005, 1006.

Fünfter Teil: Zusammenfassung und Ausblick

Nach *Zoltan Pozsars* Ansicht ist eines der zentralen Attribute des Geldes, dass dieses jederzeit zu seinem Nominalwert handelbar sei: „Money always trades at par on demand."[497] Solange an dieser Eigenschaft des Geldes und geldähnlicher Instrumente auch in Zeiten eines rapiden Preisverfalls anderer Finanzinstrumente festgehalten wird, muss anerkannt werden, dass Geld- bzw. geldähnlichen Instrumenten eine privilegierte Position gegenüber anderen Finanzinstrumenten eingeräumt wird. Da die in modernen Finanzmärkten gehandelten Geldinstrumente fast ausschließlich schuldrechtliche Rechtspositionen sind, sind verschiedene rechtliche Modifikationen notwendig, um diese Eigenschaft zu erreichen. Die vorliegende Arbeit hat anhand der aufgeführten Fallbeispiele versucht zu illustrieren, anhand welcher juristischen Gestaltungsformen eine solche privilegierte Position gegenüber anderen Finanzinstrumenten erreicht werden kann.

A. Das Privileg abstrakter Zahlungsansprüche

Ein wesentliches Attribut liegt in der Abstraktion des schuldrechtlichen Anspruches. Obwohl es sich bei obligatorischen Rechten lediglich um sogenannte persönliche Rechte handelt, kann ein Finanzinstrument seinen Geldcharakter nur dann erreichen, wenn sich die schuldrechtliche Verpflichtung umfassend entpersonalisieren lässt. Erste Anzeichen einer solchen Entpersonalisierung sind bereits in der rechtsdogmatischen Verortung von Wertpapieren zu erkennen. Durch die Verkörperung eines schuldrechtlichen Anspruches in einer Urkunde sollten mögliche Einwendungen, die dem Zahlungsanspruch bei dessen Übertragung im Wege der Abtretung anhaften könnten, ausgeschlossen werden.[498]

---

497 *Pozsar*, Money View, S. 7: „Money is usually defined from a functional perspective as a ,unit of account, store of value and medium of exchange'. However, this definition does not take into account the quintessential attribute of money – that money always trades at par on demand – and the institutional arrangements that underpin this attribute."

498 S.o. Zweiter Teil B. III.

Die Idee der Abstraktion des Zahlungsanspruches von persönlichen Attributen wurde für den bargeldlosen Zahlungsverkehr und die Kreditverbriefung weiterentwickelt. Beim bargeldlosen Zahlungsverkehr geschah dies im Wege eines umfangreichen Einwendungsausschlusses.[499] Im Rahmen von Kreditverbriefungstransaktionen wurde Abstraktion dadurch erreicht, dass ein separiertes Vermögen geschaffen wurde, welches als Haftungsmasse dienen sollte.[500]

Neben der Abstraktion des Zahlungsanspruches bedarf es auch noch einer umfassenden Insolvenzabsicherung. Nur auf diese Weise kann gewährleistet werden, dass der Zahlungsanspruch jederzeit zu seinem Nominalwert einlösbar ist. Im Zahlungsverkehr wurden neben der spezialgesetzlichen Regelung der Insolvenzfestigkeit des Zahlungsanspruches Einlagensicherungssysteme entwickelt, mit deren Hilfe gewährleistet werden soll, dass der Auszahlungsanspruch des Bankkunden gegenüber seiner Hausbank unabhängig von deren Bonität unverändert bleibt.[501] Bei dem Einlagensicherungssystem handelt es sich nicht um einen staatlichen Schutzschirm, sondern um einen Sicherungsmechanismus, der auf einer privatrechtlichen Koordination der einzelnen Bankverbände beruht.[502] Am Beispiel der Kreditverbriefungstransaktionen lässt sich gut erkennen, auf welchen Ebenen eine Insolvenzabsicherung notwendig ist. Einerseits darf der Auszahlungsanspruch der Investoren nicht durch eine Insolvenz des Originators beeinträchtigt werden. Darüber hinaus darf auch das Verbriefungsvehikel selbst keinen immanenten Insolvenzrisiken ausgesetzt sein.[503]

Diese Betrachtung bestätigt sich bei zusätzlichen Absicherungsmechanismen, die beim bargeldlosen Zahlungsverkehr sowie für den Handel mit Kreditverbriefungen etabliert wurden.

B. Die Politische Ökonomie des Finanzwesens

Neben der Erörterung der rechtstechnischen Instrumente, die notwendig sind, um einen abstrakten Zahlungsanspruch zu kreieren, der keinen Insolvenzrisiken ausgesetzt ist, sind die auf der Grundlage der Legal Theory of Finance herausgearbeiteten Erkenntnisse ebenfalls im Hinblick auf de-

---

499 S.o. Zweiter Teil C. II. 1.
500 S.o. Dritter Teil A. V. 2.
501 S.o. Zweiter Teil C. IV.
502 *Berger*, BKR 2016, 144, 146 f.
503 S.o. Dritter Teil A. V. 2. c.

ren politische und ökonomische Implikationen zu betrachten. Wie bereits im ersten Teil der Bearbeitung erläutert wurde, erweisen sich die klassischen rechtsökonomischen Erklärungsmodelle für die Analyse moderner Finanzsysteme als ungeeignet, da im Gegensatz zu realwirtschaftlichen Unternehmungen Handelsgüter und Austauschform nicht voneinander getrennt werden können. Die am Ende der Bearbeitung aufgezeigten makroökonomischen Implikationen neu geschaffener geldähnlicher Finanzinstrumente beleuchten außerdem, dass neben den Modifikationen im mikroökonomischen Bereich auch makroökonomische Theorien für die Untersuchung des Finanzwesens von Bedeutung sind.

Speziell der Themenbereich des Geldwesens zeigt darüber hinaus auf, dass das Finanzsystem in der heutigen Zeit nicht lediglich wertneutral als mechanische Austauschbeziehung zwischen zwei Marktteilnehmern begriffen werden kann. *Simitis* hat bereits im Jahre 1960 Geld als „abstrakte unkörperliche Vermögensmacht" umschrieben.[504] Der Machtbegriff ist jedoch weder ein Rechtsbegriff noch ein wirtschaftswissenschaftliches Konzept. Macht taucht im Bereich der Politischen Ökonomie als Faktor der gesamtgesellschaftlichen Güterverteilung auf.[505] Insofern schließt sich der Kreis zu *Pistors* Legal Theory of Finance. In ihrem Artikel, der den Anstoß zu der vorliegenden Arbeit gab, schreibt *Pistor*:

„As such LTF can serve as the foundation for a political economy of finance. Within this framework there is ample room for analyzing the behavior of actors using rational choice models, but also a more socially embedded approach in socioeconomics."[506]

Eine Diskussion über die Machtverhältnisse, die das Finanzwesen in seiner derzeitigen Gestalt geformt haben, ist notwendig. Die vorliegende Arbeit hat aufgezeigt, dass die Rechtsordnung in ihrer derzeitigen Form Finanzmarktteilnehmern die Möglichkeit einräumt, geldähnliche Finanzinstrumente zu kreieren, welche in Zeiten ausreichend vorhandener Marktliquidität als Äquivalent zu hoheitlichem Geld betrachtet und in dieser Art verwendet wurden. Dies führte jedoch dazu, dass in dem Moment, in dem das Vertrauen in die Werthaltigkeit der geldähnlichen Instrumente verlorenging, Zentralbanken als Repräsentanten der hoheitlichen Verwaltung des Geldwesens gezwungen waren, die privat geschaffenen geldähnlichen Instrumente aufzukaufen, um einen Zusammenbruch des gesamten Finanzsystems zu verhindern. Dies bedeutet, dass Markteilnehmern, denen

---

504 *Simitis*, AcP 159 (1960), 406, 427–437.
505 Vgl. *Streeck*, Capitalism, S. 173–175.
506 *Pistor*, J. Comp. Econ. 41 (2013), 315, 316.

es ermöglicht wird, geldähnliche Finanzinstrumente zu schaffen, zugleich eine Position eingeräumt wird, aus welcher heraus diese in der Lage sind, geldpolitische Entscheidungen von Zentralbanken zu beeinflussen.

Dieser Aspekt sollte im Rahmen rechtsökonomischer Untersuchungen des Finanzwesens nicht unberücksichtigt bleiben. Betrachtet man hingegen die Veränderungen der vorgetragenen Argumente in der Zeit zwischen der Debatte um die Zulässigkeit abstrakter Schuldversprechen bis hin zur juristischen Aufbereitung der jüngsten Finanzmarktkrise, ist eine Entwicklung hin zu einer analytischen Eindimensionalität zu erkennen. Bei der Diskussion um das rechtliche Wesen von Inhaberschuldverschreibungen im 19. Jahrhundert fällt auf, dass neben den juristischen Ausführungen bezüglich der Zulässigkeit abstrakter Versprechen und der Umgehung von Schuldnerschutzvorschriften auch eine Vielzahl anderer Argumente in die Diskussion einfloss. Als Diskussionsbeiträge wurden neben Ideen über das Wesen der am Wirtschaftsleben teilnehmenden Personen, wie die Freiheit der Willensherrschaft, auch die Forderung nach einer hoheitlichen Begrenzung der Ausgabe geldähnlicher Schuldverschreibungen vertreten. Während der Einführung des bargeldlosen Zahlungsverkehrs herrschte ein Bewusstsein dafür, dass der Transfer schuldrechtlicher Buchgeldpositionen funktional äquivalent zu der Eigentumsübertragung von Münzgeld sein müsse.

Die Etablierung eines Kreditverbriefungsmarktes in Deutschland wurde hingegen nicht von einer ähnlich ausgerichteten Diskussion begleitet. Ob es sich bei der rechtlichen Konstruktion neuer Finanzinstrumente um dingliche Rechten handele, wurde nicht in Erwägung gezogen. Makroökonomische Folgen der Schaffung eines Verbriefungsmarktes in Deutschland wurden ebenfalls nicht beleuchtet. Die vorliegende Arbeit hat insoweit versucht, die Bedeutung dieser Fragestellungen herauszustellen.

Welche Auswirkungen eine eindimensionale, an Marktbedürfnissen ausgerichtete Betrachtungsweise haben kann, hat der Ausbruch der Finanzkrise eindrucksvoll bewiesen. Zunächst wurden in den Jahren vor der Finanzkrise Banken mit einer Vielzahl von Privilegien ausgestattet, welche ihnen Wettbewerbsvorteile gegenüber anderen Marktteilnehmern einräumten. Die unreflektierte Implementierung von Sondergesetzen, mit der das angelsächsische Verbriefungsmodell in Deutschland ermöglicht wurde, zeigt, welche politische Kraft ökonomische marktzentrierte Ansätze in den letzten Jahrzehnten entwickelten. Rechtssicherheit wurde zur einzig zulässigen juristischen Erwägung. Der privatrechtliche Grundsatz weitreichender Gestaltungsfreiheit bildete insofern das rechtliche Fundament für eine unkontrollierte Verbreitung hochriskanter Finanzierungskonstruktionen.

Eine weitere Erkenntnis der vorliegenden Arbeit, welche sich mit den Thesen der Legal Theory of Finance deckt, ist die Notwendigkeit staatlicher Institutionen für das Überleben eines dezentralen Finanzsystems. Alle untersuchten Finanzinstrumente bedurften der aktiven staatlichen Unterstützung, um ihre notwendige Marktfähigkeit zu erlangen. Diese reichte von gerichtlicher Anerkennung, wie es in den Fällen der Anerkennung abstrakter Schuldversprechen der Fall war, bis hin zu spezialgesetzlichen Normierungen. Beim bargeldlosen Zahlungsverkehr bedurfte es der Regelung in § 116 S. 3 InsO, um die notwendige Insolvenzfestigkeit zu gewährleisten.[507] Bei Verbriefungstransaktionen ließ sich eine ähnliche Wirkung durch eine vertragliche Treuhandkonstruktion erreichen, die aufgrund rechtlicher Bedenken durch das Refinanzierungsregister abschließend geregelt wurde.[508] Spezialgesetzliche Normierungen werden sogar rückwirkend eingesetzt, sofern dies aus Sicht der Finanzmarktteilnehmer eine notwendige Abhilfe darstellte.

Die Annahme, dass die Besorgnis über die intellektuelle Eindimensionalität bei der Bewertung von Finanzmarkttransaktionen mit Ausbruch der Finanzkrise nicht mehr vorhanden sei, geht fehl. Zumindest die politischen Maßnahmen im Bereich des Kapitalmarktrechts lassen vermuten, dass die Machtstrukturen des Finanzsystems durch die Finanzkrise nicht verändert wurden, sondern verfestigt. Nach dem Einbruch des Marktes für Kreditverbriefungen im Nachgang der Finanzkrise hat sich mittlerweile wieder eine Lobby für diese Form der kapitalmarktbasierten Finanzierung gebildet. Bei den Unterstützern einer Revitalisierung des Verbriefungsmarktes handelte es sich nicht nur um Finanzinstitute, welche versuchten, ein durchaus lukratives Geschäftsfeld wieder salonfähig zu machen. Auch die Europäische Zentralbank setzte sich im Jahre 2015 gemeinsam mit der britischen Bank of England für eine Unterstützung qualitativ hochwertiger Kreditverbriefungen durch einen Abbau „regulatorischer Ungewissheit"[509] ein. Nach Ansicht der beiden Zentralbanken seien einfach strukturierte Kreditverbriefungen mit einer hohen Qualitätsstufe in der Lage, die Funktion staatlicher Schuldverschreibungen als Kreditsicherheiten in Geldmarktgeschäften zu komplementieren.[510]

Entsprechende Gesetzesvorhaben folgten. Am 12. Dezember 2017 wurde die Verordnung (EU) 2017/2402 zur Festlegung eines allgemeinen Rah-

---

507 S.o. Zweiter Teil C. II. 4.
508 S.o. Dritter Teil A. V. 2. b. iii.
509 *ECB/BoE*, Securitisation Market, S. 6.
510 *ECB/BoE*, Securitisation Market, S. 1.

mens für Verbriefungen und zur Schaffung eines spezifischen Rahmens für einfache, transparente und standardisierte Verbriefungen verabschiedet. Die Verordnung findet Anwendung auf Verbriefungen, deren Wertpapiere am oder nach dem 1. Januar 2019 emittiert werden. Die Verbriefungsverordnung stellt einen Baustein zur Schaffung einer europäischen Kapitalmarktunion dar.[511] Ein wesentlicher Teil der neuen Verordnung dreht sich um sogenannte STS-Verbriefungen. Dabei handelt es sich nach Ansicht der Verordnungsgeber um einfache, transparente und standardisierte („simple, transparent and standardised") Verbriefungen. STS-Verbriefungen müssen spezielle Strukturmerkmale aufweisen.[512] Beispielsweise sind nur True Sale-Verbriefungen geeignet, um den Status einer STS-Verbriefung zu erlangen.[513] ABCP-Verbriefungen gelten unter anderem nur dann als STS-Verbriefung, wenn ein beaufsichtigtes Kreditinstitut als Sponsor eines ABCP-Programms fungiert, der alle Liquiditäts- und Kreditrisiken sowie alle übrigen Kosten deckt, um Anlegern „die vollständige Zahlung aller Beträge im Rahmen des ABCP zu garantieren".[514]

Das Ziel der Standardisierung von Verbriefungstransaktionen durch die Implementierung von STS-Kriterien ist die Erleichterung grenzüberschreitender Transaktionen. Insofern heißt es in den Erwägungsgründen, welche der Verbriefungsverordnung vorausgehen:

„Die Verbriefung ist ein wichtiger Bestandteil gut funktionierender Finanzmärkte. Eine solide strukturierte Verbriefung ist ein wichtiges Instrument zur Diversifizierung der Finanzierungsquellen und für eine breitere Risikoallokation im Finanzsystem der Union. Sie ermöglicht eine breitere Risikostreuung im Finanzsektor und kann die Bilanz des Originators entlasten helfen, was eine Ausweitung der Darlehensvergabe an die Wirtschaft ermöglicht. Insgesamt kann sie die Effizienz des Finanzsystems verbessern und zusätzliche Investitionsgelegenheiten bieten. Die Verbriefung kann eine Brücke zwischen Kreditinstituten und Kapitalmärkten schlagen, was mittelbar Unternehmen und Bürgern (beispielsweise in Form von billigeren Darlehen, Unternehmensfinanzierungen und Krediten für Immobilien und Kreditkarten) zugutekommen kann."

Es bleibt somit festzuhalten, dass sich die Leitgedanken, welche das intellektuelle Fundament der kapitalmarktrechtlichen Gesetzgebung bilden, vor und nach dem Ausbruch der Finanzkrise in beängstigender Weise äh-

---

511 *Hellgardt*, EuZW 2018, 709, 711.
512 Art. 18 ff. Verbriefungs-VO.
513 Art. 20 Abs. 1 Verbriefungs-VO.
514 Art. 25 Verbriefungs-VO.

neln.[515] Inwiefern die nunmehr in Kraft getretene Verbriefungsverordnung zu einem höheren Maß an Finanzstabilität beiträgt, bleibt abzuwarten. Aufgrund der im Rahmen dieser Arbeit aufgezeigten Besonderheiten von Finanzsystemen, welche in die rechtsökonomische Analyse einfließen sollten, bestehen jedoch erhebliche Zweifel, dass Regulierungsvorhaben, welche maßgeblich auf Standardisierung und Transparenz basieren, die immanenten Risiken eines Finanzsystems nicht nur eindämmen.

Pistor hat anhand der Legal Theory of Finance aufgezeigt, dass sich durch Standardisierung Finanzmärkte kreieren lassen, jedoch zugleich der Nährboden für deren Selbstzerstörung geschaffen wird. Es bleibt somit zu hoffen, dass sowohl in der Rechtswissenschaft als auch in den Wirtschaftswissenschaften sowie der politischen Diskussion die von der LTF aufgezeichneten immanenten Risiken von Finanzsystemen mehr Berücksichtigung finden. Die vorliegende Arbeit hat versucht, dieses Vorhaben zu fördern, indem sowohl rechtsökonomische als auch privatrechtliche Anknüpfungspunkte aufgezeigt wurden.

---

515 Vgl. o. Einleitung B. die Erwägungsgründe der Transparenzrichtlinie aus dem Jahr 2004.

Literaturverzeichnis

Acharya, Viral V./Schnabl, Philipp/Suarez, Gustavo: Securitization Without Risk Transfer, J. Fin. Econ. 107 (2013), 515–536.

Adrian, Tobias/Ashcraft, Adrian: Shadow Banking Regulation, 2012, FRB New York Staff Report No. 559, abrufbar unter: https://papers.ssrn.com/sol3/papers.cfm?abstract_id=2043153 (letzter Zugriff 10.05.2020).

Akerlof, George A.: The Market for „Lemons": Quality Uncertainty and the Market Mechanism, Q.J. Econ. 84 (1970), 488–500.

Alchian, Armen A./Demsetz, Harold: Production, Information Costs, and Economic Organization, Am. Econ. Rev. 62 (1972), 777–795.

Arrow, Kenneth J.: The Limits of Organization, New York 1974.

Arrow, Kenneth J.: The Role of Securities in the Optimal Allocation of Risk-bearing, Rev. Econ. Stud. 31 (1964), 91–96.

Assmann, Heinz Dieter/Schütze, Rolf A. (Hrsgg.): Handbuch des Kapitalanlagerechts, 4. Auflage, München 2015.

Bähr, Otto: Die Anerkennung als Verpflichtungsgrund. Civilistische Abhandlung, Cassel 1867.

Basel Committee on Banking Supervision: Report on Special Purpose Entities, September 2009, abrufbar unter: http://www.bis.org/publ/joint23.pdf (letzter Zugriff: 10.05.2020).

Baums, Theodor: Asset Backed Finanzierungen im deutschen Wirtschaftsrecht, WM 1993, 1–12.

Ben-Porath, Yoram: The F-Connection: Families, Friends, and Firms and the Organization of Exchange, Pop. & Dev. Rev. 6 (1980), 1–30.

Berger, Henning/Rübsamen, Katrin: Bundesbankgesetz, 2. Auflage, Baden-Baden 2014.

Berger, Henning: Die neue Einlagensicherung, BKR 2016, 144–152.

Bitter, Georg: Rechtsträgerschaft für fremde Rechnung. Außenrecht der Verwaltungstreuhand, Tübingen 2006.

Boston Consulting Group: Optimale staatliche Rahmenbedingungen für einen Kreditrisikomarkt/Verbriefungsmarkt für Kreditforderungen und -risiken in Deutschland, 2004, abrufbar unter: https://www.true-sale-international.de/filead min/tsi_downloads/ABS_Research/Gutachten/BCG-BMF_Kreditverbriefungsma rkt.pdf (letzter Zugriff: 10.05.2020).

Bröcker, Norbert: Funktion und Begründung des abstrakten Schuldversprechens bei Giroüberweisung, Kreditkartengeschäft und POS-System, WM 1995, 468–479.

Brunner, Heinrich in: Endemann, Wilhelm (Hrsg.), Handbuch des deutschen Handels-, See- und Wechselrechts, Bd. 2, Leipzig 1882.

Brunnermeier, Markus K./Sannikov, Yully: Redistributive Monetary Policy, abrufbar unter: http://scholar.princeton.edu/sites/default/files/04c%20Redistributive%20 Monetary%20Policy.pdf (letzter Zugriff 10.05.2020).

Bundesbank: Geld und Geldpolitik, Frankfurt am Main 2014.

Bundesbank: Monatsbericht Februar 1971, Frankfurt am Main, abrufbar unter: https://www.bundesbank.de/resource/blob/690746/c9bed4f77ce417c9545116e0c 5f416ac/mL/1971-02-monatsbericht-data.pdf (letzter Zugriff 10.05.2020).

Burda, Michael C./Wyplosz, Charles: Macroeconomics. A European Text, 6th edition, Oxford 2013.

Burda, Michael C./Wyplosz, Charles: Makroökonomie. Eine europäische Perspektive, 3. Auflage, München 2009.

Caemmerer, Ernst von: Bereicherungsansprüche und Drittbeziehungen, JZ 1962, 385–389.

Calabresi, Guido/Melamed, A. Douglas: Property Rules, Liability Rules, and Inalienability: One View of the Cathedral, Harv. L. Rev. 85 (1972), 1089–1128.

Canaris, Claus-Wilhelm: Bankvertragsrecht Teil 1, 4. Auflage, Berlin 2005.

Canaris, Claus-Wilhelm: Die Verdinglichung obligatorischer Rechte, in: Festschrift für Werner Flume zum 70. Geburtstag, Jakobs, Horst Heinrich/Knobbe-Keuk, Brigitte/Picker, Eduard/Wilhelm, Jan (Hrsgg.), Köln 1978, S. 371–427.

Claessens, Stijn/Ratnovski, Lev: What is Shadow Banking? IMF Working Paper WP/ 14/25, 2014, abrufbar unter: https://www.imf.org/external/pubs/ft/wp/2014/wp1 425.pdf (letzter Zugriff: 10.05.2020).

Coase, Ronald H.: Industrial Organization: A Proposal for Research, in: Economic Research: Retrospect and Prospect, Volume 1: Policy Issues and Research Opportunities in Industrial Organization, Fuchs, Victor R. (Hrsg.), New York 1972, S. 59–73.

Coase, Ronald H.: The Nature of the Firm, Economica 4 (1937), 386–405.

Deakin, Simon: The Legal Theory of Finance: Implications for Methodology and Empirical Research, J. Comp. Econ. 41 (2013), 338–342.

Deloitte: Asset Securitization in Deutschland, 3. Auflage, 2008, abrufbar unter: https://www.true-sale-international.de/fileadmin/tsi_downloads/ABS_Research/I nformationsmaterial_und_Literatur/Einfuehrende_Handbuecher_und_Leitfaed en/Asset_Securitisation_in_Germany_3rd_edition.pdf (letzter Zugriff: 10.05.2020).

Deutsche Industriebank IKB: Geschäftsbericht 2006/2007, abrufbar unter: https://ww w.ikb.de/fileadmin/content/30_Investor_Relations/30_Finanzberichte/2006_07_ IKB_Konzern.pdf (letzter Zugriff: 10.05.2020).

Deutsche Industriebank IKB: KfW stärkt IKB, Ad-hoc-Mitteilung gem. § 15 WpHG vom 30.07.2007, abrufbar unter: https://www.ikb.de/uploads/media/07_07_30_ Ad-hoc-Mitteilung.pdf (letzter Zugriff: 10.05.2020).

Deutsche Industriebank IKB: Vorläufiges Quartalsergebnis (1. April – 30. Juni 2007), Pressemitteilung vom 20.07.2007, abrufbar unter: https://www.ikb.de/uploads/ media/07_07_20_PM_vorlErgebnisQ1.pdf (letzter Zugriff: 10.05.2020).

Diamond, Douglas W./Dybvig, Philip H.: Bank Runs, Deposit Insurance, and Liquidity, J. Pol. Econ. 91 (1983), 401–419.

Diamond, Douglas W./Rajan, Raghuram G.: Liquidity Risk, Liquidity Creation, and Financial Fragility: A Theory of Banking, J. Pol. Econ. 109 (2001), 286–327.

Diamond, Douglas W./Rajan, Raghuram G.: Money in a Theory of Banking, Am. Econ. Rev. 96 (2006), 30–53.

Dittrich, Alfred/Enger, Thomas (Hrsgg.): Trends im Zahlungsverkehr, Köln 2012.

Dörner, Heinrich: Dynamische Relativität. Der Übergang vertraglicher Rechte und Pflichten, München 1985.

Dulckeit, Gerhard: Die Verdinglichung obligatorischer Rechte, Tübingen 1951.

Easterbrook, Frank H./Fischel, Daniel R.: The Economic Structure of Corporate Law, Cambridge 1996.

Eichler, Herrmann: Institutionen des Sachenrechts, Band II, Berlin 1957.

Eidenmüller, Horst: Effizienz als Rechtsprinzip. Möglichkeiten und Grenzen der ökonomischen Analyse des Rechts, 3. Auflage, Tübingen 2005.

Einert, Carl: Das Wechselrecht nach dem Bedürfnis des Wechselgeschäfts im neunzehnten Jahrhundert, Leipzig 1839.

Einsele, Dorothee: Wertpapierrecht als Schuldrecht. Funktionsverlust von Effektenurkunden im internationalen Rechtsverkehr, Tübingen 1995.

European Central Bank/Bank of England: The impaired EU Securitisation Market: Causes, Roadblocks and how to deal with them, abrufbar unter https://www.ecb.europa.eu/pub/pdf/other/ecb-boe_impaired_eu_securitisation_marketen.pdf (letzter Zugriff: 10.05.2020)

European Central Bank: Collateral eligibility requiremens. A comparative study across specific frameworks, 2013, abrufbar unter: https://www.ecb.europa.eu/pub/pdf/other/collateralframeworksen.pdf (letzter Zugriff: 10.05.2020)

Fama, Eugene F.: Efficient Capital Markets: A Review Of Theory And Empirical Work, J. Fin. 25 (1970), 383–417.

FCIC: Preliminary Staff Report. Shadow Banking and the Financial Crisis, 2010, abrufbar unter: https://fcic-static.law.stanford.edu/cdn_media/fcic-reports/2010-0505-Shadow-Banking.pdf (letzter Zugriff: 10.05.2020).

Fikentscher, Wolfgang: Die Geschäftsgrundlage als Frage des Vertragsrisikos dargestellt unter besonderer Berücksichtigung des Bauvertrages, München 1971.

Fitch Ratings: Asset Backed Commercial Paper Explained, 2001.

Fleckner, Andreas M.: Insolvenzrechtliche Risiken bei Asset Backed Securities, ZIP 2004, 585–598.

Fleischer, Holger: Empfiehlt es sich, im Interesse des Anlegerschutzes und zur Förderung des Finanzplatzes Deutschland das Kapitalmarkt- und Börsenrecht neu zu regeln? Gutachten F für den 64. Deutschen Juristentag, München 2002.

Fleischer, Holger: Informationsasymmetrie im Vertragsrecht. Eine rechtsvergleichende und interdisziplinäre Abhandlung zu Reichweite und Grenzen vertragsschlußbezogener Aufklärungspflichten, München 2001.

Frydman, Roman/Goldberg, Michael D.: Beyond Mechanical Markets: Asset Price Swings, Risk, and the Role of the State, Princeton 2011.

FSB: Consultative Document. Strengthening Oversight and Regulation of Shadow Banking. An Integrated Overview of Policy Recommendations, 2012, abrufbar unter: http://www.fsb.org/wp-content/uploads/r_121118.pdf (letzter Zugriff: 10.05.2020).

Füller, Jens Thomas: Eigenständiges Sachenrecht? Tübingen 2006.

Gilson, Ronald J./Sabel, Charles F./Scott, Robert E.: Contracting for Innovation: Vertical Disintegration and Interfirm Collaboration, Colum. L. Rev. 109 (2009), 431–502.

Gönner, N. Ch. Ritter von: Staats=Schulden, deren Tilgungs=Anstalten und vom Handel mit Staatspapieren, München 1826.

Gorton, Gary/Souleles, Nicholas: Special Purpose Vehicles and Securitization, in: The Risks of Financial Institutions, Stulz, René M./Carey, Mark (Hrsgg.), Chicago 2007, S. 549–602.

Gorton, Gary/Metrick, Andrew: Regulating the Shadow Banking System, 2010, Brookings Paper on Economic Activity, abrufbar unter: https://www.brookings.edu/wp-content/uploads/2010/09/2010b_bpea_gorton.pdf (letzter Zugriff: 10.05.2020).

Gorton, Gary/Metrick, Andrew: Securitized Banking and the Run on Repo, J. Fin. Econ. 104 (2012), 425–451.

Graeber, David: Schulden. Die ersten 5000 Jahre, Stuttgart 2012.

Grigoleit, Hans Christoph, Abstraktion und Willensmängel – Die Anfechtbarkeit des Verfügungsgeschäfts, AcP 199 (1999), 379–420.

Grossmann, Sanford J./Hart, Oliver D.: The Costs and Benefits of Ownership: A Theory of Vertical and Lateral Integration, J. Pol. Econ. 94 (1986), 691–719.

Haar, Brigitte: Anlegerschutz in geschlossenen Fonds – Kapitalmarkteffizienz, Behavioral Finance und Anlegerkoordination als Bausteine eines neuen Regulierungsparadigmas, in: Unternehmen – Markt – Verantwortung. Festschrift für Klaus J. Hopt, Grundmann, Stefan/Haar, Brigitte/Mülbert, Peter O./Wellenhofer/Marina (Hrsgg.), Berlin 2010, S. 1865–1891.

Haar, Brigitte: Die Personengesellschaft im Konzern. Privatautonomie zwischen Vertrag und Organisation, Tübingen 2006.

Hadding Walter M./Häuser, Franz: Gutschrift und Widerruf des Überweisungsauftrags im Giroverhältnis, WM 1988, 1149–1155.

Hansmann, Henry/Kraakman, Reinier/Squire, Richard: Law and the Rise of the Firm, Harv. L. Rev. 119 (2006), 1333–1403.

Hansmann, Henry/Kraakman, Reinier: The Essential Role of Organizational Law, Yale L.J. 110 (2000), 387–440.

Hart, Oliver/Moore, John: Property Rights and the Nature of the Firm, J. Pol. Econ. 6 (1990), 1119–1158.

Hawtrey, Ralph George: Currency and Credit, London 1919.

Heise, Georg Arnold/Cropp, Friedrich: Ueber literarum obligatio, cautio indiscreta und pecunia cauta non numerata, in: Juristische Abhandlungen mit Entscheidungen des Oberappellationsgerichts der vier freien Städte Deutschlands, Bd. 1, Hamburg 1827, S. 325–386.

Hellgardt, Alexander: Der europäische Rechtsrahmen für Verbriefungen. Zu einem zentralen Baustein der Kapitalmarktunion, EuZW 2018, 709–716.

Hellwig, Martin: Bargeld, Giralgeld, Vollgeld: Zur Diskussion um das Geldwesen nach der Finanzkrise, abrufbar unter: http://www.coll.mpg.de/pdf_dat/2018_10 online.pdf (letzter Zugriff: 10.05.2020)

Hellwig, Martin: Finanzmarktregulierung – Welche Regelungen empfehlen sich für den deutschen und europäischen Finanzsektor? – Finanzkrise und Reformbedarf, in: Verhandlungen des 68. Deutschen Juristentages Berlin 2010, Band I Gutachten E, München 2010.

Henning, Friedrich-Wilhelm: Die Entwicklung der Aktiv- und Passivgeschäfte der Banken im 19. Jahrhundert in Deutschland unter besonderer Berücksichtigung des Kontokorrent- und des Wechselkredits, in: Wissenschaft und Kodifikation des Privatrechts im 19. Jahrhundert. Teil 5. Geld und Banken, Coing, Helmut/ Walter, Wilhelm (Hrsgg.), Frankfurt am Main 1980, S. 55–76.

Herrmann, Elke: Das Eigentum in: Eckpfeiler des Zivilrechts, Martinek, Michael (Hrsg.), Berlin 2008, S. 979–1007.

Hill, Claire A.: Securitization: A low-cost sweetener for lemons, Wash. U. L.Q. 74 (1996), 1061–1126.

Hinnah, Klaus-Werner: Die Bedeutung eines eigenen Gironetzes, Bankbetr-Inf 1 (1971), 4–9.

Hirte, Heribert/Vallender, Heinz: Uhlenbruck, Insolvenzordnung, 15. Auflage, München 2019.

Hodgson, Geoffery M.: The Approach of Institutional Economics, J. Econ. Lit. 36 (1998), 166–192.

Hodgson, Geoffrey M.: Conceptualizing Capitalism. Institutions, Evolution, Future, Chicago 2015.

Hodgson, Geoffrey M: Observations on the Legal Theory of Finance, J. Comp. Econ. 41 (2013), 331–337.

Holmstrom, Bengt: Understanding the role of debt in the financial system, 01/2015, BIS Working Papier No. 479, abrufbar unter: http://www.bis.org/publ/ work479.pdf (letzter Zugriff: 10.05.2020).

Hueck, Alfred/Canaris, Claus-Wilhelm: Recht der Wertpapiere, 12. Auflage, München 1986.

Innes, A. Mitchell: The Credit Theory of Money, Banking L.J. 31 (1914), S. 151–168.

Janczuk-Gorywoda, Agnieszka: Evolution of EU Retail Payments Law, 2015, Tilburg Law School Research Paper No. 21/2015, abrufbar unter: https:// papers.ssrn.com/sol3/papers.cfm?abstract_id=2694426 (letzter Zugriff: 10.05.2020).

Janczuk-Gorywoda, Agnieszka: The Public-Private Hybrid Governance for Electronic Payments in the European Union, German L. J. 13 (2012), 1438–1458.

Jensen, Michael C./Meckling, William H.: Theory of the Firm: Managerial Behavior, Agency Costs and Ownership Structure, J. Fin. Econ. 3 (1976), 305–360.

Julius von Staudingers Kommentar zum Bürgerlichen Gesetzbuch mit Einführungsgesetz und Nebengesetzen, Eckpfeiler des Zivilrechts, Berlin 2008.

Julius von Staudingers Kommentar zum Bürgerlichen Gesetzbuch mit Einführungsgesetz und Nebengesetzen, Einleitung zum Sachenrecht, Berlin 2018.

Julius von Staudingers Kommentar zum Bürgerlichen Gesetzbuch mit Einführungsgesetz und Nebengesetzen, Geldrecht, Berlin 2016.

Julius von Staudingers Kommentar zum Bürgerlichen Gesetzbuch mit Einführungsgesetz und Nebengesetzen, Gesetzliches Verbot, Verfügungsverbot, Sittenwidrigkeit, Berlin 2017.

Julius von Staudingers Kommentar zum Bürgerlichen Gesetzbuch mit Einführungsgesetz und Nebengesetzen, Zahlungsdiensterecht, Berlin 2012.

Kaplan, Cathy M.: The Legal Theory of Finance is a Starting Point, abrufbar unter: http://clsbluesky.law.columbia.edu/2013/07/23/the-legal-theory-of-finance-is-a-starting-point/(letzter Zugriff: 10.05.2020)

Kern, Christoph: Typizität als Strukturprinzip des Privatrechts. Ein Beitrag zur Standardisierung übertragbarer Güter, Tübingen 2013.

Keynes, John Maynard: The General Theory of Employment, Q.J. Econ. 51 (1937), 209–223.

Kiefner, Hans: Geld und Geldschuld in der Privatrechtsdogmatik des 19. Jahrhunderts, in: Wissenschaft und Kodifikation im 19. Jahrhundert, Teil 2. Die rechtliche Verselbständigung der Austauschverhältnisse vor dem Hintergrund der wirtschaftlichen Entwicklung und Doktrin, Coing, Helmut/Walter, Wilhelm (Hrsgg.), Frankfurt am Main 1977, S. 74–89

Kim, Jongchul: How Modern Banking Originated: The London Goldsmith-Bankers' Institutionalization of Trust, Business History 53 (2011), 939–959.

Kim, Jongchul: Money is Rights in Rem: A Note on the Nature of Money. J. Econ. Issues 48 (2014), 1005–1019

Kirchhof, Hans-Peter/Eidenmüller, Horst/Stürner, Rolf (Hrsgg.): Münchener Kommentar zur Insolvenzordnung: Band 2, 3. Auflage, München 2013.

Klöhn, Lars: Kapitalmarkt, Spekulation und Behavioral Finance: eine interdisziplinäre und vergleichende Analyse zum Fluch und Segen der Spekulation und ihrer Regulierung durch Recht und Markt, Berlin 2006.

Knight, Frank: Risk, Uncertainty and Profit, Chicago 1921 (Nachdruck 1971).

Koller, Ingo: Die Bedeutung der dem Überweisungsbegünstigten erteilten Gutschrift im Giroverkehr, BB 1972, 687–692.

Köndgen, Johannes: Effizienzorientierung im Kapitalmarktrecht?, in: Effizienz als Regelungsziel im Handels- und Wirtschaftsrecht, S. 100–139.

Konzen, Horst (Hrsg.): Soergel Kommentar zum Bürgerlichen Gesetzbuch: Sachenrecht, Band 14, 13. Auflage, Stuttgart 2002.

Koopmans, Tjalling C.: Three Essays on the State of Economic Science, New York 1957.

Kübler, Friedrich: Bankgeschäfte und Privatrechtsdogmatik, in: Wissenschaft und Kodifikation des Privatrechts im 19. Jahrhundert. Teil 5. Geld und Banken, Coing, Helmut/Walter, Wilhelm (Hrsgg.), Frankfurt am Main 1980, S. 77–92.

Kübler, Friedrich: Feststellung und Garantie. Eine rechtsvergleichende und dogmatische Abhandlung wider der Lehre vom abstrakten Schuldvertrag im bürgerlichen und Handelsrecht, Tübingen 1967.

Kulischer, Josef: Allgemeine Wirtschaftsgeschichte des Mittelalters und der Neuzeit, Band 2. Die Neuzeit, München 1929.

Kulms, Rainer: Schuldrechtliche Organisationsverträge in der Unternehmenskooperation, Baden-Baden 2000.

La Porta, Rafael/Lopez-de-Silanes, Florencio/Shleifer, Andrei/Vishny, Robert W.: Law and Finance, J. Pol. Econ 106 (1998), 1113–1155.

Lackhoff, Klaus: Was ist (k)eine Verbriefung, WM 2012, 1851–1859.

Lange, Heinrich: Rechtsgrundabhängigkeit der Verfügung im Boden= und Fahrnisrecht, AcP 146 (1941), 28–49.

Langenbucher, Katja/Bliesener, Dirk H./Spindler, Gerald: Bankrechts-Kommentar, 2. Auflage, München 2016.

Langenbucher, Katja: Die Risikozuordnung im bargeldlosen Zahlungsverkehr, München 2001.

Lehmann, Matthias: Finanzinstrumente. Vom Wertpapier- und Sachenrecht zum Recht der unkörperlichen Vermögensgegenstände, Tübingen 2009.

Liebe, Friedrich: Die Stipulation und das einfache Versprechen. Eine civilistische Abhandlung, Braunschweig 1840.

Liebich, Dieter/Mathews, Kurt: Treuhand und Treuhänder in Recht und Wirtschaft. Ein Handbuch, Berlin 1983.

Llewellyn, Karl N.: What Price Contract? An Essay in Perspective, Yale L. Rev. 40 (1931), 704–751.

Macneil, Ian R.: The Many Futures of Contract, S. Cal. L. Rev 47 (1974), 691–816.

Mankiw, Nicholas Gregory: Grundzüge der Volkswirtschaftslehre, 6. Auflage, Stuttgart 2016.

Mehrling, Perry/Pozsar, Zoltan/Sweeney, James/Neilson, Daniel H.: Bagehot was a Shadow Banker. Shadow Banking, Central Banking and the Future of Global Finance, 2013, abrufbar unter: https://papers.ssrn.com/sol3/papers.cfm?abstract_id=2232016 (letzter Zugriff: 10.05.2020).

Mehrling, Perry: The New Lombard Street. How the Fed Became the Dealer of Last Resort, Princeton 2011.

Menger, Karl: On the Origin of Money, Econ. J. 2 (1892), 239–255.

Meyer-Cording, Ulrich/Drygala, Tim: Wertpapierrecht, 3. Auflage, Neuwied 1995.

Meyer-Cording, Ulrich: Das Recht der Banküberweisung unter besonderer Berücksichtigung der steckengebliebenen Überweisungen, Tübingen 1951.

Micheler, Eva: Wertpapierrecht zwischen Schuld- und Sachenrecht. Zu einer kapitalmarktrechtlichen Theorie des Wertpapierrechts. Effekten nach österreichischem, deutschem, englischem und russischem Recht, Wien 2004.

Minsky, Hyman P.: The Financial Instability Hypothesis, 1992.

Mishkin, Frederic S.: The Economics of Money, Banking, and Financial Markets, 10. Auflage, Boston 2013.

Modigliani, Franco/Miller, Merton H.: The Cost of Capital, Corporation Finance and the Theory of Investment, Am. Econ. Rev. 48 (1958), 261–297.

Moore, Basil J.: Horizontalists and Verticalists. The Macroeconomics of Credit Money, Cambridge 1988.

Möschel, Wernhard: Dogmatische Strukturen des bargeldlosen Zahlungsverkehrs, AcP 186 (1986), 187–236.

Motive zu dem Entwurfe eines Bürgerlichen Gesetzbuches für das Deutsche Reich, Band 3, Sachenrecht, Berlin 1888.

North, Douglass C.: Institutionen, institutioneller Wandel und Wirtschaftsleistung, Tübingen 1992.

Paccess, Alessio M.: The Role and Future of Regulation in the Financial Crisis: The Uncertainty Perspective, 2010, abrufbar unter: https://papers.ssrn.com/sol3/papers.cfm?abstract_id=1551266 (letzter Zugriff: 10.05.2020).

Pannen, Klaus/Wolff, Patrick: ABS-Transaktionen in der Insolvenz des Originators – das Doppeltreuhandmodell und die neuen Refinanzierungsregister, ZIP 2006, 52–58.

Pistor, Katharina: A Legal Theory of Finance, J. Comp. Econ. 41 (2013), 315–330.

Pistor, Katharina: Law in Finance, J. Comp. Econ. 41 (2013), 311–314.

Pistor, Katharina: On the Theoretical Foundations for Regulating Financial Markets, Columbia Public Law Research Paper No. 12-304, 2012, abrufbar unter: https://papers.ssrn.com/sol3/papers.cfm?abstract_id=2113675 (letzter Zugriff: 10.05.2020)

Pohl, Hans: Die Entwicklung der deutschen Volkswirtschaft (1830–1880), in: Wissenschaft und Kodifikation im 19. Jahrhundert, Teil 2. Die rechtliche Verselbständigung der Austauschverhältnisse vor dem Hintergrund der wirtschaftlichen Entwicklung und Doktrin, Coing, Helmut/Walter, Wilhelm (Hrsgg.), Frankfurt am Main 1977, S. 1–25.

Pozsar, Zoltan: Institutional Cash Pools and the Triffin Dilemma of the US Banking System, 22 Financial Markets, Institutions & Instruments (2013), 283–318.

Pozsar, Zoltan: Shadow Banking. The Money View, OFR Working Paper 14-04, July 2014, abrufbar unter: https://www.financialresearch.gov/working-papers/files/OFRwp2014-04_Pozsar_ShadowBankingTheMoneyView.pdf (letzter Zugriff: 10.05.2020).

Raiser, Ludwig: Dingliche Anwartschaften, Tübingen 1961.

Ramos Muñoz, David: Bankruptcy Law v Bankruptcy-Remote Structures. Harmony Out of Dissonance?, 2014, abrufbar unter: https://papers.ssrn.com/sol3/papers.cfm?abstract_id=2407940 (letzter Zugriff: 10.05.2020).

Ramos Muñoz, David: Bankruptcy-Remote Transactions and Bankruptcy Law – A Comparative Approach (Part 1): Changing the Focus on Vehicle Shielding, Capital Mkt. L. Rev. 10 (2015), 239–274.

Ramos Muñoz, David: The Law of Transnational Securitization, Oxford 2010.

Remmers, Johann: Entwicklung des Zahlungsverkehrs im Deutschen Genossenschaftsring, Bankbetr-Inf 1 (1971), 1–4.

Richardi, Reinhard: Wertpapierrecht. Ein Lehrbuch, Heidelberg 1987.

Richter, Rudolf/Furubotn, Eirik Grundtvig: Neue Institutionenökonomik, 4. Auflage, Tübingen 2010.

Richter, Rudolf: The Role of Law in the New Institutional Economics, Wash. U. J. L. & Pol'y 26 (2008), 13–36.

Richter, Rudolf: Who listened? Unappreciated Teachings of New Institutional Economics Related to the Financial Crisis 2008, Kredit und Kapital 42 (2009), 473–485.

Ricken, Stephan: Verbriefung von Krediten und Forderungen in Deutschland, Betriebswirtschaftliche Handlungshilfen 213, 2008, abrufbar unter: https://www.b oeckler.de/pdf/mbf_finanzinvestoren_ricken_verbriefung.pdf (letzter Zugriff: 10.05.2020).

Ricks, Morgan: Shadow Banking and Financial Regulation, 370 Columbia Law and Economics Working Paper, 2010, abrufbar unter: https://papers.ssrn.com/sol3/ papers.cfm?abstract_id=1571290 (letzter Zugriff: 10.05.2020).

Säcker, Franz Jürgen/Rixecker, Roland/Oetker, Hartmut/Limperg, Bettina (Hrsgg.): Münchener Kommentar zum Bürgerlichen Gesetzbuch: Band 2, Schuldrecht Allgemeiner Teil, 8. Auflage, München 2019.

Säcker, Franz Jürgen/Rixecker, Roland/Oetker, Hartmut/Limperg, Bettina (Hrsgg.): Münchener Kommentar zum Bürgerlichen Gesetzbuch: Band 4, Schuldrecht Besonderer Teil 2, 6. Auflage, München 2012.

Säcker, Franz Jürgen/Rixecker, Roland/Oetker, Hartmut/Limperg, Bettina (Hrsgg.): Münchener Kommentar zum Bürgerlichen Gesetzbuch: Band 5, Schuldrecht Besonderer Teil 2, 6. Auflage, München 2012.

Säcker, Franz Jürgen/Rixecker, Roland/Oetker, Hartmut/Limperg, Bettina (Hrsgg.): Münchener Kommentar zum Bürgerlichen Gesetzbuch: Band 6, Schuldrecht Besonderer Teil IV, 7. Auflage, München 2017.

Säcker, Franz Jürgen/Rixecker, Roland/Oetker, Hartmut/Limperg, Bettina (Hrsgg.): Münchener Kommentar zum Bürgerlichen Gesetzbuch: Band 7, Sachenrecht, 7. Auflage, München 2017.

Savigny, Friedrich Carl von: Das Obligationenrecht als Teil des heutigen Römischen Rechts, Band 2, Berlin 1853 (Nachdruck Aalen 1973).

Savigny, Friedrich Carl von: System des heutigen römischen Rechts, Band 1, Berlin 1840 (Nachdruck Aalen 1981).

Savigny, Friedrich Carl von: Vermischte Schriften, Band 1, Berlin 1850 (Nachdruck Aalen 1981).

Schäfer, Hans-Bernd/Ott, Claus: Lehrbuch der Ökonomischen Analyse des Zivilrechts, 4. Auflage, Berlin 2005.

Schäfer, Jörg: Die zivilrechtliche Qualifizierung von Interbankenabkommen, Berlin 1990.

Schimansky, Hermann/Bunte, Hermann-Josef/Lwowski, Hans-Jürgen (Hrsgg.): Bankrechts-Handbuch, 4. Auflage, München 2011.

Schmidt, Karsten: Handelsrecht, 6. Auflage, Köln 2014.

Schmidt, Karsten (Hrsg.): Münchener Kommentar zum Handelsgesetzbuch: Band 6, Bankvertragsrecht, 3. Auflage, München 2014.

Schmidt, Karsten/Ebke, Werner F. (Hrsgg.): Münchener Kommentar zum Handelsgesetzbuch: Band 4, Bilanzrecht, 3. Auflage, München 2013.

Schumm, C.: Die Amortisation verlorener, oder sonst abhanden gekommener Schuldurkunden, nach gemeiner deutscher Praxis, mit Berücksichtigung deutscher Particulargesetze, besonders im Betreff der auf den Inhaber (au porteur) gestellten Staats= und öffentlichen Credit=Papiere, theoretisch und practisch erörtert, Heidelberg 1830.

Schwarcz, Steven L.: The Alchemy of Asset Securitization, Stan. J. L. Bus. & Fin. 1 (1994), 133–154.

Sester, Peter: Projektfinanzierungsvereinbarungen als Gestaltungs- und Regulierungsaufgabe. Eine symbiotische Finanzierungsform für privatwirtschaftliche Projekte und Public Private Partnership, Köln 2004.

Simitis, Spiros: Bemerkungen zur rechtlichen Sonderstellung des Geldes, AcP 159 (1960), 406–466.

Simon, Herbert: Administrative Behavior, New York 1958.

Sombart, Werner: Die deutsche Volkswirtschaft im neunzehnten und im Anfang des 20. Jahrhunderts, 6. Auflage, Berlin 1923.

Spahn, Paul Bernd/Busch, Uwe van den: Position und Entwicklungsperspektiven des Finanzplatzes Frankfurt, FEH Report No. 645, abrufbar unter: https://www.hess en-agentur.de/img/downloads/FinanzplatzFrankfurt_2002.pdf (letzter Zugriff: 10.05.2020).

Ständige Deputation des Deutschen Juristentages (Hrsg.): Verhandlungen des 8. Deutschen Juristentages, Tübingen 1870.

Ständige Deputation des Deutschen Juristentages (Hrsg.): Verhandlungen des 9. Deutschen Juristentages, Tübingen 1870.

Starke, Wolfgang: Das Girokonto als Grundlage des Zahlungsverkehrs – Entwicklung und Zukunft, bank und markt 7 (1985), 14–17.

Streeck, Wolfgang: Re-Forming Capitalism. Institutional Change in the German Political Economy, Oxford 2009.

Tollmann, Claus: Die Sicherstellung der Insolvenzfestigkeit bei der Asset Backed Securitization nach dem neuen Refinanzierungsregister gemäß §§ 22a ff. KWG, WM 2005, 2017–2025.

Ulmer, Eugen: Akkreditiv und Anweisung, AcP 126 (1926), 129–173.

Unger, Joseph: Die rechtliche Natur der Inhaberpapiere. Eine civilistische Untersuchung, Leipzig 1857.

Wehber, Thorsten: Gewährträgerhaftung und Anstaltslast, ZfgKW 2005, 752–755.

Werner, Stefan: Bargeldloser Zahlungsverkehr, 7. Teil, in: Bank und Kapitalmarktrecht, Kümpel, Siegfried/Wittig, Arne (Hrsgg.), 4. Auflage, Köln 2011, S. 823–1150

Werner, Stefan: Das Weisungsrecht im Überweisungsrecht, BKR 2010, 353–359.

Westermann, Harm Peter/Gursky, Karl H.: Sachenrecht, 8. Auflage, Heidelberg 2011.

Williamson Oliver E.: The Economic Intstitutions of Capitalism, New York 1985.

Williamson, Oliver E.: The Economics of Governance, Am. Econ. Rev. 95 (2005), 1–18.

Williamson, Oliver E.: Markets and Hierarchies. Analysis and Antitrust Implications, New York 1975.

Williamson, Oliver E.: The Mechanisms of Governance, Oxford 1996.

Williamson, Oliver E.: Die ökonomischen Institutionen des Kapitalismus, Tübingen 1990.

Williamson, Oliver E.: Transaktionskostenökonomik, Münster 1993.

Zeising, Michael: Asset Backed Securities (ABS) – Grundlagen und neuere Entwicklungen, BKR 2007, 311–317.